U0133578

元代蒙古文化論叢

袁國藩 著

文史哲學集成
文史哲出版社印行

國家圖書館出版品預行編目資料

元代蒙古文化論叢 / 袁國藩著. -- 初版. -- 臺北市：文史哲, 民 93
面； 公分. -- (文史哲學集成 ; 491)
參考書目：面
ISBN 978-957-549-566-4 (平裝)

1.蒙古族 － 文化 － 論文,講詞等 2.文化史 － 中國 － 元（1260–1368）論文,講詞等

635.357　　93011744

文 史 哲 學 集 成　491

元代蒙古文化論叢

著　者：袁　國　藩
出 版 者：文　史　哲　出　版　社
http://www.lapen.com.tw
登記證字號：行政院新聞局版臺業字五三三七號
發 行 人：彭　正　雄
發 行 所：文　史　哲　出　版　社
印 刷 者：文　史　哲　出　版　社
臺北市羅斯福路一段七十二巷四號
郵政劃撥帳號：一六一八〇一七五
電話886-2-23511028 · 傳真886-2-23965656

實價新臺幣四二〇元

中華民國九十三年（2004）七月初版
中華民國一百年（2011）十一月 BOD 再版

ISBN 978-957-549-566-4

元代蒙古文化論叢 目錄

元代宮廷大宴考

元代宮廷大宴之資料，頗爲缺乏。然元代文翰之吟詠中，卻保存殊多珍貴之紀錄。其中尤以宴饗之地點，及其飲食、儀禮、音樂、歌舞、與夫特有之習俗爲然。所以，謹就元詩，及史志雜錄所載，試考其宮廷大宴之情形。

一、時間與地點

元代凡有慶典，如新正受朝賀、皇帝即位、天壽節、群臣上皇帝尊號、册立皇后、上太皇太后尊號、上皇太后尊號、加上太皇太后尊號、以及宗王外藩來朝，春水返京，上巳節，巡幸上都之前，召開選汗（帝）之宗親大會，冬至，均舉行大宴。（註一）每歲巡幸上京，抵達之始，多在五月。南返燕京之前，六月至八月。以及返抵懷來，留京官守，迎候之時，與夫駐蹕上京期間，行樂之賽馬大會、端陽節、圍獵、賜宴及第進士，亦均舉行大宴。（註二）其中尤以召開選汗之宗親大會、新君即位、及賽馬大會，最爲隆重。由早期太宗繼立時，「開大會之首三日，大設宴饗。」憲宗即位時，「命是日，人皆休業息爭，宴樂終日……。次日，蒙哥在廣帳中設大宴，諸王等坐於右，諸妃主等坐於左……，大宴七日。」可以概見。至於賽馬大會之詐馬宴，其盛大之情形，周伯琦曾記之云：「國家之制，乘輿北幸上京，歲以六月吉日，命宿衛大臣及近侍，服所賜只孫珠翠金寶衣冠、腰帶，盛飾名馬，清晨自城外，各持綵仗，列隊馳入禁中。于是上盛服御殿臨觀，乃大張宴爲樂。惟宗王戚里，宿衛大臣，前列行酒，餘各以所職，敘坐合飲。諸坊奏大樂，陳百戲，如是者三日而罷。」此外，據馬哥孛羅言：「照大可汗的命令，一年有十二節期」，「用隆重儀式賀節」，「某種高官被邀請參加所有的宴會」。所以，每年除上陳舉行大宴之慶典外，尚有十二節期，亦大行宴饗，請參閱東方雜誌復刊二十二卷五期拙作「從元詩論元代蒙人節慶的漢化」。（註三）

大宴凡在燕京舉行者，如新正受朝賀，皇帝即位，天壽節，群臣上皇帝尊號，册立皇后，上皇太后尊號、上太皇太后尊號、加上太皇太后尊號等，均宴於大明殿。按大明殿爲登極、正旦、壽節、朝會之所，建築極爲雄偉瑰麗。殿凡十一間，東西二百尺，高九十尺。有柱廊七間，深二百四十尺，廣四十四尺，正殿殿基，高可十丈，前爲殿陛，納爲三階，繞置龍鳳白石欄，欄下每柱壓以鰲頭，虛出欄外，四繞於殿。殿楹四向皆方柱，大可五六尺，飾以起花金龍雲。楹下皆白石龍雲，花頂高可四尺，楹上分間，仰爲鹿頂斗拱，托頂中，盤以黃金雙龍，四面皆緣紅金。瑣牕間貼金鋪，中設山字玲瓏金紅屏台。台上置金龍床，兩旁有二毛皮伏虎，機動如生。又設后坐，諸王百僚侍宴之坐床，亦重列於左右。設宗王來朝，或宴於興聖殿。張昱曾有詩以記之。

「親王捧寶送回京，五色祥雲抱日明。錫宴大開興聖殿，盡呼萬歲駕中興。」

天歷元年，文宗亦嘗宴太平王燕鐵木兒於此，盡懽而罷。按興聖，又稱西宮，柯九思曾有詩以敘之：

「親王上璽宴西宮，聖祚中興慶會同。對捲珠簾齊仰聖，瑞雲捧日御天中。」註謂：「天歷元年……十月二十三日，上都送寶來的時分，興聖殿御宴，其間有五色祥雲，捧日當殿……，郁郁紛紛，非霧非煙，委是卿雲現……。」

殿凡七間，東西一百尺，深九十七尺。有柱郎六間，深九十四尺、殿內，四面朱懸瑣牕，文石甃地，籍以毳裀。中設扆屏榻，張白蓋，簾帷皆錦繡爲之。諸王百僚侍衛官，侍宴之坐床，重列於左右。殿宇白玉重陛，朱欄塗金冒楯，覆白瓷瓦，碧琉璃飾其簷，亦極莊嚴富麗。三月三日上巳節，則大宴於萬歲山，柯九思亦有詩以誌之：

「花明晝錦柳絲搖，仙島陪鑾濯禊時。曲水番成飛瀑下，逶迤銀漢接清池。」註謂：「故事，上巳節，錫宴於萬歲山。」

歲幸上京之前，亦大宴百官於此。按萬歲山，在大內西北太液池之陽，金人名瓊花島，中統三年繕之，至元八年賜今名。其山皆疊玲瓏石爲之，峰巒隱映，松檜隆鬱，秀若天成。引金水河至其後，轉機運㪺，汲水至山頂，出石龍口，注方池，伏流至仁智殿後，有石刻蟠龍，昂首噴水仰出。然後，由東西流入太液池。此外，延春閣亦爲大宴之所，蓋文宗曾宴大臣於此。按延春閣，在寶雲殿後，凡九間，東西一百五十尺，深九十尺，高一百尺，三簷重屋。有柱郎七間，廣四十尺，深一百四十尺，高五十尺。前有延春門，凡五間，東西七十尺，三門，重簷。至於位居萬歲山頂之廣寒殿，殿中置黑玉石酒瓮一。玉有白章，隨其形，刻爲魚獸出沒於波濤之狀，其大可貯酒三十餘石，故亦當爲大宴之所。否則，又安用此巨大之酒器？唯何時何事，始大宴於此？待考。疑上巳節大宴於萬歲山，即在此舉行。按廣寒殿，七間，東西一百二十尺，深六十二尺，高五十尺。重阿藻井、文石甃地。四面瑣窗，板密其裏，徧綴金紅雲，而蟠龍矯蹇於月楹之上。中有小玉殿，內設金嵌玉龍御榻，左右列從臣坐床。在山兩旁稍下，復建兩亭，山下積石爲門，門前有橋，橋有石欄如玉。前有台，上建圓殿，繚以黑粉墻，如太湖石狀。台東西皆板橋，橋東接皇城，西接興聖宮，水光之影，恍惚天上。（註四）

關於巡幸上京時之大宴，或宴於行殿。按行殿，即昔剌斡耳朵、柳貫曾有「觀失剌斡耳朵御宴回」，迺賢亦有「錫喇鄂爾多觀詐馬宴奉次貢泰甫授經先生韻」以記之。復按昔剌，亦即失剌、實剌、錫喇，意爲黃、斡耳朵，亦即斡兒朵、斡魯朵、斡里朵、窩裏陀、兀里朵、窩里朵、鄂爾多，意爲行宮、宮殿、移蹕之所。故昔剌斡耳朵，意即黃色宮帳、行殿、幄殿、帳殿，亦即金帳。薩都剌、楊維禎、馬臻有詩以吟之：

「行殿參錯翡翠光，朱衣花帽宴親王。繡簾齊捲薰風起，十六天魔舞袖長。」

「北幸和林幄殿寬，鈎麗女侍婕妤官。君王自賦昭君曲，勑賜琵琶馬上彈。」

「黃道無塵帳殿深，集賢引見羽衣人。步虛奏徹天顏喜，萬歲聲浮玉座春。」（註五）

或宴於棕殿，周伯琦曾記之云：「車駕既幸上都，以是年六月十四日，大宴宗親世臣環衛官於西內棕殿。」袁桷亦有詩以言之：

「沈沈棕殿內門西，曲宴名王舞馬低，挂蠹除煩來五嶺，冰蠶卻暑貢三齊。金罍醖重凝花露，翠釜膏浮透杏泥。最愛禁城千樹柳，歸鴉揀盡不曾棲。」

按棕殿，亦稱棕毛殿，蓋以棕毛代陶瓦故名。楊允孚、薩都剌，均有詩以記之：

「北極修門暫不開，西行宮柳護蒼台。有時金鎖因何掣，聖駕棕毛殿裏回。」註：「棕毛殿在大斡耳朵」。

「上苑棕毛百尺樓，天風搖曳錦絨鈎。內家宴罷無人到，面面珠簾夜不收。」

又稱棕櫚殿，貢師泰曾有詩以歌之：

「棕櫚別殿擁仙曹，寶蓋沈沈御座高，丹鳳啣珠裝腰裹，玉龍蟠甕注葡萄。百年典禮威儀盛，一代衣冠意氣豪。中使傳宣捲珠箔，日華偏照鬱金袍。」

疑建於宮中西隅，龍岡餘脈高亢之處，許有壬有詩以示之：

「翠樓天際鬱崢嶸，粉澤龍岡壯帝京。地勢遠連棕殿起，簷牙高並鐵竿撐。葱葱佳氣歸環極，穆穆期昌見迓衡。長樂退朝容緩轡，斷雲收雨半山明。」

或宴於水晶殿，蓋殿起水中，通用玻璃爲飾，日光回彩，宛若水宮故名。薩都剌、周伯琦亦有詩以詠之：

「一派蕭韶起半空，水晶行宮玉屏風。諸工舞蹈千官賀，高捧葡萄壽兩宮。」「睿思閣下瑣牕幽，百寶明珠絡翠裘。內署傳宣來準備，大庭盛宴先初秋。」註：「右詠水晶殿」。

或宴大安閣，張昱曾有詩以述之：

「祖宗詐馬宴灤都，挏酒哼哼載憨車。向晚大安高閣上，紅竿雉帚掃珍珠。」

蓋詐馬宴於此舉行，歌舞盛會，美女如雲，以致珠飾脫落甚衆，故需「紅竿雉帚掃珍珠」。按大安閣，即故宋汴京之春熙閣，至元三年遷建於此，亦即馬哥孛羅所謂之「竹宮」。悉用巨竹所建，通風清涼，可拆散，可重建。內部塗金，飾以鳥獸之繪畫。柱亦塗金，每一柱頂，皆雕巨龍，龍首支閣頂，尾則盤柱上，腳爪外伸。頂以巨竹劈開，每節爲瓦二，髹以漆，以防雨。爲其牢固，以彩色絲繩綑之。許有壬有詩以歌之。（註六）

「大安閣是廣寒宮，尺五青天八面風。閣中敢進竹枝曲，萬年千秋文軌同。」

此外，奎章閣亦爲大宴之所。蓋文宗元統二年，曾宴侍臣於此。按奎章閣，天歷二年，建於宮廷之西。復據周伯琦「越三日奏進士牓名作」詩云：「太平天子策賢良……，凌晨金牓出明光。」按「明光」，即燕京之大明殿，蓋大明殿，爲朝會及舉行重大慶典之所，進士牓當出自於此。故所謂「明光」，並非殿名，實爲吟詠之便，用以代大明殿。再據周伯琦「上幸西內，望北方諸陵，酹新馬酒，彝典也。樞密知院奉旨課駒，以數上，因賦七言」云：

「皇輿吉日如西內，馬酒新羞白玉漿。遙酹諸陵申典禮，旋聞近侍宴明光……。」

故上京之大明殿，亦宮廷大宴之所。蓋蒙古早期，祭祖後，即舉族大宴。故所謂「近侍宴明光」，即遙祭陵園後，諸王大臣近侍，大宴於大明殿。按口北三廳志，曾詳載元代上京之宮殿，然前陳之昔剌斡耳朶、棕殿、水晶殿、大安閣、奎章閣、大明殿，除棕殿僅知其在「西內」，或「內門西」，奎章閣在宮廷之西外，其餘宮殿，其方位，及其相互之關係，均待考。據袁桷、楊允孚詩云：

「伏日瓊林宴，名王總內朝。帽尖花壓翠，衣角錦團貂。炙熟牛酥苣，醅深馬乳澆。柘枝旋舞急，宛轉稱纖腰。」

「葡萄萬斛壓香醪，華屋神仙意氣豪。酬節涼糕獨未品，內家先散小絨絛。」註「重午節也。」

可知，賜宴及第進士之恩榮宴，亦即唐宋之瓊林宴，與端陽節之大宴，亦在上京舉行。唯宴於宮廷之何處，亦待考。（註七）

至於歲幸上京，秋必大獵於東涼亭，或西涼亭、北涼亭、散不剌川、百查兒川、察罕諸爾、撫州等地。大獵既畢，或亦大宴。唯大宴之地，多不在宮廷，而宴於圍獵之所。如武宗至大元年，曾巡狩東涼亭，既而大宴於萬歲山。按東涼亭，在上京東五十里，地饒水草，富禽獸，故巡幸至此，歲必校獵焉。萬歲山，蒙語曰爾几圖爾賓俄藍山，在獨石口東北二百五十里。文宗亦嘗大宴於南坡，楊允孚曾有詩以陳之：

「霜寒寒月青山瘦，草實平坡黃鼠肥。欲問前朝開宴處，白頭宮使往還稀。」註謂：「文宗曾開宴於南坡，故云。」

然何時何事大宴於此？元史不載。僅本紀謂：天曆二年，文宗北迎明宗，曾駐蹕於此。按南坡，在上京南三十里，故又名三十里店，亦稱望都舖。爲歲幸上都，東出西回之輦道所必經，故又爲「納寶」之地。按「納寶」，又稱「納鉢」「巴納」，遼史謂之「捺鉢」。猶漢言行在所，亦即車駕行幸，宿頓之所。復按許有壬「龍岡賜燕」云：

「至元新制漢官儀，萬馬東西歷翠微。袀服盛裝三日燕，和鈴清振九斿旂。明珠火齊輝椋殿，上醞珍羞及布衣。但願普天均此樂，莫拘千里詠邦畿。」

可知上京北三里之龍岡，即臥龍山，亦爲大宴之所。（註八）

二、坐次與衣著

凡有慶典，先行朝賀。儀禮之隆重肅穆，張昱曾有詩以敘之：

「只孫官樣青紅錦，裏肚圓文寶相珠。羽杖執金班控鶴，千人魚貫振嵩呼。」

「戶外班齊大禮行，小臣鳴贊立朝廷。八風不動丹墀靜，聽得宮袍舞蹈聲。」

如有貢品，即獻陳玉陛、柯九思、朱檔有詩以吟之：

「萬國貢物陳玉陛、九賓傳贊捲珠簾。大明前殿筵初秩，勳臣先陳祖訓嚴。」

「諸方貢物殿前排，召得鷹坊近露台。清曉九闕嚴虎豹，遼陽先進白雕來。」

唯蒙人尙九，故凡有獻禮，均須九數之九倍始可。朝賀既畢，遂佈安坐次，據馬哥孛羅稱：

「皇帝的席，是比別人的高些。他坐在北邊，面朝南向。靠近他的左邊，坐的是他第一位妻子。在他右邊略低的地方，坐著他的兒子孫子，以及所有屬於皇族的親屬。他們的頭，和大可汗的腳一樣高。皇太子坐在比別人稍高一點的地方。其次，別的達官顯宦，坐在更較低的桌上。他左邊較低的地方，坐著他所有的兒子孫子，以及親屬的媳婦。再次就是達官顯宦和武將的妻子，坐在更較低的地方……。（地位更低者）都坐在大廳地氈上吃，亦沒桌子。宴席如此佈置，使大可汗可以看見每一個人。」

所以，大體而論，地位愈低，則坐位亦愈低，去皇上亦愈遠。而位高者，則有榻有几。次者有坐褥有几，再次者，則蓆地而坐。蓋蒙人有榻、几、坐褥、而無椅。復設止雨壇於殿隅，由番僧作法，以便宴樂免於風雨。楊允孚嘗有詩以詠之：

「雍容環珮肅千官，空設番僧止雨壇。自是半晴天氣好，螺聲吹起宿雲寒。」註謂：「西番類不一，每節殊禮。宴饗大會，則設止雨壇於殿隅。」

倘爲新正，則盛飾駱駝象隊，經御前，以載運大宴所需之器皿。如爲天壽節，則諸教僧侶，皆於殿中設壇焚香誦經，以爲皇上祈福。（註九）

至於衣著，皆服質孫衣。亦稱只孫衣，直孫衣，漢言一色服也。凡內廷大宴則服之，冬夏之服不同，然無定制，凡勳戚大臣近侍，賜則服之。下至樂工衛士，皆有其服。精粗之制，上下之別，雖不同，皆謂之質孫。計天子冬季之質孫服，凡十有一等，夏之服，凡十有五等。飾以珠，嵌以奇珍。百官冬季之質孫服，凡九等。夏之服，凡十有一等，亦以珍珠金玉爲飾。成宗元貞元年，命婦亦賜質孫衣。其富麗華貴之情形，柯九思幷有詩以言之：

「官家明日慶生辰，準備龍衣熨帖新。奉御進呈先取旨，隋珠錯落間奇珍。」

「萬里名王盡入朝，法宮置酒奏簫韶，千官一色眞珍襖，寶帶攢裝穩稱腰。」

唯大宴數日，其服日易一色。全年節慶，亦各易其色。究爲臨時命令，抑或業已成俗，屆時人人皆知，待考。僅知元旦新正，皆服白色之質孫衣。故馬哥孛羅稱之爲「白宴」。蓋蒙人尙白，以白爲吉也。（註十）

三、儀禮與飲食

宴饗之初，必有一二大臣，稱成吉思汗皇帝以爲敬，陳大札薩，即大雅薩法典以爲訓。並命近臣「敷宣王度，以爲告誡」。如太宗後王察八兒，率諸王內服，武宗曾詔賜大宴。脫脫即奉命，陳東西諸藩始終離合之由，去逆效命之義。辭旨明暢，聽者傾服。復行「喝盞」之禮，於焉大宴盛開。按「喝盞」，據陶宗儀言：「天子凡宴饗，一人執酒觴立於右階，一人執拍板立於左階。執板抑揚其聲，贊曰：斡脫克。執觴者，如其聲和之，曰打弼。從而王侯卿相，合坐者坐，合立者立。於是，衆樂皆作，然後進酒詣上前，上飲畢，授觴，衆樂皆止，別奏曲以飲陪位之官，謂之喝盞。」虞集亦謂：「凡宴饗，自天子至親王，舉酒將釂，則相禮者贊之，謂之喝盞，非近臣不得執其政。」姚從吾先生謂之：乃漢人之敬酒，或稱觴上壽之意。馬可孛羅則謂：大汗每飲，侍者獻盞後，退三步，跪伏地，諸臣亦然。諸樂咸奏，飲畢乃止，群臣起立。每飲，執禮皆如是。若爲新正朝賀，群臣就位後，贊禮官唱曰：跪拜，群臣立跪伏，以首觸地。贊曰：聖躬萬福。群臣齊答曰：如所祝。復贊曰：祈天增洪福，保佑百姓安寧，全國隆盛豐贍。群臣齊答謂：如所祝。禮畢，便至一壇前，壇上置一朱碑，上寫大汗名，碑前置一美麗金爐，焚香，諸人大禮參拜畢，各歸原位。此外，凡給役左右者，皆用納石失緞，掩其口鼻，並覆蓋御用器皿之上，以免菜肴爲彼等所污染。薩天錫有詩以記之。（註十一）

「退朝西殿承平日，一片春雲奏鳳笙。白面内官供玉食，卻將黃帕覆銀鐺。」

至於飲食，凡大宴，馬不過一，羊雖多，必以獸人所獻之鮮及脯鱐，取其半數而用之。故口腹之奉，似並不豪奢。然詐馬宴時，大官用羊二千噭（按：四百隻），馬三匹，他費稱是，亦所耗不貲。且皇家宴饗，自有珍膳奇肴。如駝峰、熊掌、黃羊、哈八都魚，皆北方之異品。楊允孚、袁桷均有詩以美之：

「嘉魚貢自黑龍江，西域葡萄酒更良。南土至奇誇鳳髓，北陸異品是黃羊。」註謂：「黑龍江產哈八都魚、鳳髓、茶名，黃羊北方所產，御膳用。」

「沈沈棕殿雲五色，法曲初奏歌薰風。酮官庭前列千斛，萬甕葡萄凝紫玉。駞峰熊掌翠釜珍，碧實冰盤行陸續。須臾玉卮黃帕覆，寶訓傳宣爭頫首。」

復有醍醐、麆沆、駝蹄羹（或謂野駝蹄）、駝鹿唇（或謂鹿唇）、駝乳麋、天鵝炙、紫玉漿、元玉漿（或謂玄玉漿），號稱塞北八珍。白珽、耶律鑄亦皆有詩以讚之：

「八珍肴龍鳳，此出龍鳳外。荔枝配江蜫，徒誇有風味。」

「玉汁溫醇體自然，宛然靈液漱甘泉。要知天乳流膏露，天也分甘與酒仙。」（註十二）

蒙古有酒四種，即米酒、蜜酒、葡萄酒、馬湩。然大宴多用葡萄酒與馬湩。貢師泰、楊允孚曾有詩以陳之：

「一元開大統，四海會時髦……。馬湩浮犀椀，駝峰寶刀落。暖茵攢芍藥，涼甕酌葡萄。」

「內宴重開馬湩澆，嚴程有旨出丹霄。羽林衛士桓桓集，太僕龍車欵欵調。」

因蒙人嗜酒，故大宴時，置有三平方步之酒櫃，中有巨甕之四周，復置較小之酒瓮，分裝各種酒類。而每兩人共用一几，几上又置小酒壜一，有柄之酒杯二，以便取酒暢飲。至於大明殿者，則爲尤巨。「高一丈七，貯酒可五十餘石。」因與宴之人數衆多，故酒肉之供應，爲數頗巨。憲宗即位時，大宴七日，計用牛馬三百頭，羊五千隻，酒三百車。所以，袁桷、周伯琦曾有詩以誇大宴時，美酒佳肴之豐盛情形：

「棕殿沈沈曉日清，靜鞭初徹四無聲。挏官玉乳千車送，酒正瓊漿萬甕行。肯以駝峰專北饌，不須瑤桂詫南烹。先皇雄略函諸夏，擬勝周家宴鎬京。」

「天子方御龍光宮……，大宴三日酣群悰，萬羊臠炙萬甕醲，九州水陸千官供……。」

天子大宴竟日，入夜方罷。故與宴者，多扶醉歸。迺賢、張昱均有詩詠之：

「上林宮闕淨朝暉，宿雨清塵暑氣微。玉斧照廊紅日近，霓旌夾杖彩霞飛。錦翎山雉攢遊騎，金翅雲鵬織賜衣。宴罷天階呼秉燭，千官爭送翠華歸。」

「黃金酒海贏千石，龍杓梯聲給大宴。殿上千官多取醉，君臣胥樂太平年。」（註十三）

四、音樂歌舞及雜技

大宴時，上每飲，諸樂皆作，以興隆笙領之。按：興隆笙，在大明殿下，其制，植衆管於柔韋，以象大匏土鼓。二韋橐按其管，則簧鳴。簨首爲二孔雀，笙鳴機動，則應而舞。凡燕會之日，此笙一鳴，衆樂皆作，笙止樂亦止。復按元代宴樂之器，除興隆笙外，尚有琵琶、箏、火不思、胡琴、方響、龍笛、笙、箜、篌、雲璈、簫、戲竹、鼓、杖鼓、札鼓、和鼓、纂、羌笛、拍板、水盞，凡廿一種。樂工則有漢人、河西、回回三者。至於歌曲，則有蒙古大曲：哈巴爾圖、口溫、也葛儻兀、輝和爾、閔古里、起土苦里、跋四土魯海、舍舍弼、搖落四、蒙古搖落四、閃彈搖落四、阿耶兒虎、桑哥兒苦不丁（江南謂之孔雀雙手彈）、答罕（白翎雀雙手彈）、苦只把失（品弦），凡十五種。小曲：阿斯蘭扯弼（回盞雙手彈）、阿林捺（花紅）、哈兒火失哈赤（黑雀兒叫）、洞洞伯、曲律買（新元史謂曲買）、者歸、牝疇兀兒、把擔葛失、削浪沙、馬哈、相公、仙鶴、阿下水花，凡十三種。回回三種：伉里、馬黑某當當、清泉當當。漢人二十三種：萬年歡、長春柳、吉利牙、新水令、沽美酒、太平令、山荊子帶妖神急、水仙子、青山口、金字西番、賀新涼、龍歸雲洞、讚佛樂、弄月曲、香桂長秋曲、採蓮曲、採菱曲、水面剪青、惜春詞、鳴雎曲、鴻韶樂。新聲兩種：白翎雀、海青拏天鵝，總計五十四種。其中新水令、沽美酒、太平令、水仙子、青山口、弄月曲、水面剪青、採蓮曲、惜春曲，均有詞，可歌可舞。此外更有軍歌，楊允孚、張憲均有詩以吟其新聲。

「爲愛琵琶調有情，月高未放酒杯停。新腔翻得涼州曲，彈出天鵝避海青。」註謂：「海青拏天鵝，新聲也。」

「檀槽谺谺鳳凰齶，十四銀環柱冰索。摩訶不作兜勤聲，聽奏筵前白翎雀。」（註十四）

至於歌舞，則男女並用，舞姝則中西兼備。舞時，盛裝花冠而出。人皆傾城，樂似天音。張昱、楊允孚曾有詩以譽之：

「西方舞女即天人，玉手曇花滿把青。舞唱天魔供奉曲，君王常在月宮聽。」

「儀鳳伶官樂既成，仙風吹送下蓬瀛。花冠簇簇停新舞，獨善簫韶奏太平。」註謂：「儀鳳司，天下樂工隸焉。每宴，教坊美女，必花冠錦繡，以備供奉。」

「教坊女樂順時秀，豈獨歌傳天下名。意態由來看不足，揭簾半面已傾城。」

且歌舞曼妙，柘枝霓裳，皆混然天成。復體態輕盈，香氣襲人，誠極聲色之娛！迺賢、袁桷，皆有詩以稱之：

「珊瑚小帶佩豪曹，壓轡鈴鐺雉尾高。宮女侍筵歌芍藥，内官當殿出葡萄。柏梁競喜詩先捷，羽獵爭傳賦最豪。一曲霓裳纔舞罷，天香浮動翠雲袍。」

「伏日瓊林宴，名王總內朝。帽尖花壓翠，衣角錦團貂。炙熟牛酥苍，醅深馬乳澆。柘枝旋舞急，宛轉稱纖腰。」

更有月照臨舞、八展舞、朱戚舞，以及面具舞、化裝舞。或帶孔雀明王、紅髮青面、毗沙、鐵王之面具。或扮金甲武士，以及烏鴉、龜鶴、金翅鵬、飛天夜叉、五方菩薩、文殊、普賢、如來等神佛、鬼怪、禽獸之像。不僅隊形變化繁富，隨著音樂起舞。且歌舞相和，載歌載舞。其音樂舞蹈之美，貢師泰、張昱並有詩以彰之：（註十五）

「舞轉星河影，歌騰陸海濤。齊舞才起合，頓足復分曹。急管摧瑤席，繁弦壓紫槽……。」

「西天法曲曼聲長，瓔珞垂衣稱艷裝。大宴殿中歌舞上，華嚴海會慶君王。」

復有翻冠飛履舞，順帝時，官妓凝香兒所創。舞時冠履皆翻覆飛空，尋如故，少頃復飛，一舞中，屢飛屢復，雖百試不差。天魔舞，以宮女十六人舞之，其中尤以三聖奴爲翹首。舞首垂髮數辮，戴象牙冠，身披纓絡大紅銷金長裙，手執加巴剌之器。朱檝、張翥均以歌之：

「十六天魔按舞時，寶妝纓絡鬪腰肢。就中新有承恩者，不敢分明問是誰。」

「隊裏惟誇三聖奴，清歌妙舞世間無。御前供奉蒙恩寵，賜得西洋塔納珠。」

「按舞嬋娟十六人，內園樂部每承恩，纏頭例是宮中賞，妙樂文殊錦最新。」

「十六天魔女，分行錦繡圍。千花織步幛，百寶貼仙衣。回雪紛難定，行雲不肯歸。舞心挑轉急，一一欲空飛。」

此外，尚焚異香，盛陳奇獸，迺賢、楊允孚均有詩以述之：

「繡綺新裁雲氣帳，玉鈎齊上水晶簾。鳳笙屢聽伶官奏，馬湩頻頻太僕添。風動香煙飃闔殿，日使花影上雕檐。金盤禁臠纔供膳，階下傳呼索井鹽。」

「錦衣行處狻猊習，詐馬宴前虎豹良。特敕雲和罷弦管，君王有意聽堯綱。」註謂：「詐馬宴開，盛陳奇獸。」

更魔術與角力俱進，奇技與雜耍並陳，賽馬與鬪駝兼施，百戲之賞心悅目，實乃目不暇給。宴享之樂，可謂極矣！馬哥孛羅既曾敘述，周伯琦、許有壬、朱檝亦有詩以誇之：（註十六）

「華鞍鏤玉連錢驄，彩暈簇轡珠英重。鈎膺障顱鞶鏡叢，星鈴繇校聲瓏瓏。高官艷服皆王公，良辰盛會如雲從。明珠絡翠光蘢蔥，文繪鏤金紆晴虹。犀毘萬寶腰鞓紅，揚鑣迅策無留縱。一躍千里眞游龍，渥洼奇種皆避鋒……。上京六月如初冬……，天子方御龍光宮……，大宴三日酣群悰……，曼延角觝呈巧雄……。」

「吁嗟呼馳，爾軀孔碩，爾能實多。龍斯夭矯，山斯嵯峨……。虎賁執纆，兩兩相睨。騰蹙傾奔，砉欻徒倚。……始翻頸而鄭躅，復摩肩如委靡。乍分立以卭隙，遽挑釁於駓駭，飄忽若飛燕，盤旋如磨蟻。劃然踴躍，人立對起。波湏土墳，雷轟電駛。持久跕跕，勝負未分。貂璫聲援，陛楯皆裂……。」

「大宴三宮舊典謨，珍羞絡繹進行廚。殿前百戲皆呈應，先向春風舞鷓鴣。」

五、結論

總之，元代宮廷大宴，除隆重之儀禮外，仍多用其本俗，亦極聲色口腹之享受。同時，在文化上，更顯示蒙古文化、中原文化、中亞文化，並陳兼用，與夫融合之情形。

註釋

註一：元史卷六十七「禮樂志」，馬哥孛羅遊記一八七頁，元詩紀事卷十七「柯九思宮詩十五首」第九、十三首，多桑蒙古史一九二頁，南村輟耕錄第二頁。

註二：柳待制文集卷五「觀失剌斡耳朵御宴回」，扈從集後序，灤京雜詠第四十二、六十二、七十一首，近光集卷一「詐馬行有序」、卷二「立秋日書事五首」，清容居士集卷十五「上京雜詠十五首」。

註　三：多桑蒙古史一九一、二六四頁，近光集卷一「詐馬行有序」，馬哥孛羅遊記一七七頁。

註　四：元史卷六十七「禮樂志」，元故宮遺錄，元史卷一三八「燕鐵木兒」、卷一四四「答里麻」，可閑老人集卷二「塞上謠」，輟耕錄卷二十一「宮闕制度」，元詩紀事卷十七「柯九思宮詩十五首」第三、九首，南村輟耕錄二頁「萬歲山」，惟實集卷六「廣寒殿……賦二首」。

註　五：雁門集卷三「上京即事」，金台集卷二「錫喇鄂爾多觀詐馬宴奉次貢泰甫授經先生韻」，拙著從元代蒙人習俗軍事論元代蒙古文化「十三世紀蒙人之屯住與遷徙」，柳待制文集卷四「同楊仲禮和袁集賢上都詩十首」，口北三廳志卷三「古蹟大安閣」，復古詩集卷四「宮詞」，霞外詩集卷三「大德辛丑五月十六日灤都棕殿朝見謹賦絕句三首」。

註　六：扈從集後序，清容居士集卷十二「伯庸開平書事次韻七首」，灤京雜詠第三十八首，雁門集卷二「上京即事」，玩齋集卷四「上都咱瑪大燕」，至正集卷十八「和謝敬德學士入關至上都雜詩十二首」，近光集卷一「是年五月扈從上京學官紀事絕句廿首」，可閑老人集卷二「輦下曲」第卅二首，口北三廳志卷三「古蹟、多倫諾爾、上都宮殿」，元故宮遺錄「棕毛殿」、「水晶圓殿」，馬哥孛羅遊記一二六頁，至正集卷二十七「竹枝十首和繼學韻」第十首。

註　七：元史卷卅八「順帝」，道園學古錄卷廿九「贈朱萬初四首」，近光集卷一「越三日奏進士牓名作」、「上幸西內北望諸陵酹新馬酒彝典也樞密知院奉旨課駒以數上因賦七言」，元朝秘史廿四頁，口北三廳志卷三「古蹟、多倫諸爾、上都宮殿」，清容居士集卷十五「上京雜詠十五首」，灤京雜詠第七十一首。

註　八：國立編譯館館刊七卷二期拙作「元代定鼎中原後帝王之遊獵生活」，元史卷三十三「文宗」、卷一一七「禿剌」，近光集卷二「立秋日書事五首」，口北三廳志卷二「山川、多倫諸爾、萬歲山」，灤京雜詠第二、六十四、八十八首，扈從集前序、純白齋類稿卷十四「上京紀行」，姚從吾先生全集第二册六十四、六十五頁，至正集卷十六「龍岡賜燕」，口北三廳志卷二「山川、多倫諸爾、臥龍山」。

註　九：元史卷六十七「禮樂志、元正受朝儀」，可閑老人集卷二「輦下曲」第十四、廿一首，元詩紀事卷十七「柯九思宮詩十五首」第一首，歷代宮詞卷二「明周王一百首」第七十三首，馬哥孛羅遊記一七三、一七六、一六八、一六九頁，蒙韃備錄箋證「軍裝器械」，灤京雜詠第六十六首，元史卷一三五「阿答赤」謂：「復以銀椅賜之」，然此非蒙俗。

註　十：元史卷七十八「輿服志、冕服、質孫」，元詩紀事卷十七「柯九思宮詩十五首」第五、六首，道園學古錄卷廿三「句容郡王世績碑」，元史卷一四九「劉黑馬」，元文類卷廿三「太師廣平貞憲王碑」、卷五十七「中書令耶律公神道碑」，多桑蒙古史二四八、二六四頁，馬哥孛羅遊記一七四頁。

註十一：灤京雜詠第四十三首，元詩紀事卷十七「柯九思宮詩十五首」第一首、元史卷一三八「康里脫脫」，多桑蒙古史一六三頁，蒙古秘史新譯並註釋一五四節註四，馬哥孛羅遊記一七一頁，薩天錫詩集前集「西宮即事」，輟耕錄卷二十一「喝盞」，馬哥孛羅紀行三五〇、三五六、三五九頁。

註十二：元史卷六十七「禮樂志、元正受朝儀」，近光集卷一「詐馬行有序」，清容居士集卷十五「裝馬曲」，灤京雜詠第四十七首，湛淵集「續演雅詩」，雙溪醉隱集卷六「行帳八珍詩」。

註十三：多桑蒙古史二七六頁，玩齋集卷五「上京大宴和樊時中侍御」，灤京雜詠第六十二首，馬哥孛羅遊記一六九、一七〇頁，輟耕錄卷廿一「宮闕制度」，多桑蒙古史二六四頁，清容居士集卷十六「內宴二首」，近光集卷一「詐馬行有序」，金台集卷二「錫喇鄂爾多觀詐馬宴奉次貢泰甫授經先生韻」，可閑老人集卷二「輦下曲」第十六首。

註十四：馬哥孛羅遊記一七一頁，輟耕錄卷五「興隆笙」，多桑蒙古史二四八、二五二頁，元史卷七十一「禮樂志、宴樂之器」、卷八十五「百官志、禮部、鳳儀司」，輟耕錄卷廿八「樂曲」，新元史卷九十四「樂志、達達樂曲」，元史卷七十一「禮樂志、樂隊」，元氏掖庭侈政第六、十、十一、十二、十三頁，灤京雜詠第四十四、七十四首，鐵厓古樂府卷七「白翎雀辭」，玉笥集卷三「白翎雀」。

註十五：可閑老人集卷二「輦下曲」第十七、五十八、八十首，灤京雜詠第四十三、四十四首，元氏掖庭侈政六、十二頁，元史卷七十一「禮樂志、樂隊」，清容居士集卷十五「上京雜詠十五首」，玩齋集卷五「上京大宴和樊時中侍御」。

註十六：元氏掖庭侈政九、十三頁，歷代宮詞卷二「明周王一百首」第廿三、五十二、五十三、九十三頁，蛻菴集卷二「宮中舞隊歌詞」，馬哥孛羅遊記一七一頁、近光集卷一「詐馬行有序」，圭塘小稿卷一「鬥馳賦」。

（原載民國七十八年九月東方雜誌復刊二十三卷三期）

從元詩中論元代蒙人節慶之漢化

蒙人早期，似甚少節慶。據元朝秘史載，僅四月十六日而已。且已失傳，不復知其意義。考其原因，當因「但見草青，則爲一年。新月初生，則爲一月。」初無紀年紀月紀日之方法，有以致之。（註一）逮成吉思汗南下燕京，淹有大河以北，居於燕京之蒙人，因受中原文化之影響，已漸習於中原之節慶。及定宗之世，即漠北之蒙人，亦復如此。洎乎世祖，據馬哥孛羅謂，一年有十二節慶，皆隆重慶祝。（註二）

關於元代蒙人之節慶，史傳、禮志，以及元人碑、銘、記、序、雜錄之著述中，除元氏掖庭侈政外，均甚少言及。然元人宮詞，與夫吟詠上都、塞北之詩詞中，卻可提供頗多之珍貴史料，大有助於此一問題之研究。故謹就元詩，以論元代蒙人之節慶習俗及其漢化之情形。

正月初一，元旦，又稱新正。帝御大明殿，受諸王親貴百官之朝賀，亦即拜年。禮畢，大宴群臣於斯。四品以上，賜酒殿上。五品以下賜酒於日精、月華門下。與宴者，皆盛飾，衣白色之質孫衣。蓋蒙人尚白，以白爲吉，故馬哥孛羅謂之白宴。四方並貢方物，以爲賀正。因蒙人尚九，故貢品皆須九之倍數。楊允孚、柯九思、朱樠、皆有詩以吟之：

「正元紫禁肅朝儀，御榻中間寶帕提。王母壽詞歌未徹，雪花片片彩雲低。」

「傳宣太府頒宮錦，近侍承恩拜榻前。製得袍成天未曉，著來香殿賀新年。」註：「臘前，分賜近臣襖材，謂拜年緞子。」

「雨調風順四海寧，丹墀天樂奏優伶。季季正旦將朝會，殿內先視玉液青。」（註三）

至於一般蒙人，則家家祭天，戶戶歡宴，人人賀年。無貴賤貧富，務使家人鮮衣豐食，歡度一年中首要之節慶。按大明殿，乃登極、正旦、壽節、會朝之正殿。（註四）

凡帝生日，曰天壽節。元代諸帝生日，世祖爲八月己卯，馬哥孛羅謂九月二十八日，誤。成宗九月庚子，武宗七月十九，仁宗三月丙子，英宗二月甲子，泰定七月十五，文宗正月癸亥，順帝四月丙寅。故每臨是日，舉國慶賀，萬方入貢。帝亦御大明殿，受諸王宗親百官之朝賀。並賜宴群臣，如元正之儀。張昱、柯九思、朱𣝕，並有詩以記之：

「萬方表馬賀生辰，班首師臣與相臣。喝贊禮行天樂動，九重宮闕一時新。」

「官家明日慶生辰，準備龍衣熨帖新。奉御進呈前取旨，隋珠錯落間奇珍。」

「棲殿巍巍西內中，御宴簫鼓奏薰風。諸王駙馬咸稱壽，滿酌葡萄吹玉鐘。」

按棲殿，又稱棕毛殿，在端本堂之東。因悉以棕毛代陶瓦，故名。（註五）

正月十五，上元節，又稱元宵節，是夕，戶戶張燈，富貴之家，製作則尤爲精美。宮中更置燈山，燦爛似錦，晃若白晝。楊允孚、朱𣝕嘗有詩以詠之：

「元夕華燈帶雪看，佳人翠袖自禁寒。平生不作蠶桑計，只解青驄鞴繡鞍。」

「燈月交光照綺羅，元宵無處不笙歌。太平宮裏時行樂，輦路香風散玉珂。」

次日，宮女與民間少女，皆焚香祈禱，並剪紙九條，長約尺許，捻成雙綰以結之，謂之結羊腸。張昱、揭傒斯並有詩以述之：

「紙繩未把祝爐香，自覺紅生兩臉傍。爲鐙爲輪俱有喜，莫將緪結作羊腸。」

「正月十六日風光，京師兒女結羊腸。焚香再拜禮神畢，剪紙九道尺許長。撚成雙綰雙雙結，心有所祈口難説。爲輪爲鐙恒苦多，忽作羊腸心自別。鄰家女兒聞縱至，未辨凶吉憂且畏。須臾結罷起送神，滿座懽忻雜顰頳。但願年年逢此日，兒結羊腸神降吉。」

且縱偷一日，謂之放偷。故家家嚴備，然遇偷至，則笑而遣之。雖妻女、車馬、寶貨被竊，亦皆不罪，蓋金俗也。松漠紀聞曾云：「金國治盜其嚴，每捕獲，論罪外，皆七倍責償。唯正月十六日，則縱偷一日以爲戲。」（註六）

二月十五，花朝節。宮中嬪妃，咸集西宮，即興聖宮，「賽花朝」以爲樂。張昱曾有詩以誌之：

「從行火（按：伙）者笑相招，步輦相將過釣橋。鹿頂殿開天樂動，西宮今日賽花朝。」

按楊瑀曾言：其屢爲灤陽之行，每歲七月半，郡人傾城出南門外祭奠，婦女悉穿金紗，謂之賽金紗。陳元靚又稱：天寶年間，長安士女，春時鬥花，戴插以奇花多者爲勝。故多用千金市名花，植於庭中，以備春時之鬥。所以，「賽花朝」，當爲宮中嬪妃，是日悉出所栽，或盡戴珍品異種之奇花，相互比賽。俾以賞花，兼以行樂。（註七）復按：西宮即興聖宮，以在大內之西北，故名。鹿頂殿，亦作盝頂殿。凡五間，在光天殿西北角樓之西。其制三椽其頂，若笥之平，故名。上都亦有鹿頂殿，延祐七年，英宗爲皇后所建。至治二年，詔繪蠶麥圖於殿上，以時觀，而知民事。（註八）

此外，是日帝師亦率番僧五百人，及雲和署所掌之大樂，鼓、板杖鼓、篳篥、龍笛、琵琶、箏、𥳑七色四百人，興和署所掌之伎女雜扮隊戲一百五十人，祥如署所掌之雜把戲隊男女一百五十人，儀鳳司所掌之漢人、回回、河西三色細樂、各色三隊三百五十人。凡所執役者，官給鎧甲、袍服、器杖，俱以鮮麗整齊爲尙。珠玉金繡，裝扮奇巧，首尾長三十餘里。自西宮門外垣，海子南岸，入厚載紅門，由東華門，過延春門而西，謂之遊皇城。云爲衆生祓除不祥，迎導福祉。都中士女，萬人空巷，闔閭聚觀。帝與后妃公主亦於五德殿門外，搭金脊五殿綵樓而臨觀之。張昱、柯九思均有詩以誌之：

「爐香夾道湧祥風，梵輦遊城女樂從。望拜綵樓呼萬歲，柘黃袍在半天中。」

「鳳城女樂擁祥煙，梵座春游浹管弦。齊望彩樓呼萬歲，柘黃正在五雲邊。」註：「故事，二月十五日，迎帝師游皇城，宮中結綵樓親觀之。」

三月三日，上巳日，帝與群臣，於太液池，臨流修禊，以祓除不祥，並賜宴萬歲山。柯九思曾有詩以詠之：

「花明晝錦柳搖絲，仙島陪鑾濯禊時。曲水番成飛瀑下，透池銀漢接清池。」註：「故事，上巳節，賜宴萬歲山。」

按萬歲山，又稱萬壽山。在大內西北，太液池之陽。（註十）至於嬪妃，是日則於迎祥亭，漾碧池以修禊。池用紋石爲質，以寶石鏤成奇花繁葉，雜砌其間。上置紫雲九龍華蓋，四面施幃，幃皆蜀錦爲之。跨池三橋，橋上結錦爲亭。三亭雁行相望，又設一橫橋，接乎三亭之上，以通往來。祓畢，則宴飲其中，謂爽心宴。池之傍一潭，曰香潭，至此日，則積香水以注于池。池中又置溫玉狻猊，白晶鹿，紅石馬等物。嬪妃浴澡之餘，則騎以爲戲。或執蘭蕙，或擊球筑，謂之水上迎祥之樂。灤京士女，亦於是日，競作繡圈，臨灤水以棄之，亦修禊之義也。楊允孚嘗詩云：

「脫圈窈窕意如何，羅綺香風漾綠波。信唐宮行樂處，水邊三月麗人多。」註：「上巳日，灤京士女，競作綵圈，臨水棄之，即修禊之義也。」（註十一）

三月五日或六日，穀雨，三宮大宴，並賞牡丹。朱櫄有詩記之云：

「穀雨天時送薄寒，梨花開謝杏花殘。內園張蓋三宮宴，細樂諼闐賞牡丹。」（註十二）

五月五日，端陽節，又稱重五，端午。宮中大宴，並賜后妃公主節物，及學士五彩絲線。楊允孚、張昱、柯九思、揭傒斯皆有詩以歌之：

「葡萄萬斛壓香醪，華屋神仙意氣豪。酬節涼糕猶未品，內家先散小絨絛。」註：「端陽節也。」

「頒賜三宮端陽節，金絲纏扇繡紅紗。謝恩都作男兒跪，拜起深深鶡尾斜。」

「玉椀調冰湧雪花，金絲纏扇繡紅紗。綵箋御製題端午，敕送皇姑公主家。」註：「皇姑者，魯國大長公主，皇后之母也。天歷二年端午，上賜甚厚，并製御詩送之。」

「己巳群儒映壁奎，端陽侍燕寶慈西。綫分學士親臣送，詩賜皇姑御手題。注酒含春瑤露重，承塵轉午錦雲低。日斜共出西門道，既醉猶能散馬蹄。」

除節食涼糕，繫懸彩絲絨絛以避邪，尙泛龍舟以爲樂。更有驃騎之戲，驃騎一人，持幟前導，後騎繼進，各於馬上，騰躍翻滾，呈巧弄奇。朱樵曾有詩述之云：

「合香殿倚翠峰頭，太液波澄暑雨收。兩岸垂楊千百尺，荷花深處戲龍舟。」

民間則祭天，飲漬菖蒲之酒。且以射柳、鬥草爲樂。馬祖常亦有詩以吟之：

「灤水之陽漢陪京，拂天翠華風日清。繡絲鞋墻擅南陌，玉環鏡鼻專東城。射柳王孫五花馬，醉來見客不肯下。擷藍攬綠鬥草戲，靈運無須更誰詫。香爐薰衣今幾人，蘭階晝永簾光勻。圍坐屏風罨畫劇，杯中菖蒲笑回春。」

按端陽射柳，金俗，金史禮志載之甚詳，不贅。寶慈、殿名，在興聖殿之寢殿西，三間，前後軒三間，重簷。（註十三）

七月七日夜，七夕。宮女嬪妃宴於鹿頂殿，皆以金盒乞巧。盒盛喜蜘蛛，次日蛛網圓正，謂之得巧。朱櫄、曹元用有詩云：

「盝頂殿中逢七夕，遙瞻牛女列珍羞。明朝看巧開金盒，喜得蛛絲笑未休。」

「柳簇金溝蘸碧波，雲深玉闕瞰重坡。鳳凰曲奏鈞天樂，烏鵲橋通織女河。萬井閭閻春浩蕩，天街來馬晚陂陁。山人素有林泉興，柰此承明晚直何！」

宮女則登九引台，以彩色絲線，穿九尾針而乞巧。先完者爲得巧，遲完者，謂之輸巧，各出資以贈得巧者。至大中，洪妃寵於後宮。是夕，於九引台，結綵爲樓，獨與宮官數人登之。剪綵散諸台下，令宮嬪拾之，各以色之艷淡爲勝負。次日，設宴大會，負巧者罰一席，謂之鬥巧宴。至於民間之蒙漢婦女，亦設綵席庭中，陳酒脯瓜果以乞巧。如蛛網瓜上，則謂之得巧。胡助曾有詩以誌之：

「家家綺席設中庭，兒女喧嘩擁碧軿。天上樓臺當七夕，河邊機杼會雙星。橋橫鵲背秋凝恨，菓結蛛絲夜乞靈。曉別西風洗車雨，龍沙漠漠遠山青。」

按七夕下雨，俗謂天帝爲織女洗車，故稱之爲「洗車雨」。（註十四）

八月十五，中秋節。宮中嬪妃，賞月，鬥鵪鶉，泛龍舟以行樂。朱櫄嘗有詩以追述之：

「月宮小殿賞中秋，玉宇銀蟾素色浮。官裏猶思舊風俗，鷓鴣長篴序中州。」

「金風苑柳日光晨，內侍鷹坊出入頻。遇著中秋時節近，剪絨花毯鬥鵪鶉。」

至大二年，己酉，中秋之夜，武帝嘗與嬪妃，乘畫鷁之舟，泛月於太液池，蓮舟夾持，舟上各設女軍。居左者，冠赤羽冠，服班文甲，建鳳尾旗，執泥金畫戟，號鳳隊。居右者，冠漆朱帽，衣雪氅裘，建鶴翼旗，執瀝粉雕戈，號鶴團。又以綵帛結成採菱採蓮之舟，輕快便捷，往來如飛。月麗中天，乃開宴張樂，宮女盛裝，前爲八展舞，歌新涼一曲。駱妃素號能歌，復趨前爲舞月照臨之歌。酒半酣，菱舟進紫菱，蓮舟奉玉蓮，於是下令兩軍水擊爲樂，既畢，軍中作樂，唱龍歸雲洞之歌而還。洎乎順帝，中秋亦泛舟禁池。寵妃凝香兒，以小舟蕩漾于波中，舞婆娑之隊，歌弄月之曲，歌畢，帝曰：人間之樂，不讓天上！（註十五）

冬至，賜宴太史與諸王。蓋太史是日進呈新曆，並頒新曆與諸王。柯九思、張昱曾有詩云：

「珠宮賜宴慶迎祥，麗日初隨綵線長。太史院官新進曆，御榻一一賜諸王。」註：「每歲日南至，太史進來歲曆日。」

「授時曆進當冬至，太史弁官近御前。御用粉牋題國字，帕黃封上榻西邊。」

宮中嬪妃則候日於刺繡亭，亭旁有一線竿，竿下爲緝衮堂。至日，命宮女把刺，以驗一線之功。上京蒙漢婦女，則於是日貼梅花一枝於窗間，曉粧之時，以胭脂日畫一圈，八十一圈既畢，則變作杏花，暖回立春矣！楊允孚嘗有詩以陳之：

「試數窗間九九圖，餘寒消盡暖回初。梅花點遍無餘白，看到今朝是杏株。」註：「冬至後，貼梅花一枝於窗間，佳人曉妝時，以臙脂，日圖一圈，八十一圈既足，變作杏花，即

暖回矣！」（註十六）

除夕，宮中遍洒巫師作法之馬湩，以驅疫鬼。張昱有詩云：

「三宮除夜例驅儺，偏洒巫臣馬湩多。組燭小兒相哄出，衛兵環視莫如何。」

居氈帳者，則遷帳以備賀正。（註十七）

凡以上節慶，除遊皇城、放偷、射柳外，皆中原舊俗。蓋正旦朝賀，始於漢制朝儀。元夜燈火，始於漢祠太一。三月三日，始於鄭俗上巳祓除。清明奠祭，始於春秋。端陽競渡，始於楚人拯屈原。七夕，始於成武丁言織女詣牽牛。中元，始於佛盂蘭盆供養。中秋翫月，始於唐明皇銀橋升月宮。九九登高，始於費長房教桓景避災。冬至朝賀，始於魏儀，亞於歲朝。除日，始於周大儺，前歲一日，擊鼓驅疫厲之鬼。鬥草，以端午，明以後，在春月。至誕辰建節、花朝節鬥奇花，均始於唐。所以，元代蒙人之節慶，自太祖克燕以後，已日益漢化。（註十八）

至於清明節、中元節、重陽節，元人詩詞中，均無明確吟詠宮廷，或蒙人此三節之記錄。然定宗二年，諸王忽必烈於四月九日、九月九日祭祀。世祖每歲巡幸上都，於七月七日或九日，與后素服望祭北方陵園。或與上述三節，亦不無關係。（註十九）

註　釋

註　一：蒙古秘史新譯並註釋八十八、二六二頁，黑韃事略箋證九頁。

註　二：蒙韃備錄箋證「風俗」，張德輝「嶺北紀行足本校註二十三、二十七頁，馬哥孛羅遊記一七七頁。

註　三：元史卷六十七「禮樂志、元正受朝儀」，馬哥孛羅遊記一七四、一七五、一七六頁，元文類卷五十七「中書令耶律公神道碑」，灤京雜詠第六十七首，元詩紀事卷十七「柯九思宮詩十五首」第七首，歷代宮詞卷二「明周王一百首」第四首，明詩綜卷二「周定王橚」。按「明周王一百首」，實爲一百三首，明詩綜，明詩紀事等，皆題爲「元宮詞百首」。

註　四：蒙韃備錄箋證「風俗」，張德輝「嶺北紀行」足本校註二十三頁，馬哥孛羅遊記一七四頁，輟耕錄卷二十一「宮闕制度大明殿、香殿」，元故宮遺錄「大明殿」。

註　五：元史卷四「世祖」、卷十八「成宗」、卷二十二「武宗」、卷二十四「仁宗」、卷二十七「英宗」、卷二十九「泰定帝」、卷三十二「文宗」、卷三十八「順帝」，馬哥孛羅遊記一七二頁，可閑老人集卷二「輦下曲」第十首，元詩紀事卷十七「柯九思宮詩十五首」第六首，歷代宮詞卷二「明周王一百首」第三首，元故宮遺錄「棕毛殿」。

註　六：元明事類鈔卷三「元夕」，灤京雜詠第六十八首，歷代宮詞卷二「明周王一百首」第十七首，可閑老人集卷二「宮中詞」第十五首，文安集卷二「結羊腸詞」，松漠紀聞卷一。

註　七：淵鑑類函卷十八「歲時部、花朝」，夢粱錄卷一「二月望」，西湖遊覽志餘卷二十「熙朝樂事」，可閑老人集卷二「宮中詞」第十九首，山居新話卷三「范玉壺作上都詩」，歲時廣記卷一「鬥奇花」。

註　八：元故宮遺錄「興聖宮」，輟耕錄卷二十一「宮闕制度、興聖宮、興聖殿、鹿頂殿」，口北三廳志卷三

「古蹟、鹿頂殿」，南村輟耕錄十三頁，元詩紀事卷十七「柯九思宮詩十五首」第三首幷註。

註　九：元史卷七十七「祭祀志、國俗舊禮」，可閑老人集卷二「輦下曲」第五十首，元詩紀事卷十七「柯九思宮詩十五首」第八首。

註　十：元詩紀事卷十七「柯九思宮詩十五首」第十首，輟耕錄卷二十一「宮闕制度、萬壽山」，元故宮遺錄「萬歲山」。

註十一：元代掖庭侈政七頁，灤京雜詠第七十首。

註十二：歷代宮詞卷二「明周王一百首」第九十九首。

註十三：灤京雜詠第七十一首，可閑老人集卷二「宮中詞」第三首，元詩紀事卷十七「柯九思宮詩十五首」第十一首，文安集卷三「憶昨四首」，淵鑑類函卷十八「歲時部，五月五日」，元明事類鈔卷三「五日、驃騎戲」，歷代宮詞卷二「明周王一百首」第七首，蒙韃備錄箋證「風俗」，石田集卷五「次韻端午行」，金史卷三十五「禮八、拜天」，輟耕錄卷二十一「宮闕制度、寶慈殿」。

註十四：歷代宮詞卷二「明周王一百首」第八十三首，口北三廳志卷十五「藝文四、曹元用上都次馬伯庸尙書韻二首」，東京夢華錄卷八「七夕」，元氏掖庭侈政三頁，純白齋類稿卷八「灤陽七夕分韻青字」，荆楚歲時記「七月七日」，燕石集卷三「洗車雨」。

註十五：歷代宮詞卷二「明周王一百首」第五十四、三十四首，元氏掖庭侈政五、六、九、十頁。

註十六：元詩紀事卷十七「柯九思宮詩十五首」第十二首，可閑老人集卷二「輦下曲」第十二首，元氏掖庭侈政三頁，灤京雜詠第六十九首。

註十七：可閑老人集卷二「輦下曲」第九十五首，張德輝「嶺北紀行」足本校註二十三頁。

註十八：名義考卷二「節令所起」，誠齋揮麈錄卷上，濡鑑類函卷十八「歲時部、花朝」。

註十九：張德輝「嶺北紀行」足本校註二十七頁，近光集卷二「立秋日書事五事」。

（原載民國七十七年十一月東方雜誌復刊二十二卷五期）

元代蒙人生活之轉變

成吉思汗早年，篾兒乞人已有金腰帶，克烈部亦有金撒帳、金酒器。塔塔兒人，則更有金項圈、金耳環及綢緞之衣物。而斯時之蒙人，則尚無此種水準之物質生活。（註一）蓋蒙人之牧地，在怯綠漣（按：克魯倫）河、斡難河流域。然西有牧於斡兒寒河、土拉河之克烈部。西北有牧於薛靈哥（按：色楞格）河、斡兒寒河之篾兒乞人。南有牧於長城以北，河套地區之汪古部。東有牧於捕魚兒海子（按：貝爾湖）一帶之塔塔兒人。形同包圍，阻絕其高文化之接觸，有以致之。（註二）逮成吉思汗下中原，克西域，由於大量之抄掠，巨額之稅收。以及名城巨鎮，多爲食邑。精工巧匠，悉爲俘虜。所以，既雄於財貨，復嫻於織造。終使其生活，如衣、食、住、行、器皿傢具、生產、娛樂等，無不產生顯著之轉變，其中尤以皇室與貴族爲然。

一、居住

蒙人之氈帳，內外皆以毛織之白氈爲衣，中用木架支撐，繫以毛索而成，故又有黑車白帳之稱。（註三）逮太宗之世，或在成吉思汗之時，即已有金帳。帳極寬廣，可容千人。外施白氈，內以黃金抽絲，與彩色絲線或毛線所織成之納石失，元史通稱爲金錦、金織爲衣。柱與門閾，皆以金裹，釘以金釘。（註四）因用金裹，故稱金帳。以金色黃，故又稱昔剌斡爾朵。復因乃帝王所居，故又以行宮、行殿、幄殿稱之。（註五）及世祖之世，則外覆獅皮（按：疑爲紅白黑三色相間之毛織品），內以金錦爲衣，復飾以銀鼠、黑貂之皮。柱用香木，精雕粉金，並用千百彩色絲繩之維之。不僅金碧輝煌，且價值連城。降至後世，則尤爲巨大，深廣竟容數千人。元代中晚之文翰，曾有詩以吟之云：（註六）

「壁衣面面紫貂爲，更繞腰闌挂虎皮。大雪外頭深一尺，殿中風力豈曾知。」

「毳幕承空掛繡楣，彩繩亘地掣文霓。辰旗忽動祠光下，甲帳徐開殿影齊……。」註謂：

「失剌斡耳朵，深廣可容數千人。」

「天潢猶白白，雲幕故青青。積潦推車軸，高風墮燕翎。宮塗丹赭堊，殿户紫金釘。女樂蓬萊秘，哀樂動杳冥。」

太宗七年，曾城和林，營萬安宮。宮墻磚築，南闢三門。中建大殿，其前庭以巨柱承之。由中國之建築師，及雕刻、畫家所建成。四周繞以林園，宮墻四周，則爲諸王親貴之府邸。如純只海、耶律楚材等，均嘗建府邸於此。（註七）九年，又於和林北七十餘里，揭揭察哈澤畔，築掃鄰城，由波斯工程師，作迦堅茶寒殿。十年，更營圖蘇湖城，建迎駕殿，亦即元史耶律希亮傳之涼樓。復築撒喜克城，以爲駐冬圍獵之所。故太宗每年，春季一月，居和林之萬安宮。餘兩月，

住迦堅茶寒殿。至迎駕殿，則為南巡中原，及至汪吉河之撒喜克城，駐冬圍獵，北返和林停留之所。（註八）

此外，世尙公主之弘吉剌氏，亦於定宗二年以前，營離宮於魚兒泊，即今達里泊之東畔，以為公主避暑之所。宮墻高丈餘，方廣二里許。中建寢宮，夾以二室。後有龜軒，旁有兩廡。前峙高樓，以供遠眺。（註九）

迨憲宗之世，忽必烈以長弟，開府金蓮川，總治漠南。遂於六年，命劉秉忠相地，建城於桓州之東，灤水以北之龍岡。灤水遶其陽，龍岡蟠其陰，四山拱衛，形勢天成。後命名開平，升為上都。又號上京、灤京、灤都、北都。宮城中，計有大明殿、儀天殿、寶雲殿、東西暖閣、東西香殿、玉德殿、壽昌堂、慈福殿、紫檀閣、延春閣、拱辰堂、凝暉樓、綠珠亭、瀛洲亭、金露台等。洎乎至元三年，復城大都，建宮闕，則尤為金碧輝煌，制度精巧。「題（按：椽之端）頭刻螭形」，以檀香為之。螭頭向外，口中啣珠。下垂珠，皆五色，用綵金絲貫串。負柱融滾霞沙為猊，怒目張牙，有欲動之狀。瓦皆琉璃，與天一色。朱砂塗壁，紅重胭脂。「彤撩華棁，金桷雕欂」，務窮一時之麗。殿上設水晶簾，堦雕色紋，繞以曲檻，檻與堦，皆白玉石為之。太陽東升，殿中燦爛，堦更飛輝。古謂天子有金殿玉墀，洵屬不虛！又有拱璧亭，亭六角，六壁旋拱，中置夜光珠一顆。入夜燦若白晝，光照數十步外，故又名夜光亭。（註十）

所以，蒙古皇室與貴族之居住，不僅由粗樸之氈帳，進而為富麗堂皇之金帳。且自行殿，而日益改居於金碧輝煌之宮殿。較之昔日，誠有雲壤之別。

二、衣著

蒙人人早期之衣著，僅氈毳革而已。即別勒古台之母，亦嘗著破舊之皮衣。逮成吉思汗開國後，遂有絲織品之絹、綢、緞。（註十一）更有傳自西域之西錦、西馬錦、速夫、納石失、旦耳答等。其中尤以納石失、旦耳答，最爲名貴。（註十二）蓋納石失，爲黃金抽絲，與彩色之絲線，或彩色之毛線，織製而成。故稱納石失緞，納石失毛緞。（註十三）元史又稱之爲金錦、金織。至於旦耳答，則爲西域織紋之最貴重者。洎乎順帝之世，復有瑣里，產自撒哈剌。蒙茸如氈毼，但輕薄細柔，宜于秋時著之。有紅綠二色，帝命繡以「金龍之粧，鸞鳳之形。」製爲十衫，分賞所寵。又有花蕊錦、紫絨金線孔雀錦、天鵝錦。按花蕊錦，係採于闐烏玉河，所產花蕊草之蕊，織之爲錦。紫絨金線孔雀錦，則爲至元四年，天歷太后，命將作院，以紫絨金線翠毛孔雀，織造而成。一衣之值，竟至一千三百錠，合鈔六萬五千兩。（註十四）

所以，自茲以降，蒙古之貴族，衣皆綢緞金錦，故元史輒以錦衣稱之。設加刺繡，則稱之爲繡衣。綴珠以爲飾者，則稱之爲珠衣。繡金盤珠者，則稱之爲盤珠金衣。盤金繡龍者，則稱之爲金盤龍衣。至於御衣，世祖之世，夏衣則綴大珠於金錦，曰答納都納石失。綴小珠於金錦，曰速不都納石失。文宗之世，則多以大珠盤龍形，嵌以奇珍，曰鴉忽，曰喇者，出自西域，有值數十萬錠者。色用紅紫紺綠，紋以日月龍鳳。天歷間，御衣則多繡池塘小景，曰滿池嬌。順帝之世，麗嬪張阿玄，更爲帝製雪疊三山之履，繡絲絞布之裘。既富變化，復華貴艷麗。（註十五）更有金帶、玻瓈帶、金鞶帶、七寶金帶、玉帶等，故蒙古貴族之衣著，已大非昔日景象。（註十六）

三、傢具器皿

蒙古人舊有之日用器皿傢具，多爲木製。如木桶、木床、木杌、木盤、木盆、木碗、木杓。即作戰用之盾牌，亦皮編柳木而成。近戰之圓牌，攻城之拐子牌，尤皆木製。（註十七）此外，尚有皮製。如皮桶、皮囊、皮甲。以及少量鐵製之鍋，陶製之甕，並以羊角爲飲器。（註十八）及成吉思汗既有天下，遂有金銀飾龍床、金杌、玉床、金甲、銀椅。（註十九）以及金銀器皿，如金杯、金盂、鑲寶石盤、金壜、有柄金杯、金銀盤碟等。降至世祖，元旦大宴，所用器皿之珍貴衆多，竟以象五十頭，盛飾列隊載運之。（註二十）

尤爲珍奇者，則爲蒙哥憲宗時之噴酒銀樹。樹高數丈，置於帳殿之前。下垂四管，分流出馬湩、蜜酒、米酒、葡萄酒。樹顛聳立一有翅天使，手執喇叭，酒注於外則鳴。或謂樹在御座附近，以四銀製巨獅承之。獅口分吐馬湩、蜜酒、米酒、葡萄酒。樹頂亦有一銀製天使，手執喇叭。因酒通樹下，注酒於外則鳴。世祖之世，廣寒宮有巨大之黑玉酒甕一，玉有白章，隨其形，刻爲魚獸出沒波濤之狀，其大可貯酒三十餘石。後奎章閣有玉屏風，其陽丹碧光彩，有雲物山川屋邑之形，其陰紫潤可書。更有吐䰕缾、火齊屏風，均不知何物所製。元明事類鈔謂吐䰕缾爲吐䰕屏風，差異之生，究因所據之版本有異，抑或引用錯誤，待考。（註廿一）

所以，蒙古貴族之器皿傢具，已由木盤、木桶、木碗，而金杯、鑲寶石盤、水晶簾。以昔視今，又豈可以道里計！

四、交通工具

蒙人昔日之交通工具，唯乘馬駕車。且馬僅木鞍木鐙，車亦氈蓬牛駕而已。間有以駱駝駕之者，劉秉忠曾有「駝車行」以詠之。後之詞臣，亦有詩以吟之云：

「雜沓氈車百輛多，五更衝雪渡灤河。當轅老嫗行程慣，倚岸敲冰飲駱駝。」（註廿二）

亦輒有乘駱駝者，如札八兒火者，即嘗乘駱駝以戰。渡河用筏，而無舟楫。然多手執馬尾，截流而渡。又有多輪大台車，上載氈帳，用馬數十匹駕之。（註廿三）

迨憲宗之世，蒙人已能造舟。世祖以降，又有象轎，亦稱象輿，元史謂以象駕之。按駕，即架。蓋馬哥孛羅曾言：用四象抬之。張昱亦稱：「象背前馱幄殿行」。故象轎乃以象馱載，而非用象牽引，若馬之駕車然。（註廿四）復有馬轎、肩輿、腰輿。而馬亦「華駝縷玉連錢驄，彩暈簇結珠英重。鈎膺障顱鞶鏡叢，星鈴彩教聲瓏瓏。」更有七寶金鞍，珊瑚鞭，尤爲盛飾之極。內苑又有龍舟、五雲車。龍舟長一百二十尺，上有五殿。龍身幷殿宇，俱五綵金裝，行則首尾眼爪皆動。五雲車則車有五箱，以火樹爲檻式，烏稜爲輪轅。頂懸明珠，左張翠羽蓋，曳金鈴，結青錦爲重雲覆頂。旁建青龍旗，列磨鍔雕銀戟五。右張白鳩緝氄蓋，曳玉鈴，結素錦爲層雲覆頂。旁建白虎旗，列豹絨連珠槍五。前張紅猴毛氈蓋，曳木鈴，結赤錦爲重雲覆頂，前建朱雀旗，列綫鋒火金戈五。後張黑兔團毫蓋，曳竹鈴，結墨錦爲層雲覆頂。後建玄武旗，列畫干五。中張雕羽曲柄蓋，曳石鈴，結黃錦爲層雲覆頂，建勾陳旗。中箱爲帝座，四箱爲嬪妃座。每夜遊幸苑中，御此以行，不用燈燭。故蒙古貴族之交通工具，與昔日較之亦發生顯著之轉變。（註廿五）

五、娛樂

成吉思汗入河西，嘗徵西夏樂工而用之。逮世祖之世，既籍近畿儒戶三百八十四人爲樂工，後增至八百人。且置雲和署，以掌調音律，及部籍更番之事。常和署，掌回回樂工。天樂署，管河西樂工，悉歸儀鳳司以領之。更置教坊司，以掌承應樂人，管理興和等署五百戶，如歌舞之伎，雜把戲，亦即灤京雜詠所謂之「百戲」人員。（註廿六）降至後世，或世祖之時，即已如此。除回回、河西、中原之樂工、音樂外，尚有佛教及歐洲之音樂。詩云：

「背番蓮掌舞天魔，二八嬌娃賽月娥。本是河西參佛曲，把來宮苑席前歌。」

「十字神寺呼韓王，身騎白馬衣戎裝。手彈箜篌仰天日，空中來儀百鳳凰。」（註廿七）

而歌舞之姝，亦中西兼備。亦有詩云：

「西方舞女即天人，玉手雲花滿把青。舞唱天魔供奉曲，君王常在月宮聽。」「又是宮車入御天，麗姝歌舞太平年。侍臣稱賀玉顏喜，壽酒諸王次第傳。」註：「前有教坊舞女前導，舞出天下太平字狀。」

此外，尚有雜耍百戲。如踏球、蹴球、踏蹻、藏挾、雜旋、弄槍鋺瓶、齪劍、踏索、尋撞、筋斗、拗腰、透劍門、飛彈丸、女技之類。洎乎順帝之世，更有翻冠飛履舞。舞時，冠履皆翻覆飛空，尋如故，少頃復飛。一舞中，屢飛屢復，雖百試不差。又有天魔舞，以三聖努、妙樂努、文珠努等十六人舞之。舞首垂髮數瓣，戴象牙冠，身披纓絡大紅銷金長短裙，雲肩合袖綬帶，各執巴剌般之器。復有讚佛樂，以宮女十一人，練槌髻，勒帕常服，或用唐巾窄袖。所奏樂，用龍笛、頭管、小鼓、箏、纂、琵琶、笙、胡琴、響板、拍板，遇宮中讚佛，則按舞奏樂。（註廿八）所以，蒙古貴族有關音樂歌舞，及其他娛樂之欣賞，已自本族而擴展至中亞諸族。見聞之廣，殊非昔日所能企及。

六、生產

蒙古早期之生產技藝，據元朝秘史所顯示，除紡織、木工外，尚能釀酒、製革、冶鐵、染色、製陶，以及療傷。元史列傳曾三言負傷幾絕，剖牛腹，浸傷者於熱血之中，移時遂甦，則尤爲稱奇。然無農耕之記載。且多桑亦謂：十三世紀初葉，蒙古男子，僅從事作戰及牧獵之工作。

故斯時之蒙人，尚無農業之生產。（註廿九）

太祖十六年，長春眞人邱處機，奉詔赴西域，道出魚兒泊時，曾謂：「始有人煙聚落，多以農釣爲業。」及五月抵陸局河（按：克魯倫河）中流，蒙人更以「黍米石有五斗」爲獻。逮定宗二年，張德輝應召北上，亦稱和林川一帶，「居人多事耕稼，悉引水灌之，間有蔬圃。時孟秋下旬，穈麥皆槁。」故自成吉思汗十六年以降，大漠以北雖由北來之漢人耕作，然已有農業生產。（註三十）

逮至中晚之世，貢師泰「和胡士恭灤陽納鉢即事韻」曾云：

「蕎麥花深野韭肥，烏桓城下行人稀。健兒掘地得黃鼠，日暮騎羊齊唱歸。」

胡助「宿牛群頭」亦言：

「蕎麥花開草木枯，沙頭雨過茁蘑菇。牧童拾得滿筐子，賣與行人供晚廚。」

復證以明蕭大亨所謂：「其耕具有牛有犁，其種有穀有豆有黍。」且「此等傳來已久，非始於近日。」所以，益證蒙人之生產，自十四世紀初葉，似已不復悉爲牧獵，而間有從事耕稼者。（註卅一）

七、由儉入奢

成吉思汗四征不庭，兵鋒所及，輒驅民於野，縱兵入城抄掠。且嚴拷富豪，務盡發其藏金而

後已。即吞珠腹中，亦剖腹取珠，從不寬假。故財貨山積，藏滿庫盈。（註卅二）

太宗窩闊台，雖史號英主，元史亦評「有寬宏之量，忠恕之心。量時度力，舉無過錯。華夏富庶，時號治平。」然一日視其庫藏，見巴里失（按：幣名）滿中，遂令和林居民，欲得金者，可入庫，盡力載之而去。法兒思王弟，入貢和林，獻珠一瓶。太宗命守藏吏，出所藏之巨珠盈篋以示之。使者大驚，深歎遠非己獻者所能及。太宗即命散珠酒杯，分賜與宴之人。（註卅三）

定宗即位，曾盡出太宗所藏，分賞宗親大臣。為數之鉅，竟多達五百車。及其崩，因揮霍無度，尚欠商民貨款五十萬巴里失，由憲宗代償之。（註卅四）

逮世祖之世，雖史稱其創制垂統，為一代賢君。然屢用聚斂之臣，又輒為世人所詬病。洎乎武宗，即位之初，分賜諸王親貴，竟罄兩都所儲，猶有半數未給。在位未及兩載，虧空之鉅，多達七百餘萬錠，合鈔三千五百餘萬兩，幾達帝國中央三年之所入。蓋每歲常賦四百萬錠，入於京師，二百八十萬錠。（註卅五）

所以，蒙古貴族之生活，已由昔日之儉樸自給，珍惜物力。而變為盡情揮霍，視財貨如糞土。生活態度之由儉入奢，亦大非昔比。

註釋

註　一：元朝秘史五十二、一〇七頁，蒙古秘史新譯並註釋一六六頁。

註　二：成吉思汗傳五、六、七、八、九、十一頁，韃靼考六頁。

註　三：長春眞人西遊記注二十一頁，劉太傅藏春集卷二「和林道中」。

註　四：多桑蒙古史二一二、二四八、二七六頁，黑韃事略箋證五頁、跋。

註　五：薩天錫詩集前集「上京即事」，長春眞人西遊記注卷上二十八頁，柳待制文集卷四「同楊仲禮和袁集賢上都詩十首」。

註　六：多桑蒙古史一八五、一八六頁，可閑老人集卷二「輦下曲」第九十七首，柳待制文集卷五「失剌斡耳朶觀御宴回」。

註　七：元史卷二「太宗」，多桑蒙古史二〇七、二七九頁，元史卷一二三「純只海」，湛然居士集卷十四「喜和林新居落成」。

註　八：元史卷二「太宗」，新元史卷四十六「地理志、和寧路」，蒙古游牧記一九五頁，聖武親征錄校注一〇六頁，多桑蒙古史二〇七、二一二頁。

註　九：長德輝「嶺北紀行」足本校注「魚兒泊與公主離宮」，長春眞人西遊記注卷上十九頁。

註　十：元太傅藏春散人劉秉忠評述九十九、一〇〇、一〇一、一〇三、一一〇頁，新元史卷四十六「地理志、上都路」，口北三廳志卷三「古蹟、上都宮殿」，輟耕錄卷二十一「宮闕制度」，元氏掖庭侈政一、三頁。

註十一：黑韃事略箋證八頁，元朝秘史四十九頁，蒙古秘史新譯並註釋二五五、三七七、四三四頁。

註十二：元史卷一四九「劉黑馬」、卷一二二「昔里鈐部」、卷七十八「輿服志、冕服、質孫服」，道園學古錄卷二十四「曹南王世勳碑」。

註十三：馬哥孛羅遊記一二三、一九〇、四四〇頁，元史卷八十五「百官志、工部、納失石毛緞局」。

註十四：元史卷七十八「輿服志、冕服、質孫服」、卷一一八「鎖兒哈」、卷一六九「劉哈剌八都兒」，道園學古錄卷二十四「曹南王世勳碑」，元氏掖庭侈政十頁，山居新話卷一，歷代宮詞卷二「明周王一百首」第十二首。

註十五：元史卷一五六「何伯祥」、卷一四九「劉黑馬」、卷一二〇「察罕」，道園學古錄卷二十三「句容郡王世績碑」，元史卷一三一「速哥」、卷七十八「輿服志、冕服、質孫服」，元詩紀事卷十七「柯九思宮詩十五首」六、九首註，黑韃事略箋證八頁，元氏掖庭侈政八頁。

註十六：元史卷一一八「鎖兒哈」、卷一一九「塔思」、卷一二一「抄思」、卷一二三「布智兒」、卷一四九「劉黑馬」。

註十七：蒙古秘史新譯並註釋二三五頁，元朝秘史九十頁，張德輝「嶺北紀行」足本校注「歲時祭祀與只孫宴」，黑韃事略箋證十九、二十頁。按重九祭天，既器皆木製，故當有木杯、木碗、木盤等。

註十八：蒙古秘史新譯並註釋九十四、一百、一五九頁，多桑蒙古史三十二頁。

註十九：蒙韃備錄「軍裝器械」，雙溪醉隱集卷六「卸床」，元史卷一二三「阿朮魯」、卷一三四「小雲石脫忽憐」。

註二十：元史卷一二三「苫徹拔都兒」、卷一二二「抄思」，多桑蒙古史二七四頁，馬哥孛羅遊記一七〇、一七五頁。

註廿一：中國歷史圖說廿七章「噴酒銀樹」，多桑蒙古史二七九頁，輟耕錄卷二十一「宮闕制度」，元明事類鈔卷三十「屛」，元氏掖庭侈政二頁。

註廿二：蒙古秘史新譯並註釋一〇六頁，黑韃事略箋證二十頁，劉太傅藏春集卷四「駝車行」，金台集卷二「塞上曲」。

註廿三：元史卷一二〇「札八兒火者」，多桑蒙古史三十四頁，元朝秘史四十七頁，中國歷史圖說二十七章「成吉思汗的大帳幕」。

註廿四：元史卷一二四「忙哥徹兒」、卷七十八「輿服志、輿輅」、卷二〇二「釋老、帝師」，馬哥孛羅遊記一八四頁，可閑老人集卷二「輦下曲」第廿九首。

註廿五：元史卷一二八「土土哈」、卷一二六「廉希憲」、卷七十八「輿服志、輿輅」，近光集卷一「詐馬行有序」，元史一一八「鎖兒哈」，伊濱集卷十二「上京」第六首，元氏掖庭侈政四、十三頁。

註廿六：元史卷九十一「樂志」、卷五十五「百志、禮部」、卷七十七「祭祀志、國俗舊禮」，灤京雜詠第七十二首。

註廿七：歷代宮詞卷二「明周王一百首」第二十四首、明詩綜、明詩紀要、歷代詩話，皆稱「元宮詞」，可閑老人集卷二「輦下曲」第八十四首。

註廿八：可閑老人集卷二「輦下曲」第五十六首，灤京雜詠第三十三首，文獻通考卷一四七「樂考」，楊允孚所謂之百戲，當即宋代之雜樂百戲，元氏掖庭侈政六、九、十三頁，元朝事類鈔卷二十七「歌舞」。

註廿九：元朝秘史十、三十六、四十、六十二、七十四、九十五頁，元史卷一二三「布智兒」、卷一四九「郭寶玉」，多桑蒙古史三十二頁。

註三十：長春眞人西遊記注十九、二十一頁，張德輝「嶺北紀行」足本校註「自黑山到和林」、「註、蔬圃」。

註卅一：玩齋集卷五「和胡士恭灤陽納鉢即事韻五首」，純白齋類稿卷十四「宿牛群頭」，夷俗記「耕獵」。

註卅二：多桑蒙古史一〇五、一一七頁。

註卅三：元史卷二「太宗」，多桑蒙古史二一三、二一五頁。

註卅四：多桑蒙古史二四九、二六七頁。

註卅五：元史卷十七「世祖」，元史紀事本末卷七「阿合馬桑盧之奸」，元史卷廿二「武宗」，新元史卷十二「世祖」。

（原載民國七十八年二月東方雜誌復刊二十二卷八期）

元代蒙人之娛樂

元代蒙人之娛樂，除歌舞、音樂、飲酒、擊髀石外，餘若角觝、打毬、射獵、賽馬、校射、均爲競技尚武，寓戰鬥於娛樂之遊戲與習俗。

一、歌舞

蒙人喜愛歌舞，凡慶典、歡聚、月夜或酒酣耳熱之時，輒高歌起舞。元朝秘史曾有極生動之記載：「衆達達泰亦兀赤百姓每（按：們），於豁兒豁納川地面聚會著（按：召開宗親選汗大會），將忽圖剌立做了皇帝。就於大樹下做筵席，衆達達百姓喜歡，繞著這樹跳躍（按：疑爲跳舞），將地踏成深溝了。」而元人詩文集中，尤多吟詠其歌舞之詩篇。

張昱「塞上謠」：「玉貌當爐坐酒坊，黃金飲器索人嘗。胡奴疊騎歌唱去，不管柳花飛過墻。」袁桷「上京雜詠」：「千堞烽腰凸，群山馬首朝。沙場調俊鶻，草窟射豐貂。鬧舞花頻簇，狂歌酒恣澆。今年春事減，土舍雪齊腰。」柳貫「同楊仲禮和袁集賢上京詩」：「公子青絲結，王孫綠幰車。宴酣風小定，舞破日西斜。」不僅或歌或舞，甚至酣舞竟日方罷。（註一）。

復據迺賢「塞上曲」：「馬乳新挏玉滿瓶，沙羊黃鼠割未腥。蹋歌盡醉營盤晚，鞭鼓聲中按海青。」馬祖常「丁卯上京四絕」：「離宮秋草杖頻移，天子長楊羽獵時。白雁水寒霜露滿，騎奴猶唱蹋歌詞。」亦有集體載歌載舞之情形。蓋蹋歌即踏歌，唱時，衆人相與聯臂，以足踏地爲節。蹋歌詞，隊舞曲也。至宮廷宴享時之歌舞，據貢師泰謂：「舞轉星河影，歌騰陸海濤。齊歌纔起和，頓足復分曹。急管催瑤蓆，繁弦壓紫槽。」場面之盛大，竟一至於此。即降至明代，岷峨山人猶謂：「女好踏歌，每月夜，群聚握手頓足，操胡音爲樂。」又謂：「無貴賤……，或頓足起舞，或抗音高歌以爲樂。」所以，歌舞實爲蒙古人最喜愛之娛樂（註二）。

二、射獵

成吉思汗問諸將曰：「人生以何最樂？博爾朮答曰：肩名鷹，御華服，暮春之天，出獵於野，斯爲最樂。博爾忽勒曰：鷹鶻自空搏擊飛禽，不捕落不止，憑騎觀之，斯爲最樂。虎必來曰：圍獵之時，衆獸驚突，觀者最樂。」太宗欲獵，耶律楚材諫阻，衆曰：「不射獵，無以爲樂。」即以成吉思汗之英明，凡事最能自制。然晚年猶不時出獵，終致兩次墜馬負傷，且因而崩殂。長春眞人曾諫之謂：聖壽已高，宜少出獵。成吉思汗謂：「朕已深省，神仙勸我良是。我蒙古人騎射，少所習，不能遽止。」熱衷之情形，至老不厭。耶律楚材曾有「扈從冬狩」，以記其盛：「天皇冬狩如行兵，白旄一麾長圍成。長圍不知幾千里，蟄龍震慄山神驚。長圍佈置如圓陣，萬騎雲屯魚貫進。千群野馬雜山羊，赤熊白鹿奔青釁。壯士彎弓殞奇獸，更驅虎豹逐貪狼。獨有中書倦遊客，放下氈簾讀周易。」迺賢亦有「塞上曲」：「秋高砂磧地椒稀，貂帽狐裘晚出圍。射得白狼懸馬上，吹笳夜半月中歸。」以述貴族獵罷歸來之歡愉情形。（註三）。

三、音樂

王罕既卒，太陽汗之母古兒別速，曾「動著（按：着）樂器祭祀他。」太師國王木華黎，每出征，輒「以女樂隨行，率十七八美女，極慧黠，多以十四弦等，彈大官樂等曲，拍手爲節。」定宗即位時，亦「宴時作樂，偕以戰歌。」世祖征乃顏，據馬哥孛羅謂：「可以看見和聽到許多樂器聲音作起來了。（特別是那二弦的樂器，有最愉快的聲音。）也能聽到許多喇叭的吹聲，和許多的高唱。」即降至明代，蒙人猶「無貴賤，皆傳飲至醉。或吹胡笳，或彈琵琶」以爲樂。所以十三世紀之蒙人，不僅自有其音樂與樂器，且極喜愛音樂。（註四）

四、飲酒

元代蒙人，嗜于酒，以飲爲樂。多桑曾謂：「其人沈緬於酒。」成吉思汗亦慨然謂：「君嗜酒，則不能爲大事。將嗜酒，則不能統士卒。凡有此好者，莫不受其害。設人不能禁酒，須求每月僅醉三次，能醉一次更佳，不醉尤佳。然何處覓得此不醉之人歟！」嘗深感斯時之蒙人，欲求其飲酒有節而不醉者，難乎其難。以太宗而論，極爲嗜酒，日與左右酣飲，成吉思汗曾命其兄察合台監視之，限令日飲不得過若干。然太宗輒換巨觥以飲，盞數雖未違命，而酒量則已倍增。及即位，耶律楚材曾累諫不聽。後楚材持蝕之酒槽諫之謂：「鐵尙如此，況五臟乎？」乃悟。敕令近臣進酒，以三杯爲限。然十三年十一月大獵，還至鈋鐵鍏胡蘭山，奥都剌合蠻進酒，歡飲極夜乃罷，遲明，遂崩於行在，終因酗酒而致死。至於定宗，素好酒色，致手足拘攣，不能治事，年四十三而卒，亦因嗜酒，有以致之。他如開國元勳之木華黎，亦復如此。蒙韃備錄曾謂：「國王……大笑，罰六大杯（按：宋使），終日必大醉而罷。」（註五）

至於元代文翰，吟詠蒙人飲酒之詩篇，爲數甚多。揚允孚曾謂：「御饌官廚不較餘，金門掌膳意勤如。更分光祿瓶中酒，爛醉歸時月上初。」馬祖常亦有：「灤河美酒斗十千，下馬飲者不計錢。青旗遙遙出華表，滿堂醉客俱少年。」張昱、周伯琦、柳貫更謂：「漭然路失龍沙西，捫酒中人軟似泥。」「大宴三日酣群悰，萬羊臠炙萬甕醲。」「御前賜酺千官醉，恩覺中天雨露低。」尤足證明斯時蒙人，以酣飲爲樂之情形。（註六）

五、角觝

角觝亦稱角力，又稱摔跤，乃自古至今，蒙人最喜愛之運動與遊戲。元朝秘史曾兩度言及：一爲成吉思汗教不里孛闊，與其弟別勒古台「廝搏」，亦即摔咬。不里孛闊「有一國不及之力」，昔曾與別勒古台較之，僅憑一手一足，即將其制服於地。此次角觝，因不里孛闊懼成吉思汗不悅，故佯裝不敵倒地。別勒古台因成吉思汗之暗示，遂乘機折斷其脊背而殺之。按不里孛闊乃成吉思汗三祖父之子，從父行也。因其昔日曾斫傷別勒古台，又黨附主兒勤，故而殺之。其二爲成吉思汗將征西域，也遂夫人謂：上將遠征，設有不諱，「四子內誰爲主，可令衆人先知。」成吉思汗因問長子拙赤，拙赤未及對，察合台即謂：「他是篾兒乞種帶來的，俺如何教他管！」拙赤大怒，揪其衣領說：「你除剛強，再有何技能？」「我與你賽相搏，你若勝我時，倒了處，再不起。」兄弟洶洶，要以角力，而定帝位之繼承（註七）。

太宗尤喜角觝，不唯廣徵蒙古、欽察、漢人之力士甚衆。且聞波斯力士善鬥，遂令綽馬爾罕，遣送入都。於是綽馬爾罕，精選三十人貢呈，其中尤以比烈最爲著名，及陛見，太宗因其雄偉，頗爲讚賞。部將伊勒赤歹曰：恐彼虛有其表，徒糜旅費與酬金耳！太宗曰：汝既不信其能，可選汝之力士，與之相搏。設汝之力士勝，賞汝五百巴里失（按：錢幣名稱）。倘汝之力士敗，則輸馬五百匹。詰朝相搏，伊勒赤歹之力士敗。於是太宗立命貢馬五百匹，並重賞比烈。至於中晚之世，亦復如此。周伯琦曾有詩記之云：「九州水陸千官供，曼延角觝呈巧雄。」王沂亦言：「黃須年少羽林郎，宮錦纏腰角觝裝。得雋每蒙天一笑，歸來騶從亦輝光。」即降至清代，蒙古王公，於乾隆避暑熱河，共宴皇室時，猶呈「布庫」以爲樂。按「布庫」，滿語勇士或強之意，亦即角力之戲。所以，蒙人自古至今，喜愛角觝，於此可以概見（註八）。

六、校射

校射，亦爲蒙人之娛樂之一。元朝秘史曾載：拙赤因察合台之污辱，要「我與你賽射遠，你若勝我時，我將大指剁去。」所以，十三世紀之蒙人，不僅有校射之俗，且有類似女眞武舉考試，以「賽射遠」爲比賽之方法。復由馬祖常「次韻端午行」：「繡絲鞋墻擅南陌，玉環鏡鼻專東城。射柳王孫五花馬，醉來見客不肯下。」張昱「輦下曲」：「國子題名金僕姑，樹籬比射盡腰符。分明百步中侯的，踴躍宗王舞袖呼。」明周王「宮詞」：「王子王孫値三春，火赤相隨出內門。射柳擊毬東園裡，流星駿馬蹴紅塵。」以及元明事類鈔「走馬射兔」：「三月三日，以木雕兔，分朋走馬」射之。可知蒙人亦有類似遼金「射柳」、「射兔」，以比準度，爲另一校射之方法。（註九）

按金人「射柳」，於端陽祭天後舉行。賽時，先於校場揷柳兩行。校射者，各以巳帕識其枝，去地數寸，削其皮而白之。射時，以尊卑爲序，擊鼓以助其氣。凡馳馬射斷其枝，又能接其帕者爲最。斷其枝而未能接其帕者次之，中而不斷，及不中者爲負。至遼人「射兔」，於上己三月三日，刻木爲兔，分朋走馬射之。先中者勝，負朋下馬，列跪進酒，勝者馬上飮之。遼語謂之陶里樺，陶里者兔也，樺者射也。蒙人校射，雖未必悉如遼金之制。然由馬祖常等，旣用金之「射柳」，遼之「射兔」兩詞，而不用唐宋之「射垜」，可知其校射之法，必類遼金。蓋詩文

中，雖輒用典故，然亦必取其近似者而用之。（註十）

七、擊鞠

擊鞠亦稱蹴鞠，又稱打毬，由來甚久，至宋遼金，則爲尤盛。不唯皇帝親臨，且列入禮志。中原以踢，狀若今日之足球。草原以擊，狀若今日之馬球。是一種擊技騎術，交互運用，競技尚武之娛樂。中原之鞠，以皮縫製，中實以毛。草原之鞠，則以輕韌之木，枵其中而成。蒙韃備錄曾謂：「如彼擊鞠，止是二十來騎，不多用馬者，爾惡其鬨鬥也。」復據張昱「輦下曲」：「閑家日逐小公侯，藍棒相隨覓打毬。向晚醉嫌歸路遠，金鞭稍過御街西。」復據楊維楨「無題效商隱體四首」：「天街如洗夜初涼，照室銅盤壁月光。別院三千紅芍藥，洞房七十紫鴛鴦。繡靴蹋鞠句驪樣，羅帕垂彎女直妝。願汝康強好眠睡，百年歡笑未渠央。」明周王「宮詞」：「苑內蕭墻深最幽，一方池閣正新秋。內臣靜掃場中地，官裏時來步打毬。」及元史阿沙不花傳：「有臣蹴鞠帝前。」故中晚之世，亦有蹴鞠。可知擊鞠、蹴鞠、亦即蹋鞠，不僅是皇室貴族之遊戲，且爲蒙人頗爲普遍之娛樂。（註十一）

至於擊鞠之法，擊者分甲乙兩隊，各騎己馬，持鞠，杖長數尺，其頭如偃月。毬場兩端，或對立二門，相互排擊，各以出門爲勝。或於毬場一端，立雙桓置板，下開一孔，加網爲囊，能奪得鞠，擊入網爲勝。此雖爲女眞擊鞠之法，然蒙人擊鞠，當襲自遼金，故其方法，或亦類似（註十二）。

八、賽馬

賽馬不唯是蒙人，自古至今，最熱衷之娛樂。且形成一種極爲鬨動之盛典——詐馬宴。葉子奇曾謂：「北方有詐馬宴，最其筵之盛也。諸王公貴族子弟，競以衣馬華修相高也。」貢師泰、迺賢亦有「十二街頭人聚看，傳言丞相過沙堤。」「繡衣珠帽佳公子，千騎揚鑣過柳堤。」以狀其盛。據箭內亘引乾隆御製「詐馬宴詩序」謂：「所謂詐馬，爲蒙古舊俗，今漢人俗謂跑等也。」於進宴時，「擇名馬數百，列二十里外，結束鬃尾，去羈鞴，馳用幼童，皆所以取其輕捷致遠。以槍爲節，遞施傳響，則衆騎齊騁，矚駥山谷，騰躍爭先，不踰晷而達，掄其先至者三十六騎，優賚有差。」所以蒙人之「詐馬宴」，雖以賽馬——跑等，爲宴樂之興助，然亦所以校其騎術，比其速度之競賽與娛樂（註十三）。

然周伯琦則謂：國家之制，乘輿北幸上京，歲以六月吉日，命宿衛大臣及近侍，服所賜只孫珠翠金寶衣冠腰帶，盛飾名馬，清晨自城外，各持彩杖，列隊馳入禁中。於是上盛服，御殿臨觀，乃大張宴樂。貢師泰亦謂：「紫雲秋日上璇題，萬騎來朝隊杖齊。」皆稱詐馬宴之賽馬，人皆盛裝，馬悉錦飾，各持彩杖，列隊馳騁。蓋取其華麗、整齊、壯盛，觀賞以爲樂（註十四）。所以，元代蒙人之賽馬，或取其競技，或取其壯麗，皆所以提倡尚武精神，寓戰技於娛樂之習俗。

九、擊髀石

元朝秘史曾兩度言及髀石，一爲成吉思汗生有異徵，右手握有髀石大小之血塊。二爲成吉思汗十一歲時，於冰上玩髀石。札木合曾贈成吉思汗一枚麅子髀石，成吉思汗亦以灌銅之髀石爲贈。兩人結爲「定交不易」之「安達」，亦即契交之友。元史亦謂：納眞「復前行，至一山下，有馬數百，惟童子數人，方擊髀石爲戲。」可知髀石爲斯時蒙古兒童，甚爲普遍之玩具。（註十五）

惟其製造與遊戲之法，元史無徵。據楊賓謂：髀石乃「剔麞麅麋鹿前腿前骨」，灌錫銅於其竅而成。原用以擊兔，後成玩具。「歲時閑暇，雖壯者亦爲之。」札奇斯欽先生則謂：以牛羊黃羊蹄與腿骨連接處之髀骨製成。至其玩法，綜合前二人之記載，可於室內，可在室外，有彈、擲、踢、擊四種方法。因黃羊髀骨最小，多於室內彈之，若今日兒童之玩彈珠。擊與踢，則以己之髀石，擊中或踢中對方「所堆」之髀石爲勝。「中者盡取所堆，不中者與堆者一枚。」擲則以髀骨落地後，其面是否如己之所言，而定輸贏。以上所述雖爲近人所記，據今六百餘年之蒙人，其髀石之遊戲未必若斯。然捨此之外，已無可供遊戲之法。故十三世紀蒙古兒童髀石之戲，或亦如此（註十六）。

結論

總以上所陳，十三世紀蒙人之九種娛樂中，計有校射、打毬、賽馬、擊髀石四種，有關其比賽或遊戲之法，因元史無徵，輒有取材近人著作，以及遼金史之處。頗不妥當，至爲明顯。因遼金如此，蒙人未必如此。後世若斯，數百年前之蒙人，尤未必若斯。然行文之時，已加說明。僅謂可能類似，並未據而指陳，當時之蒙人，確亦如此。蓋旨在藉以探討，試加推論而已。

註釋

註一：元朝秘史十九頁，可閑老人集卷二「塞上謠」，清容居士集卷十五「上京雜詠十首」，柳待制文集卷四「同楊仲禮和袁集賢上都詩十首」。

註二：金臺集卷二「塞上曲」，石田文集卷四「丁卯上京四絕」，玩齋集卷五「上京大宴和樊時中侍御」，國朝紀錄彙編卷一六一「譯語」。

註三：元朝譯文證補卷一下「太祖訓言補輯」，元史卷一四六「耶律楚材」，元朝秘史一七二頁，長春眞人西遊記卷下，湛然居士集卷十「扈從冬狩」，金臺集卷二「塞上曲」。

註四：元朝秘史一〇九頁，蒙韃備錄箋證「燕聚舞樂」、「跋」，元史卷一「太祖」，多桑蒙古史二四八頁，馬哥孛羅遊記一三八頁，國朝紀錄彙編卷一六一「譯語」。

註　五：多桑蒙古史三十二、一六二、二一三頁，元史卷二「太宗」、卷一四六「耶律楚材」，新元史卷五「定宗」，蒙韃備錄箋證「燕聚舞樂」、「跋」。

註　六：灤京雜詠，石田文集卷五「車簇簇行」，可閑老人集卷二「塞上謠」，柳待制文集卷五「觀失剌斡耳朶御宴回」，近光集卷一「詐馬行有序」。

註　七：中國民族下一〇四頁，元朝秘史六十九、六十四、六十八、一六四頁，蒙古秘史新譯並註釋一七四頁。

註　八：多桑蒙古史二一六頁，近光集卷一「詐馬行有序」，伊賓集卷十二「上京」，元朝制度考「蒙古詐馬宴與只孫宴」。

註　九：元朝秘史一六三頁，石田文集卷五「次韻端午行」，可閑老人集卷二「輦下曲」，金史卷三十五「禮志、拜天」、卷五十一「選舉志、武舉」，元明事類鈔卷三「走馬射兔」，歷代宮詞卷二「明周王一百首」。

註　十：金史卷三十五「禮志、拜天」，遼史卷五十三「禮志、喜儀下」。宋史卷一一四「禮志、大射儀」。

註十一：蒙韃備錄箋證「燕聚舞樂」，可閑老人集卷二「輦下曲」。金史卷三十五「禮志、拜天」，宋史卷一二一「禮志、打毬」，鐵厓逸編卷七「無題、效商隱體四首」，元史卷一三六「阿沙不花」，歷代宮詞卷二「明周王一百首」。

註十二：金史卷三十五「禮志、拜天」。

註十三：中國民族史一〇四頁，伊克昭盟志一六八頁，草木子卷三「雜制」，元朝制度考「蒙古詐馬宴與只孫宴」，金臺集卷二「失剌斡耳朶觀詐馬宴奉次貢泰甫授經先生韻」，玩齋集卷四「上都咱瑪大燕」。

註十四：近光集卷一「詐馬宴有序」，玩齋集卷四「上都咱瑪大燕」。

註十五：元朝秘史二十、五十一頁，元史卷一二一「畏答兒」、卷一「太祖」。

註十六：柳邊紀略八十七頁，蒙古秘史新譯並註釋一三二頁。

（原載民國七十八年十月，中華文化復興月刊二十卷十期。）

十三世紀蒙人之宗教信仰及其有關問題

一、崇信薩蠻，酷信占卜

十三世紀之蒙人，崇尚其固有之宗教——薩蠻教。（註一）彼等認爲：宇宙萬象萬物，皆由與天合一之「騰格里」所主宰，故其俗最爲敬天。凡飮酒，必先酹之，以敬天地。日常言談，凡事必稱天。「其常談：必曰托長生天底氣力，皇帝底福蔭。彼所欲爲之事，則曰天教恁地。人所已爲之事，則曰天識著。無事不歸之天，自鞬主至其民，無不然。」（註二）由於其俗最爲敬天，故對天上之日月與雷霆，亦異常敬畏。不唯出帳南向拜日，且見新月必拜。（註三）成吉思汗遭篾兒乞人之襲擊，亡入不兒罕山，事解，即「向日將繫腰帶掛在項上，將帽子掛在手上，椎胸跪了九跪，將馬嬭子灑奠了。」以感謝上蒼之庇護。太宗定宗即位，亦率領諸王駙馬將相，向日三拜，以感謝上蒼之賜福。（註四）及聞雷聲，以爲天叫，人皆掩耳屈身於地，甚至不敢行師。遭雷與火者，必盡棄其資畜而逃，期年而後還。」（註五）複對血與火，有特殊之信仰。不唯認爲血可避邪，長春眞人西遊記曾加記述稱：「但恐天氣黯黑，魑魅罔兩爲害，我輩（按：蒙人）當塗血馬面以厭之。」且以爲火可以祓除不祥。故凡使臣、貢品、遭雷擊之人與物，以及送葬者，皆須經過兩火間以淨之。因火具如此之功能，所以，對之亦頗敬畏。除嚴禁跨踰外，更不敢以刀觸火，以斧於火旁擊物。復極敬「那梯該」，即其地祇。每家皆以木或氈，製作此神及其妻與子之像，置諸供案上，妻在左，子在前。每餐之前，必先以油脂塗抹此神之口，並灑湯帳外，以敬天地神鬼，然後始敢進食。蓋彼等認爲敬祀此神，可保家人平安，資畜興旺也。張昱有詩以吟之：

「國俗祠神主中霤，氈車氈俑挂宮燈。神來鼓盞自飛動，妖自人興如有憑。」按中霤，即土神，地祇也。（註六）

此外，尚敬山河五行，且以爲神居天上，人居地上，人死爲鬼，居於地下。乃自此世，渡往彼世，生活亦若人世然。若有災禍，則認爲惡鬼爲厲，須設供，或求薩蠻以禳之。（註七）

薩蠻教之教士，元朝秘史謂之爲巫，元史禮志稱之爲巫覡。爲集卜者，星者，幻者，醫師及解夢人於一身之巫師。（註八）凡宮廷用物，以及貢品，皆命此輩以火淨之。遇日月之蝕，亦由彼等擊鼓鳴鉦，以禳之。並爲人以咒術治病，指示吉凶之日，以供信徒知所趨避。新生之嬰兒，亦請其爲之卜運。人若有事，必加咨詢。蓋蒙人認爲：此輩能以咒語通於神，使神降身。不僅可以役鬼，預知人、事、物之過去、現在與未來。且能爲人祈福禳災，指示迷津。更能「神魂出竅，上昇天堂，鑽入陰間，潛於海底。」，通於三界。作法時，擊鼓鳴鉦，口誦咒語，逐漸激昂，以至迷惘。及神降身，則舞蹈瞑眩，僞作神語，答人所問。設有不驗，則告以致其術無效之原因，人亦信之。吳萊曾有詩，以誌其狀云：

「天深洞房月漆黑，巫女擊鼓唱歌發。高梁鐵鐙懸半空，塞向墐户跡不通。酒肉滂沱靜几席，箏琶朋揁凄霜風。暗中鏗然那敢觸，塞外祆神喚來速。龐坻水草肥馬群，門巷光輝耀狼纛。舉家側耳聽語言，出無入有凌崑崙。妖狐聲音共叫嘯，健鶻影勢同飛翻。甌脫故王大獵處，燕支廢磧黃沙樹。休屠收像接秦宮，于闐請騧開漢路。古今世事一渺茫，楚禨越女幾災祥。是耶非耶降靈場，麒麟披髮跨大荒。」

蒙人既深信薩蠻巫師，能爲人祈福禳災，當然亦能用詛厭之術，使之致殃。故彼等設欲媾陷某人，衹須指陳某人之疾，蓋由某人厭禳所致，即可生效。於是，厭禳詛祝之術，遂成爲宮廷中，媾陷異己，爭權奪利之工具。（註九）

蒙人亦酷信占卜之術，舉凡殺伐進退，禍福吉凶，天棄天予，一決於此。「事無纖粟不占，占不再四不已。」篤信之甚，有若殷商然。唯殷商以龜卜，而薩蠻巫師，則用胛骨而已。（註十）占時，先取綿羊，或羚羊，或麋鹿，或馴鹿之胛骨，以水煮熟，去其餘肉，由問卜者，持而默禱之。然後交巫師，以火炙之。或以鐵椎，或以火椎，視其紋理之順逆，方位，大小，連屬，及其是否破碎，而定凶吉，謂之燒琵琶。張昱有詩以記之：

「狼髖且抛何且咒，女巫憑此卜妖祥。手持樸樕揮三祀，蠲潔祈神受命長。」（註十一）

成吉思汗於札木合被執請死時，不唯曾行占卜。且「每將出征，必令公（按：耶建楚材）預卜凶吉，帝亦燒羊髀骨以符之。」太宗時，塔思受命略定河南諸郡，將攻汴。遣使請之謂：「願分攻汴城一隅，以報陛下。」「帝壯其言，命卜，不利乃止。」徐霆奉使漠北，亦嘗數見太宗燒琵琶，以卜使者之去留。三峰山之役，睿宗亦嘗燒羊胛骨，卜之得吉，後果大破之，「金人死者三十餘萬」。至於憲宗，尤「酷信巫覡卜筮之術，凡行事，必謹叩之。殆無虛日，終不自厭。」（註十二）所以，自太祖以至憲宗，不唯「凡有大事，必經薩蠻與星者意見一致者不行。」且使薩蠻巫師扈居於帝帳之附近，以便隨時應召，從事卜筮。（註十三）

至於薩蠻教之起源，已不可考。就文獻而論，乃源於女眞人。三朝北盟彙編（三）：「兀室奸猾而有才，自製其法律文字成，其一國國人，號爲珊蠻。珊蠻者，女眞語巫嫗也，以其通變如神，粘罕以下莫能及。」然七世紀建國東北之渤海，即已有薩蠻教之存在，足證其起源甚早。兼以其占卜之術，巫師之職，與伏羲之八卦，殷商之龜卜，以及周禮所載大卜，卜師，龜人，占人，筮人，占夢，眡祲，大祝，喪祝，詛祝，華氏，司巫之職掌與功能，頗爲相類。故薩蠻教，「是人類最古，對天與自然靈魂等崇拜的一種宗教型態，也是我國北方所特有的宗教。」當屬可信。（註十四）

二、薩蠻教之宗教觀念及其巫術，所導發之問題

由於蒙人之篤信薩蠻教，致使薩蠻之宗教觀念，及其厭禳詛祝之術，遂成爲朝野權利爭奪，

與媾陷異己之工具。自成吉思汗之建國，以至世祖之皈依佛教，其間歷經四世，幾無世無之。尤以豁兒赤之倡瑞，與拖雷之代太宗而死，影響最爲巨大深遠。

成吉思汗因札木合之言辭叵測，與之分手後，原屬乃父舊部，及不滿札木合者，紛紛來歸。豁兒赤倡瑞說：「因神明告的上頭，教我眼裏見了，有個慘白乳牛，來札木合行繞著，將他房子車子觸著折了一角……。又有個無角犍牛，拽著個大帳房下樁，順帖木眞的車路，吼著來說道：天地商量著，國土主人教帖木眞做，我載國送與他去。」暗示帖木眞乃天命所歸，札木合不爲神明所祐。於是，阿勒壇、忽察兒、撒察別乞等部衆，遂共上尊號曰成吉思，立帖木眞爲帝。後日成吉思汗所以能創造驚天動地之事業，實以此爲基。影響之重大深遠，於此可以概見。（註十五）

其後，巫者闊闊出，因與成吉思汗之弟合撒兒，相互毆鬥，遂告成吉思汗謂：「長生天底聖旨，神來告說：一次教帖木眞管百姓，一次教合撒兒管百姓。若不將合撒兒去了，事未可知。」以媾陷合撒兒。成吉思汗聞之，果大疑。因執合撒兒，且將不測。雖幸得乃母切責之，致合撒兒始獲得救。然成吉思汗，終奪其部衆以防之。影響所及，幾使成吉思汗兄弟鬩墻，殺其驍勇善戰之開國功臣。（註十六）

及成吉思汗幼弟斡赤斤之部衆，投歸巫者闊闊出兄弟。闊闊出等不唯拒不交還斡赤斤之部衆，且打傷莎豁兒，使斡赤斤長跪甚久。於是，成吉思汗示意斡赤斤，預伏力士而殺之。命以氈帳覆其屍體，著人看守，移營而去。待三日將曉，亡其屍。成吉思汗謂：「天不愛他，連他身命

都將去了。」誠乃以其人之道，還諸其人之身，成吉思汗可謂深通其術矣！（註十七）

逮成吉思汗既崩，依俗其所遺之一切，悉歸其幼子。故不僅一切財物，及其十二萬九千部隊中，有十萬一千人，歸拖雷指揮，且由其監國。次年，召開選汗之宗親大會。雖成吉思汗治命，以窩闊台爲繼任人選。然諸王駙馬將領，多推戴拖雷。由是窩闊台固辭，大會亦因而猶豫不決者四十餘日。比耶律楚材敦促拖雷曰：「此宗社大計，宜早定之。」然拖雷謂：「事未集官，別擇吉日。」頗有推拖之意。所以，窩闊台雖因斡赤斤與察合台，決議遵太祖治命，得以即位。然其對拖雷之種種，必有所不滿，當可推知，及大舉伐金，拖雷受命迂迴饒峰關，大破金兵於三峰山。太宗亦揮兵渡河，分循河南諸地。迨大軍北還，太宗不豫。「命師巫卜之，言乃金國山川之神，爲軍馬擄掠人民，毀壞城廓，以此爲祟。許以人民財寶等物禳之，卜之不許，其病愈重，惟以親人代之則可。」強烈暗示太宗之疾，悉由拖雷伐金，殺傷太重，有以致之。既非親人代之不可，故拖雷被局勢所迫，不得不廷身而出說：「如今我代哥哥，有的罪孽，都是我造來，我又生得好，可以事神，師巫你咒說者。」巫師作法，拖雷飲其咒水。太宗癒，拖雷尋卒。此事以今日之科學知識而論，拖雷之卒，實太宗藉巫術殺之。所以，後日帝系之轉移，固由拔都父子，兩代受辱。而此一事件，亦其造因。（註十八）

及太宗六皇后攝政，擄自波斯徒思城之婦女法迪瑪，似爲女巫，最爲得寵。或謂太宗時代之重臣，中書令耶律楚材，丞相鎭海，及河中守馬合木牙刺洼赤之被黜，即由此婦纔陷所致。（註

十九）

降至定宗在位，回教徒失烈，訴法迪瑪以巫蠱之術，致皇弟闊端而死。於是法迪瑪被縫其諸竅，裹以氈，投諸河中，其黨羽亦一併處死。後又有訴失烈以巫蠱之術，謀害皇子火者斡兀立，失烈與其妻子，亦因而被判死刑。（註二十）

迨憲宗之世，其一后，因人獻裘，召巫師以火淨之。依俗巫師得自留一份，然因其所留過多，該后之司衣婦，言之於后，后遂怒斥巫師。會此后疾甚，巫師因媾陷乃司衣婦，厭禳所致。於是逮捕此婦，拷掠七日。幸憲宗明其冤，命釋之。及后卒，巫師又謂，悉后女乳母厭禳所致，因殺乳母。時憲宗之另一后，適產皇子，召巫師卜其命運，巫師言，皇子壽貴已極。未幾，皇子夭殤，后怒召巫師，責其所言不實。巫師謂：前被殺之乳母，以厭禳殺皇子，后遂執殺此一乳母所遺之一子一女。（註廿一）

所以成吉思汗雖自闊闊出事件後，即嚴令巫師不得干政。然由於薩蠻厭禳詛祝之觀念，深植蒙人心目之中。終致巫蠱厭禳之禍，在漠北四朝時期，無世無之。即降至十四世紀初葉，元代尤有「諸魘魅大臣者處死，諸妻魘魅其夫，子魘魅其父，會大赦者，子流遠，婦從（按：准）其夫嫁賣。」律令之頒定。勳臣張珪亦嘗為權奸，賄賂近侍，以厭禳所誣陷。迷信之害，可謂大矣。（註廿二）

三、信仰自由，宗教平等

十二世紀亞洲各國與諸部族之中，克烈部，汪古部，阿力麻里之突厥部，均信奉景教，亦即基督教中之聶斯托里派。乃蠻部，篾兒乞部，景教亦頗流行。花剌子模為回教帝國，宋金則信仰佛教與道教。至於西遼，畏吾兒，則信仰佛教，景教，回教者皆有之。所以，逮成吉思汗之晚年，由於蒙古帝國之疆域，日益擴大，遂與佛教，道教，景教，回教，均頗有接觸（註廿三）

如成吉思汗之忽蘭皇后，乃篾兒乞部長答亦兒兀孫之女。次后古兒八剌，本乃蠻部太陽罕之後母。妃子禿該，原為篾兒乞部長脫黑脫阿長子忽禿之妻。而其子媳，窩闊台之六皇后，朵列格捏，亦篾兒乞部長脫黑脫阿長子忽禿之妻。拖雷之妃，憲宗世祖之生母，唆魯忽帖塔，為克烈部長王罕弟札合敢不之女，皆信奉景教。（註廿四）及成吉思汗大舉伐金，「分兵三道，命朮赤，察合台，窩闊台為右軍，循太行而南，取保遂……拔汾石嵐……而還。」「以師（按：海雲和尚）及沼公歸，賜號寂然英悟大師，稱之曰小長老。」自茲以降，海雲「歷事太祖、太宗、憲宗、世祖、為天下釋門之首。」（註廿五）迨征花剌子模，嘗遣札八兒，劉仲祿奉使，詔請全眞道士邱處機西行，論道於雪山。後世張昱曾有詩，以誌其事云：

「運際昌期不偶然，外臣豪傑得神仙。一言不殺感天聽，教主長春億萬年。」（註廿六）

逮凱旋，至不花剌，又「命撒都只罕，引見深通回教教理之人，得法官一人，名額失來甫，及宣教師一人，成吉思汗聞此二博士，所說明之回教要義與規條，皆以爲然。」（註廿七）且其親信耶律楚材，嘗從萬松學禪，深通釋道。（註廿八）牙魯瓦赤爲回教徒，而畏吾兒之塔塔阿統，哈剌亦哈赤北魯，岳憐帖木兒，可能信仰景教或佛教。（註廿九）所以，成吉思汗晚年，不僅對亞洲之宗教，皆略有所知。而且其后妃重臣中，亦不乏各宗教之教徒。

成吉思汗雖對佛教、道教、回教，以及景教，均頗有接觸，然其仍篤信固有之薩蠻教。（註三十）蓋其認爲，主宰宇宙萬物之「天」，亦即上帝，無所不在。故於任何地點祈禱，均可達於上蒼，不必拘於一地。亦即無需信奉佛教、道教、回教、景教，非至其宮觀寺院，清眞寺，教堂祈禱不可。復認爲奉祀神道，與其崇拜之方法，毫無關係。亦即薩蠻教與其他宗教，雖祀神之禮儀與方法有別，然其奉祀神道，以求多福之功能則一。（註卅一）所以，成吉思汗主張，宗教應一律平等，信仰亦該充份自由。且命令其子嗣與後人，要尊重一切宗教，對各宗教應待遇平等，絕不可有所偏袒，使任何一教獲致特權。（註卅二）故太宗營建和林後，曾先後建造佛教道教之宮觀寺院十二所，回教之清眞寺二所，基督教之教堂一所。其中，尤以佛教之興元閣，歷兩世經營，建築最爲瑰麗雄偉。（註卅三）憲宗並參加佛教、道教、回教、以及景教之典禮。且謂：各宗教「猶一手之五指。」「旣崇拜唯一長生之上帝，各應自由用其儀式敬奉之。」（註卅四）

四、世祖以降，寵信喇嘛教

降至世祖，始略異其先世對宗教所持之態度。雖仍豁免各教派之差發，許其自由傳教，然優禮於佛。不唯任命佛教支派之喇嘛教教徒，八思巴爲國師，且世祖亦皈依其教，放棄固有薩蠻教之信仰。（註卅五）考其原因，當因憲宗之世，曾大集僧道，於帝前辯論，道教失敗。顯示佛教之理論，優於道教。兼以攏絡吐蕃，懷柔遠人，有以致之。故各宗教之教士，如佛教、道教、回教等，無不出入宮廷，且深受尊崇。張昱嘗有詩以記之：（註卅六）

「太祖雄姿自聖神，一時睿斷出天眞。要將儒釋同尊奉，宣諭黃金鑄聖人。」

「龍虎山中有道家，上清劍履絢晴霞。依時進謁椶毛殿，坐賜金瓶數十茶。」

「西天咒師首蜷髮，不澡不頮身亦殷。倒垂瓔珞披紅罽，膜拜蠣坳識聖顏。」

而喇嘛教，則尤爲貴盛，其顯赫之情形，胡助、張昱均有詩以吟之：

「嗟彼西方教，崇盛何煒煌。至尊猶弟子，奴隸視王侯。禪衣爛雲綿，走馬趨明光。民賦耗太牢，永言奉祈禳……。」

「帕克斯巴釋之雄，字出天人慗妙工。龍沙彷彿鬼夜哭，蒙古盡歸文法中。」

所以，成吉思汗之宗教觀念，較之羅馬帝國之大殺基督徒，以及三次十字軍東征，與回教徒惡戰。第四次十字軍東征，與同教異派之徒火併，與夫二十世紀若干國家，對宗教之種種迫害，誠有雲壤之別。僅此一點，即不難概見成吉思汗，實乃一位超越時空，最偉大之民族英雄。

註釋

註　一：蒙古與俄羅斯四頁。

註　二：多桑蒙古史卌三頁，蒙韃備錄箋證「祭祀」，黑韃事略箋證十二頁。

註　三：多桑蒙古史卌三頁，黑韃事略箋證九頁。

註　四：元朝秘史四十一、四十二頁，多桑蒙古史一九二、二四八頁。

註　五：蒙韃備錄箋證「祭祀」，黑韃事略箋證十六頁。

註　六：長春眞人西遊記卷上、多桑蒙古史三十三、一六一、二一五、二五二頁，馬哥孛羅遊記一一一頁，可閒老人集卷二「輦下曲」。

註　七：多桑蒙古史卌三頁。

註　八：元朝秘史一五四頁，元史卷七十七「祭祀、國俗舊禮」，多桑蒙古史卌三頁。

註　九：多桑蒙古史卌三、一八一、二七八頁，淵頴集卷二「北方巫者降神歌」，新思潮四十五期一一〇、一一五頁。

註　十：蒙韃備錄箋證「祭祀」，黑韃事略箋證十一頁。

註十一：多桑蒙古史二七七、二九二頁，蒙韃備錄箋證「祭祀」，黑韃事略箋證十一頁，可閒老人集卷二「輦下曲」。

註十二：元朝秘史一二六頁，元文類（大陸時代印行）卷五十七「中書令耶律公神道碑」，元史卷一一九「塔思」，黑韃事略箋證十一頁，元史卷二「憲宗」、卷一四九「郭德海」。

註十三：多桑蒙古史二七八、一八一頁。

註十四：金朝史一〇四頁，渤海史考七十七、七十九、二十五頁，蒙漢語文學舉隅「蒙古的宗教」。

註十五：元朝秘史五十五、五十六、五十七、五十八頁，元朝史二〇八頁。

註十六：元朝秘史一五四、一五五頁。

註十七：元朝秘史一五五、一五六、一五七頁。

註十八：多桑蒙古史一八九頁，新元史卷二「太宗」、卷一〇八「拖雷」、卷一二七「耶律楚材」，元朝秘史一七七、一七八頁，元朝史二〇九頁。

註十九：多桑蒙古史二四七頁，蒙古與俄羅斯四十六頁。

註二十：多桑蒙古史二五七頁。

註廿一：多桑蒙古史二七九頁。

註廿二：蒙古與俄羅斯廿三頁，元史卷一〇四「刑法志、大惡」、卷一七五「張珪」。

註廿三：蒙古史略二、三、四、五、廿、六十八、六十九頁，蒙古與俄羅斯二十七頁。

註廿四：新元史卷一〇四「后妃」，蒙古史略一四八頁。大陸雜誌史學叢書三輯三册「蒙古元帝室后妃信奉基督教考」。

註廿五：元史卷一「太祖」，卷五十八「地理志、大同路」，元代珍本文集彙刊：程雪樓先生文集卷六「海雲簡和尚塔銘」。

註廿六：元史卷二〇二「釋老」，大陸雜誌史學叢書二輯三册「耶律楚材西遊錄足本校註」，長春眞人西遊注下卷，可閒老人集卷二「輦下曲」。

註廿七：多桑蒙古史一三三頁。

註廿八：大陸雜誌史學叢書二輯三册「耶律楚材西遊錄足本校註」、緇林尺牘「寄湛然居士」。

註廿九：蒙古史略廿八頁，元史卷一二四「塔塔阿統」、「岳鄰帖穆爾」、「哈剌亦哈赤北魯」。

註三十：多桑蒙古史一六二頁。

註卅一：多桑蒙古史一六二、一三三頁。

註卅二：蒙古與俄羅斯五、八十五頁，多桑蒙古史一六二頁。

註卅三：多桑蒙古史二七九，至正集卷四十五「勅賜興元閣碑」。

註卅四：多桑蒙古史二六七、二七八頁，蒙古史略四十八頁。

註卅五：多桑蒙古史一六二、三一〇、三一一頁，元史卷二〇二「釋老」，蒙古史六十七頁。

註卅六：蒙古史略四十八、六十七頁，多桑蒙古史三一一頁，新元史卷二四三「釋老」，可閒老人集卷二「輦下曲」，純白齋類稿卷二「京華雜興詩二十首」。

（原載民國七十四年十一月中華文化復興月刊十八卷十一期）

十三世紀蒙人之祭祀及其有關問題

一、祭天之時間、地點及其儀禮

蒙俗最敬天地，不唯每飲酒，必先酹之，且凡事必稱天。其所常談：「必曰托長生天的氣力，可汗的福蔭。彼所欲爲之事，則曰天教怎地。人所已爲之事，則曰天識者。無一事不歸之天，自韃主至其民無不然。」蓋彼等深信，宇宙之萬象萬物，悉由天所主宰（註一）。然草原部族，逐草而居，故其祭天既無特定之時間，亦無特定之地點。

定宗三年四月九日，宗王忽必烈，祭天於帳殿所在地之和林河一帶（註二）。據姚從吾先生謂：「和林川，即元史地理志的喀喇和林河。張星烺先生總合布瑞提施奈德等的研究，認爲即是現在鄂爾渾河，甚是。」然張穆石洲則謂：「元人指述和林，未有如圭齋之明哲者……。其經和林城西而北流者，正今哈綏河，當爲元時和林河。」（註三）憲宗二年八月八日，祭天於日月山。蒙語曰納剌赤剌溫山，或譯爲阿剌溫山，在和林之北。金史亦有日月山，太定二十年，更名林白山，在昌州寶山縣北五百餘里。二者同名異地，實非一山。十二月，復以父祖爲配，祭昊天后土。自是，始作神主製禮樂（註四）。四年十一月，大會諸王於顆顆腦兒之西，遂復祭天於日月山。顆顆腦兒，義爲青海子，在和林之北，日月山之附近（註五）。七年秋，灑馬湩祭天於駐蹕之軍腦兒之地。軍腦兒，義爲深水泊。即今庫倫東南，土拉河曲以南數十里之衮泊（註六）。

逮中統二年二月，世祖巡幸開平。四月八日，灑馬湩，祭天於舊桓州之西北郊（註七）。桓州，在開平西南，蒙人呼爲庫爾圖巴爾哈遜城，距今獨石口東北一百八十六里。南三十里爲新桓州，去開平四十五里（註八）。據元史卷七十三「祭祀志郊祭」：「元興漠北，代有祭天之禮。帝后親之，宗親助祭。」復據秋澗先生大全文集卷八十「中堂紀事」：「四月……八日……上祭天於舊桓州西北郊，皇族之外，皆不得預禮也。」（註九）祭時，用牛羊未切開之心肺肝，懸掛於所立神竿之上以爲獻，灑馬湩以爲奠。且免冠托於手中，解腰帶掛於頸上，對日向天九跪拜。蓋成吉思汗因篾兒乞人之奇襲，幸賴不兒罕山之庇護，得以解危，嘗以此最崇敬之儀禮祭天。故後世祭天之儀，亦當如此。凡所用器，皆樺木所製。蓋蒙人早期缺少金銀銅鐵之器皿，故仍遵其舊俗，祭器悉爲木製。樺木爲落葉喬木，高三四丈，遼東、西北多產之，而蒙古則爲尤多。樹皮柔韌，木質細密，可以製作各種器具（註十一）。

因祭天乃全氏族之大典，故不得預祭者，即爲氏族所除名。沼兀烈歹爲孛端察兒之庶子，孛端察兒生時，雖曾參加神竿懸肉祭天之禮，然孛端察兒既卒，因其嫡子把林失亦剌禿合必赤，疑沼兀烈歹爲阿當合兀良合歹氏所出，非乃父血胤。故將之逐出氏族，不得預祭，即爲此項原則之史例（註十二）。

每歲除夕，復有鍛鐵祭天之儀。帝與宗親，次第爲之。蓋相傳蒙人先世，爲他族所破，僅遺男女各二人，遁入四面環山、中爲沃野，名額兒格捏坤之山崖中。後因人口繁衍，遂謀出山。乃就原採鐵礦之處，積木穴中，煽火熔鐵。鐵熔路通，得以出焉。故成吉思汗之後人，爲隆禮以謝天恩，紀念此事，遂有鍛鐵祭天之典。此事雖元史無徵，然西方史家多言之。蒙兀兒史記亦謂：旭烈兀後王猶行之（註十三）。

迨至元十二年十二月，世祖以受尊號，乃遣使預告天地。因於燕京之陽麗正門東南七里，築台祭昊天地祇，是爲定鼎中原，漢化後首次郊祭之典（註十四）。

二、祭祖之時間、地點及其儀禮

蒙人早期，祭祖於先人之墓地，由氏族長主之（註十五）。供以牲饌，奠以馬湩。割牲以爲禮，燒飯以爲祭。燒飯，乃焚燒祭祖供品之儀，本烏桓遼金故俗，蒙人因之。祭畢，胙肉供酒，分享宗親，舉族大筵。蒙兀兒史記卷二「成吉思可汗」亦謂：「蒙兀俗，凡大祭，無親疏，至者皆受胙，必饜之以爲禮。」（註十六）因祭祖爲蒙人重要之信仰與典禮，兼以對維持氏族血統之純潔，又極爲重視。故凡血統令人懷疑者，雖父在時，得以參加祭祖之大典，然父亡，則必被逐出氏族，不得與祭。札只剌歹，因係孛端察兒，納所虜懷孕婦女，所生之子。故孛端察兒既卒，遂被逐出氏族，另立門戶，後爲札答剌氏之始祖（註十七）。

逮世祖定鼎中原，初祭祖於中書省署，繼祭於聖安寺。及中統四年，詔建太廟，遂祭祖於斯。祭時，以蒙古巫祝一人爲司禋監官，當省視供牲時，法服同三獻官，升殿詣室戶告腯。（按：腯爲祭祀用豚之專稱，蒙人祭祖原不用豕。所以如此，當因已雜漢制，有以致之。）及還牲所，即以蒙語呼累朝帝后名諱而告之。明旦，三獻禮畢，御史太常博士諸獻官，復升殿，分詣諸室。蒙古博爾赤跪割牲，太卿奉馬湩酌奠，巫祝以蒙語告神。於是，太常奉祝幣詣燎位，獻官以下復版位，載拜禮畢。至於割奠之餘，則拋撒於南欞星門外，謂之拋撒茶飯，尤爲蒙人所重。張昱曾有詩以吟之：

「清廟上尊元不罩，爵呈三獻禮當終。巫臣馬湩向空灑，國語辭神妥法宮。」

按：清廟即宗廟。（註十八）。

此外，每歲九月以內，及十二月十六日以後，皆燒飯院中以祭祖。祭時，用馬一羊三，馬湩酒醴，紅織金幣，及裏絹各三疋，以爲供品。命蒙古顯官一人，偕蒙古巫祝，掘地爲坎以燎肉，並以酒醴馬湩雜燒之，巫祝以蒙語呼累朝御名而祭之。設宮車晏駕，日三次用羊奠祭。既葬，選葬官三員，居五里外，日一次燒飯致祭，三年然後返。如爲帝后，既葬，則每日用羊，二次燒飯以祭之，至四十九日而後已（註十九）。

又因開平爲世祖龍典之地，每歲例一巡幸。故輒於南返燕京以前，八月二十四日，素服遙祭陵園，謂之灑馬奶子。祭時，用馬一，羯羊八，彩緞練絹各九疋，黑白羊毛纏若穗者九，貂鼠皮三，命蒙古巫祝，及蒙漢顯宦四人領其事。（按：蒙人早期祭祖，非族人不得與祭，世祖以後，參用漢員領其事，當因漢化，或視久降漢人若族人，有以致之。）再拜告天，並呼太祖成吉思御名而告之曰：托天皇帝福蔭，年年祭賽者。掌祭官四員，各以祭幣表裏一與之，餘幣與祭物，則與祭者共分之。唯新元史謂在八月二十五日，馬哥孛羅謂在八月二十八日。泊乎中葉以降，則於七月七日或九日。近光集卷二「立秋書事」註謂：「國朝歲以七月七日或九日，天子與后，素服望祭北方陵園，奠馬湩。執事者皆世臣子弟，是日擇日南行。」扈從集「後序」亦謂：「七月九日，望祭陵園竣事，屬車轅皆南向，彝典也。」周伯琦有詩以記之：

「皇輿吉日如西內，馬酒新羞白玉漿。遙酹諸陵申典禮，旋聞近侍宴明光。鼓車未數漠千里，廏牧寧推唐八坊。天騎常隨龍上下，明朝樞密課駒良。」（註二十）

三、其他祭祀

四月十六日，爲古代蒙人重要之祭典日期，由元朝秘史紀事而具月日者，唯此而已，且再三言及，可以概見。唯此一祭祀之日期，究爲祭天、祭祖、新正、清明，或其他重要之節日，業已失傳（註廿一）。九月九日重陽，有修時祀之儀，蓋祭其所奉祀之神靈也（註廿二）。

十二月十六日以後，選日用黑白羊毛爲線，帝后與太子，坐於寢殿，自頂至手足，皆以毛線纏裹之。蒙古巫祝誦咒，奉銀槽貯火，置米糠於其中，沃以酥油，以其煙薰帝后太子之身。斷所繫毛線，並納於槽內。又以紅帛長數寸，帝手裂之，唾之者再三，投入火中。並以所服之衣帽，付於巫祝。謂之脫舊災，迎新福。復於下旬擇日，於西鎭國寺墻內，灑掃平地，太府監供綵幣，中尙監供細氈鍼線，武備寺供弓箭環刀。束桿草爲人形一，狗一，剪雜色綵緞爲之腸胃，選顯達世家之貴重者交射之。非別速、札剌台、乃蠻、忙占台、列班塔達、珊竹、雪泥等氏族，不得與其列。及射至糜爛，即以羊酒祭之。祭畢，帝后太子嬪妃併射之。然後，各解所服之衣帽，俾蒙古巫祝讚之，衣亦與之。名之曰脫災，蒙俗謂之射草狗。當襲自遼人「射鬼箭」之俗，蓋遼史卷一一六「國語解、射鬼箭」謂：「凡帝親征，服介冑，祭諸先帝，出則取死囚一人，置諸所向之方，亂矢射之，名曰射鬼箭，以祓除不詳。及班師，則射所獲俘虜。」皆所以祈福禳災，祓除不祥之儀（註廿三）。

此外，尙祭「那梯該」，即其地祇。每家皆以木或氈，製作此神及妻與子之像，置諸供案。每餐之前，必先以油脂，塗抹此神之口，並灑湯帳外，以祭天地神鬼，然後始敢進食。因彼等認爲，祭祀此神，可保家人平安，資畜興旺。祭不兒罕山，蓋成吉思汗嘗遭篾兒乞人之奇襲，賴不兒罕山之庇護，得以解危。故椎胸告天，子子孫孫，永祭此山。兼以成吉思汗卒葬於斯，故累世祭之，不僅祭山，兼亦祭祖。按不兒罕山，即今汗山，在土謝圖汗中旗，札薩克固山貝子牧地，土喇河南岸。山北，即外蒙首府之庫倫。復據岷峨山人「譯語」稱：「胡俗畏鬼神，信占卜。段成式曰：突厥事祆神，無祠廟，刻氈爲形……，或繫於竿上，四時祭之，至今尚然。」故十三世紀之蒙人，亦當祭祀此神（註廿四）。

每有大征伐，則必祭其纛旗，猶漢出師之「禡牙」。元朝秘史曾謂：「成吉思祭了旗纛，去征乃蠻。」聖武親征錄亦謂：「望日祭纛，詰朝進兵，伐乃蠻。」即降至明代，蒙人尚有此俗。岷峨山人「譯語」曾謂：「每大舉事，必僭祭，率以漢人爲犧牲，唐段成式曰：突厥以人祭纛，嘗取阿爾部落用之。至今當祭，則擇男子少好者，令其裸體，取水灌濯，雖流澌滲淚，涸凍凝滯，不廢也。既乃縛之原野，虜中驍健者，馳馬揮刀斷其頭，復剖其腹，布腸於地，以爲敬。」夷俗記卷下「戰陣」亦謂：「其虜王之纛，列之於中，諸酋之纛，則橫列如雁行，大會群夷於纛下。是日殺牲致祭，俱南面叩首，祈神之佑，祭畢，大享群夷，誓師啓行。」又謂：「及虜既歸，仍以纛豎之如前，將所獲之人，生束之，斬於纛下，然後會衆論功。」唯十三世紀蒙人之祭纛，其制是否如此，則無法考知（註廿五）。

似祭灶神，盖蒙人新婦入門，即持羊尾油三片，對灶焚之，與中原之祭灶無異。復祭鄂博，在道旁，積石而成。高約五尺許，下周廣四十餘步，正方而隅。於平地聳立，望之，亦巍然奇竣。蒙古草原，所在多有。札奇斯欽先生謂之爲，若內地之土地廟。遠近蒙人，每年輒祈禱於此，謂之祭鄂博。若有賽馬，即以此爲終點，亦衆人之盛典焉。鄂博，漢人謂之堠，由來甚久，唐韓愈即有詩云：「堆堆道旁堠，一雙又一隻。」本爲積土石，以爲計里程疆界之用。然蒙人之

鄂博，其含義，似計道里疆界，與用之祭山祈禱，兼而有之。（註廿六）

四、因祭祀所導發之重大事件

成吉思汗幼年，衆叛親離，致其母氏與諸弟妹，賴採摘野生果菜，掘撅草根地鼠爲生。此固因乃父也速該，爲塔塔兒人所毒死，無法再領導氏族，從事游獵作戰以謀生，形成「深水乾了，明石碎了」之局面，有以致之。然與昔日氏族領導人俺巴孩之遺孀，因祭祀起隙，致斡兒伯、莎合台，煽動其諸子與族人：「論來呵，可將這母子撇下在營盤裏，休將他行。第二日起行時……，果將他母子每（按：們）撇下了。」亦爲最大之肇因（註廿七）。

其後，俺巴孩之子孫，爲恐成吉思汗日後報復，遂乘其羽翼未豐，決心率衆除之。成吉思聞驚，雖奔匿於帖兒古揑山之密林，泰亦赤兀人無法搜獲。然歷時九日，飢渴難耐，終而被執。且令成吉思汗負枷，徇行諸部，行將不測。幸四月十六日，因舉族祭祀大宴，僅留一青年人加以看管，遂乘機「將那年少弱小的人，用枷梢於頭上打倒走了。走到斡難河邊林內臥著。恐怕人見，又入斡難河水的溜道裏仰臥著。身在水裡，但露出面來。」得以脫遁（註廿八）。

凡此，皆因祭祀導發之重大事件。蓋前者，正所謂天降大任於斯人也，必苦其心志，勞其筋骨，以啓千古之英雄。至於後者，設非如此，則席捲歐亞，震鑠百代之蒙古武功以及歐亞之歷史，亦將改寫。所以其影響之深遠，於此可以概見。

五、結論

十三世紀蒙人之祭祀，自憲宗之製禮樂，以及世祖之創制垂統，其祭祀之儀禮，除用蒙古巫祝，以馬湩灑奠，拋撒茶飯，呼累朝御名外，固皆屬漢制。即其「國俗舊禮」，如祭太廟時，獻官參用漢人。遙祭陵園時，以蒙漢顯宦四人領其事，亦已不復悉爲舊觀矣！

註釋

註一：蒙韃備錄箋證「祭祀」，黑韃事略箋證十二頁，多桑蒙古史三十三頁。

註二：張德輝嶺北紀行足本校註「十一節註二」、「七節註六」。

註三：張德輝嶺北紀行足本校註「六節註八」，蒙古游牧記一九四頁。

註四：蒙兀兒史記卷六「蒙格可汗本紀」，二十二史考異卷八十六「憲宗紀」。

註五：元史卷三「憲宗」，蒙兀兒史記卷六「蒙格可汗本紀」。

註六：新元史卷六「憲宗」，蒙兀兒史記卷六「蒙格可汗本紀」。

註七：元史卷四「世祖」，新元史卷七「世祖」。

註八：口北三廳志卷「古蹟、桓州故城」，讀史方輿紀要卷十八「萬全指揮使司，桓州故城」，秋澗先生大全文集卷八十「中堂記事」。

註　九：蒙古秘史新譯並註釋「四十三節註七」，元史卷七十四「祭祀志，宗廟」。

註　十：蒙古秘史新譯並註釋「一〇三節，註五」。

註十一：張德輝嶺北紀行足本校註「九節，註三」，元史卷七十二「祭祀志，郊祀」。

註十二：蒙古與俄羅斯十一頁，蒙古秘史新譯並註「四十三節，註七」、「四十三節」、「四十四節」。

註十三：多桑蒙古三十五頁，蒙兀兒史記卷一「世紀」。

註十四：元史卷七十二「祭祀志，郊祀」。

註十五：蒙古秘史新譯並註釋「七十節，註一」，蒙古與俄羅斯十一頁。

註十六：元史卷七十四「祭祀志，宗廟」，蒙古秘史新譯並註釋「七十節，註一、註二」。

註十七：蒙古社會制度史一章二節「早期蒙古社會的氏族制度」，蒙古秘史新譯並註釋「四十節，註一」。

註十八：元史卷七十四「祭祀志，宗廟」，可閒老人集卷三「輦下曲」，元史卷七十七「國俗舊禮」。

註十九：元史卷七十七「國俗舊禮」。

註二十：元史卷七十七「國俗舊禮」，新元史卷八十一「郊祭」，張譯馬哥孛羅遊記一二七頁，近光集卷一「上幸西內……，因賦七言」。

註廿一：蒙古秘史新譯並註釋「八十一節」、「一一八節」、「一九三節」、「八十一節，註三」。

註廿二：張德輝嶺北紀行足本校註「九節」。

註廿三：元史卷七十七「國俗舊禮」。

註廿四：多桑蒙古史一五三頁，蒙古游牧記一五五頁，國朝紀錄彙編卷一六一「譯語」。

註廿五：馬哥孛羅遊記一一一頁，元朝秘史一一元頁，國朝紀錄彙編卷一六一「譯語」，聖武親征錄注六十七頁。

註廿六：夷俗記「匹配」，張德輝「嶺北紀行」足本校注，張北縣志卷一「地理志上，山脈、附記」。

註廿七：元朝秘史二十五、二十六、三十三、十七、二十四、二十五頁。

註廿八：元朝秘史二十八、二十九、三十頁。

（原載民國七十八年六月中國邊政一〇六期）

元代蒙人之衣著髮式

元世祖製定輿服制度之先，有關蒙人之衣著髮式，史料甚少。近年以來，刊出若干元代早期，蒙古貴族之圖像，誠大有助于元代蒙人衣冠髮式之瞭解。

一、質料

成吉思汗早期，蒙人之衣著，唯「氈毳草」而已。雖斯時之塔塔兒人，已有衣綢緞者，然蒙人尚無此種水準之物質生活。（註一）逮成吉思汗南下中原，淹有西域，始因大事抄掠、徵稅，以及東西俘虜之織造，遂大量擁有綢緞布帛，而豐富其衣著。詳言之，計有一、皮毛：如羊、鹿、水獺、貂、鼬、即黃鼠狼、狐狸、海瀨、鮫等皮。其中尤以貂皮，爲皮毛中之極品。（註二）成吉思汗早年，雖勢單力孤，衆叛親離。然終能獲致王罕之支援，不唯迎還被虜之孛兒帖夫人，且日益勢大，即得力於曾獻黑貂皮襖與王罕，有以致之。所以，貂皮爲草原部族所珍視，於此不難概見。（註三）

二、毛製品：如羊、駱駝毛所製之氈，所織之毛織品。其中尤以用白駱駝毛所織成之毛織

品，及西域之速夫毛布，最爲名貴。（註四）

三、絲織品：如絹、緞、綢、西錦、西馬錦、錦緞、旦耳答、以及納克、納石失等。其中尤以納石失、旦耳答、最爲貴重。按納石失，即金緞，織金、金錦、金花緞。以黃金抽絲，與彩色絲線所織成，故名。至旦耳答，則「西域織文之最貴者」。（註五）

四、布帛：來自西域，蓋以西域產棉也。後又有花蕊錦，採于闐烏玉河所產花蕊草之蕊，所織成。瑣里毛布，布蒙茸如氈毼，但輕薄柔細，宜秋時著之。（註六）

冬季，一般蒙人，均著無面之皮裘兩重。一裘毛向外，一裘毛向內。貴族則著以綢緞爲面之名貴皮裘。夏秋，一般蒙人，皆衣氈衫，及無毛、亦即秘史所謂之「光板」皮衣。貴族則以綢緞爲衣。（註七）

二、服式

蒙人之服式，計有十一種。男用者七、女用者四。一、右衽，斜領，鑲寬邊，狹袖窄腰袍。二、右衽，斜領，鑲寬邊，狹袖，長逾手半尺，窄腰袍。蓋以冬季酷寒，袖特長，可免手部暴露於外。三、右衽，斜領，鑲寬邊，短袖，袖在臂肘之間，窄腰袍。四、正方形領，鑲寬邊，右衽，狹袖窄腰袍。所謂窄腰，即於腰間，密密打細摺，若中原之深衣。然深衣僅十二摺，即下裳前後各六幅，而蒙人則摺特多耳。復用紅紫帛撚成線，橫於腰間，謂之腰線。蓋爲馬上腰圍緊束，兼以艷麗美觀也。按「深衣方領、正經曰：曲袷如矩，後世不識矩，乃匠民取方曲尺，強以斜領爲方，而疑其多添兩襟，制度遂失。」故蒙人之衣領，亦稱方領。然爲便於瞭解，故稱之爲斜領。五、翻領，狹袖，對衽，無腰身，領以珍貴皮毛爲之，式如今日之大衣、風衣。（註八）六、襖，男女兒童皆衣之，由「其上衣，交結於腰部，環腰以帶束之。」可知其式，右衽、斜領，無腰身。七、比甲，無領，前有裳而無衽，後倍長於前，綴以兩襻，以便弓馬。朱櫄有詩以言之：

「比甲裁成虎豹皮，著來暖勝黑貂裘。嚴冬較獵昌平縣，馬上方纔賜貴妃。」

又有無縫衣，角觝裝，其式樣待考。王沂有詩以誌之。（註九）

「黃須（按：鬚）年少羽林郎，宮錦纏腰角觝裝。得儁每蒙天一笑，歸來騶從亦輝光。」

八、右衽，斜領，鑲寬邊，寬袖，無腰身女袍。九、對衽，斜領，鑲寬邊，寬長袖，無腰身女袍。十、大袖長衣女袍，如中原之鶴氅，寬長曳地，行則由女奴二人拽之。十一、方領，亦即斜領，高腰女裝，乃源自高麗。蓋順帝后完者都，高麗人。故宮中婦女，時多效之，張昱有詩以吟之。（註十）

「宮中新尚高麗樣，方領過腰半臂裁。連夜内家爭借看，爲曾著過御前來。」

其袍之穿著，平日則衣斜領，右衽，狹長袖，窄腰袍。遇有慶典，則於狹長袖袍外，加短袖袍。太宗即位圖，除太宗外，餘皆如此穿著。貴族所衣之袍，多加刺繡，無繡者甚少。大體而論，男女袍服，多於領、襟、肩、胸及前襬，或僅於胸部，用各色絲線及金線，繡各種圖形。亦有於前襬，繡以條形水雲紋者，元史統稱之爲繡衣，迺賢有詩詠之云：

「詔下天門御墨題，龍岡開宴百官齊。路通禁籞聯文石，幔隔香塵鎮水犀。象輦時從黃道出，龍騎牽向赤墀嘶。繡衣珠帽佳公子，千騎揚鑣過柳堤。」

又有以珠爲飾者，則稱之爲珠衣。柯九思有詩以誇之。

「宮家明日慶生辰，準備龍衣熨帖新。奉御進呈先取旨，隋珠錯落間奇珍。」自註：「御服多以大珠盤龍形，嵌以奇珠，曰鴉忽、曰喇者，出自西域，有值數十萬定者。」

至其刺繡之圖形，無貴賤，多爲日月龍鳳，花鳥水雲等。天歷間，御衣又多繡池塘小景，曰滿池嬌，柯九思，張昱有詩以記之：（註十一）

「太液觀蓮泛蘭橈，翡翠鴛鴦戲碧苕。說與小娃牢記取，御衫繡作滿池嬌。」自注：「天歷間御衣，多爲池塘小景，曰滿池嬌。」

「鴛鴦鸂鶒滿池嬌，綵繡金茸日幾條，早晚君王天壽節，將要著御大明朝。」

太宗之世，已有質孫衣，張昱、朱𢖽有詩以詠之：

「只孫官樣青紅錦，裹肚圓文寶相珠。執金班控鶴，千人魚貫振嵩呼。」

「健兒千隊足如飛，隨從南郊露未晞。鼓吹聲中春日曉，御前咸著只孫衣。」

遇有慶典，日易一色。故蒙人衣著，色彩之變化，極爲繁富。不唯平日各人所衣之袍服，其色不一。即一人所著之兩重袍服，亦互異其色。且面與裡之色彩，亦不一。計其用色、有黃、淺黃、棗紅、淡紅、橘紅、紫、綠、淺黑、淡藍、深藍等。（註十二）

衣服以毛皮鑲邊。訶額侖太后養子曲出，於幼年拾得時，即著水獺鑲邊之衣服。此俗，即降至明代之蒙人，猶尚如此。蓋以水獺鑲邊，不僅美觀，且不沾露水。若緣以虎豹之皮，則不沾草。唯元初貴族人物圖像中，並無此種顯示。故此俗，斯時或僅盛行於平民富有之家。（註十三）

三、腰帶

蒙古男性，為便於騎射，皆繫腰帶。而解掉腰帶，亦為斯時祭祀儀禮之一。札奇斯欽先生曾謂：按蒙古習俗，腰帶是權威之象徵。因此，封建時代，稱男子為「繫腰帶的人」，稱已婚女子為「無腰帶的人」。男子非因犯罪，或直系尊親死亡，不去掉腰帶。一般蒙人之腰帶，皆為毛皮製成。貴族則有金帶，玻璃帶（按：水玉、水晶），以及於金帶上，飾以七寶之七寶金帶。飾以珠寶之寶帶，飾以玉之玉帶。紅羅裹縷金，上加玉鶻七之玉鶻帶，柯九思有詩以讚之：（註十四）

「萬里名王盡入朝，法官置酒奏簫韶。千官一色眞珠襖，寶帶攢裝穩稱腰。」

四、履

蒙古男女，皆著靴，多為皮革製成。如鹿皮、牛皮、鮫皮、駝皮等。貴族亦有用納石失製靴者。其式則靴尖上蹻，薄底，後跟稍高，或謂「靴如豬頭」，又謂：「靴則鵝其頂」。其色計有白色、黑色、綠色等。或飾以珠，或以銀絲爲飾，製作極精美。後又有紅羅靴、雲頭靴，雪疊三山履。（註十五）

五、冠

蒙人夏笠而冬帽，計其式，共十種。男用者九，女用者二。一、尖頂笠。頂尖、傘狀、若今日之斗笠。二、平頂笠。頂平、方形、下則傘狀若笠。兩者或以革製，或以草編，頂皆有珠飾。故後世，飾以玉者，曰玉頂笠。飾以七寶者，曰七寶笠。（註十六）三、皮帽。圓頂，多以貂皮，水獺等珍貴毛皮製成，故又稱貂帽。貴族則帽緣用綢緞鑲邊，左右分插彩羽三枝以爲飾。迺賢曾有詩云：（註十七）

「秋高沙磧地椒稀，貂帽狐裘晚出圍。射得白狼懸馬上，吹笳夜半月中歸。」

四、繡帽。圓頂，於帽緣周邊，加樹剪若水雲紋，且甚寬之帶狀彩繡，頂亦有珠飾。若爲大汗所戴，則頂飾巨珠，珠上以金玉爲柱，柱上復有紅纓以爲飾。（註十八）五、高簷帽。圓頂，以皮毛爲緣，緣鼓起作半圓形。柳貫亦有詩云：（註十九）

「雨水漸衣黑，雲沙際目黃。煙開纔黯慘，日出已蒼涼。徇俗高簷帽，清心小篆香。端居萬里念，蕙草惜微芳。」

六、方邊帽。圓頂、前後左右，於帽緣上，各加樹一長方形之彩繡，或無繡，頂亦以珠飾。七、高頂帽。圓頂甚高，由數塊縫合而成，周邊帽緣，爲寬水雲形，頂亦有珠飾。八、長簷帽。前有長簷，若今日之鴨嘴帽。蓋蒙人之帽，前皆無長簷，故騎射時，輒日光炫目。世祖因以語后，后爲增前簷，大喜，遂爲定式。以上諸帽，皆帽後垂緣，狀若棕櫚葉，用兩帶繫結頷下。帶下復有帶，任風飄動。因帽皆珠飾，故詞臣騷客，又以珠帽、珍珠帽稱之。詩云：（註二十）

「平沙班詐馬，別殿燕（按：宴）棕毛（按：殿名）。鳳簇珍珠帽，龍盤錦繡袍。」

「簫韶九奏南風起，沙燕高低撲繡簾。醽綠酒多杯迭進，鷓鴣香少火重添。舊分宮錦緣衣襈，新賜奩珠簇帽簷。日午大官供異味，金盤更換水晶鹽。」

後世皇帝之冠，上飾紅剌一塊，重一兩三錢，值十四萬錠，合銀七十萬兩。累朝每於正旦與聖壽節大宴時服之。九、固姑姑。已婚婦女之帽，高約兩三尺，以柳枝或粗鐵絲，編結爲骨，狀若竹夫人。姚從吾先生謂：「形如鵝鴨」。一般婦女，多以青氈褐皀包之。貴族及富有之家，則以紅青綢緞籠之。飾以彩帛金玉珠寶翠花等。上又有杖一枝，用紅青絨爲纓，飛動飄逸，信增艷麗。出入幕帳，須低徊，大忌人觸。降至末葉，則上下通插雉尾以爲飾，楊允孚，朱櫄曾有詩云：

「香車七寶固姑袍，旋摘修翎付女曹。別院笙歌承宴早，御園花簇小金桃。」註：「凡車中戴固姑，其上羽毛又尺許，拔付女侍，手持對坐車中，雖后妃駝象亦然。」

「騎來駿馬響金鈴，蘇合薰衣透體馨。罟罟珠冠高尺五，暖風輕裊鶡雞翎。」

然就元代后妃圖像而論，似早在成吉思汗時代，固姑冠即已以雉尾爲飾。（註廿一）十、大小圓頂帽。有革製，有氈或綢緞所製。其小者，僅可覆額，尤小者，僅可覆頂，均以帶繫之項下。帽頂飾以朱纓，帽前綴以銀飾，男女皆用之。（註廿二）

六、髮式

蒙古男子之髮式，自成吉思汗以至其國人，皆剃婆焦，如中國兒童所留之三搭頭。三搭者，環薙去頂上一彎頭髮，亦即姚從吾先生所謂：「剃髮周邊」。前額髮，長則剪去，散垂於額。其餘髮，則分左右，結爲髮辮，垂於兩肩。若長，則總結爲一髮辮，垂諸於背。然亦有異說，除剃髮周邊，亦即留頂上髮爲圓形外，尚有薙髮爲馬蹄形。或「剃頂至額，方其形，留髮其中。」亦即留頂上髮爲方形。或「剃頂上髮，留髮四周。」似與剃髮周邊相反，頂上無髮，而留其四周之髮。亦有自幼至老，盡剃其髮，獨留腦後寸許，結一髮辮，餘髮梢長，即剪之。惟冬月不剪，貴其暖也。（註廿三）

至於婦女之髮式，由訶額侖新婚被虜時，以其髮式，喻其境遇，大哭謂：「好像兩個練椎，一個垂在我的背上，一個垂在我的胸前。」再證諸明代蒙古已婚婦女，「分爲四辮，末結兩椎，垂在兩耳。」可知其早期婦女之髮式，亦當如此，朱櫹曾有詩以敘之：

「十五胡姬玉雪姿，深冬較獵出郊時。海青暖帽無風冷，鬒髮偏宜打練椎。」

然從蒙古貴婦，於帳幕家居生活圖像之髮型而論，則又非如此。蓋其髮散垂前額，髮在額眉之間。既未結兩辮垂於胸前若練椎，且因其髮甚高，約與面部之高長相若。似總髮於頂，使之增高，散覆於下，剪其前額之髮，中分於額眉之際。唯此像所示之髮式，究爲家居，解其髮辮，使之散垂？抑或別示其髮式？或如多桑所謂之「女子有高髻」？則頗難遽定。至於少女之髮式，則髮長、環首結髮辮十數。待嫁時，始結爲二辮，分垂左右。洎乎晚年，則少女亦有環髮爲雙結，若漢人之少女然。迺賢嘗有詩云：

「雙鬟小女玉娟娟，自捲氈簾出帳前。忽見一枝長十八，折來簪在帽簷邊。」（註廿四）

註釋

註一：黑韃事略箋證八頁，蒙古秘史新譯並註釋一六六頁。

註二：蒙古秘史新譯並註釋一二七、一二九、一六六頁，多桑蒙古史二五四、二七六頁，馬哥孛羅遊記一一〇、一一一頁。

註三：元朝秘史四十、四十一、四十三、四十六、四十七、四十八頁。

註四：元朝秘史一二九頁，多桑蒙古史九十四頁，元史卷七十八「輿服志、質孫衣」。

註五：蒙古秘史新譯並註釋一六六、三七七、四三四，元史卷一一八「鎖兒哈」、卷一一九「塔思」、卷一二〇「察罕」、卷一二二「昔里鈐部」、卷一四九「劉里馬」，馬哥孛羅遊記一三三頁，元史卷七十八「輿服志、質孫衣」，道園學古錄卷二十四「曹南王世勳碑」。

註　六：多桑蒙古史九十五頁，馬哥孛羅遊記七十九、八十二、八十三頁，長春眞人西遊記注二十八、三十九頁，元明事類鈔卷二十四「衫、瑣里衫」、「裳袴、花蕊裳」。

註　七：多桑蒙古史三十一頁，蒙古秘史新譯並註釋一二九頁，元朝秘史一二九頁。

註　八：歷史中國「元朝王族圖」，中國歷史圖說第九册「窩闊台與其子侄」、「太宗窩闊台像」，黑韃事略八頁，閑居錄「深衣」，歷史中國「窩闊台即位圖」，夷俗記「帽衣」。

註　九：蒙古秘史新譯並註釋一二七、一六六、一九四、三七七頁，多桑蒙古史三十一頁，元史卷一一四「后妃，世祖昭睿順聖皇后」，歷代宮詞卷二「周明王一百首」第五十五首，元明事類鈔卷二十四「衣、無縫衣」，伊濱集卷十二「上京」第九首。

註　十：歷史中國「蒙古貴族生活情形圖」，中國歷史圖說「施雷及其夫人圖」，草木子卷三「雜制篇」，蒙韃備錄箋證「婦女」，元明事類鈔卷二十四「衣，高麗樣」，元史卷一一四「后妃、順帝完者忽都皇后」，可閑老人集卷二「宮中詞」第八首。

註十一：歷史中國「窩闊台即位圖」、「元朝王族圖」、「蒙古貴族生活情形圖」，蒙古秘史新譯並釋四三四頁，道園學古錄卷二十三「句容郡王世績碑」，元史卷一四七「史天倪」、卷一二三「阿朮魯」，黑韃事略箋證八頁，元史卷一三一「速哥」，玩齋集卷四「錫喇鄂爾多觀詐馬宴奉次貢泰甫授經先生韻」，元詩紀事卷十七「柯九思宮詩十五首」第十二首，可閑老人集卷二「宮中詞」第十首。

註十二：元史卷二「太宗」，可閑老人集卷二「輦下曲」第十四首，歷代宮詞卷二「明周王一百首」第八十六首，多桑蒙古史二四八、二六四頁，歷史中國「元朝王族圖」、「窩闊台即位圖」、「蒙古貴族生活情形圖」，蒙古秘史新譯並註釋一八四頁。

註十三：蒙古秘史新譯並註釋一二九頁，夷俗記「帽衣」。

註十四：蒙古秘史新譯並註釋一一〇頁，元史卷一一八「鎖兒哈」、卷一一九「塔思」、卷一二一「抄思」、卷一二三「布智兒」、「阿朮魯」、卷一四九「劉黑馬」，元明事類鈔卷二十四「帶、玉鶻帶」，元詩紀事卷十七「柯九思宮詩十五首」第五首。

註十五：蒙古秘史新譯並註釋一二九頁，馬哥孛羅遊記一七七、三六〇頁，元史卷七十八「輿服志、冕服、儀衛服色」，歷史中國「元朝王族圖」，草木子卷三「雜制篇」，元氏掖庭侈政第八頁，中國歷史圖說「元代社會生活、衣」。

註十六：黑韃事略箋證七頁，中國歷史圖說「成宗像」、「拖雷及其夫人圖」，道園學古錄卷二十三「句容郡王世績碑」。

註十七：歷史中國「窩闊台即位圖」，中國歷史圖說「窩闊台赦免血族圖」，金台集卷二「塞上曲」。

註十八：歷史中國「元朝王族圖」、「窩闊台即位圖」。

註十九：中國歷史圖說「成吉思汗的家族圖」，柳待制文集卷二「同楊仲禮和袁集賢上都詩十首」。

註二十：中國歷史圖說「成吉思汗孛兒帖夫人圖」、「窩闊台及其子侄圖」，元史卷一一四「后妃，世祖昭睿順聖皇后」，玩齋集卷五「上京大宴和樊時中侍御」、卷四「上都咱瑪大燕」，山居新話卷三。

註廿一：中國歷史圖說「拖雷及其夫人圖」，長春眞人西遊記注二十二頁，蒙韃備錄箋證「婦女」，黑韃事略箋證七頁，蒙古秘史新譯並註釋七十六、七十六頁，灤京雜詠第五十五首，歷代宮詞卷二「明周王一百首」第七十四首。

註廿二：夷俗記「帽衣」。

註廿三：蒙韃備錄箋證「風俗」，多桑蒙古史三十一頁，蒙古秘史新譯並註釋五十三頁，夷俗記「帽衣」。

註廿四：蒙古秘史新譯並註釋五十三、五十四，夷俗記「帽衣」，中國歷史圖說「蒙古貴夫人與幕舍圖」，多桑蒙古史三十一頁，金台集卷二「塞上曲」，歷代宮詞卷二「周明王一百首」五十八首。

（原載民國七十九年九月、中國邊政第一一一期）

元代蒙古汗（帝）位繼承制度之演變及其流弊

一、早期汗位之繼承制度及其演變

蒙古分爲尼倫、都兒魯斤兩大部。與成吉思汗血緣親密之尼倫部，則又分爲二十五部。其中，尤以乞顏與泰亦赤烏兩部爲最盛。成吉思汗之孛兒只斤氏，即屬乞顏部。據新元史、多桑蒙古史，及其所引之史集顯貴世系謂：蒙古早在十世紀海都時，即已稱汗。其世系稱號，表列如後：

海都汗（尼倫部）
- 長子伯升豁兒—（生九子）子禿篾乃罕—六子合不勒罕（乞顏部）
  - 長子斡勤巴兒罕
  - 次子把兒壇把阿禿兒—四子也速該
  - 五子忽圖剌可汗
- 子察兒格領昆—子堅都赤納—子俺巴孩可汗（泰亦赤烏部）—子哈丹太師—子阿答勒汗

復據元朝秘史，表列其世系，以概見其與前表，有關譯名，以及其他之差異。

- 海都（生三子）
  - 長子伯升豁兒多黑申（生三子）— 長子屯必乃薛禪（生二子）— 長子合不勒合罕（生七子）
    - 次子把兒壇把阿禿兒（生四子）— 三子也速該
    - 四子忽圖剌合罕
  - 次子察剌孩領忽 — 想昆必勒格（生二子）— 長子俺巴孩泰亦赤兀氏

據前表，自禿篾乃罕，而哈不勒罕，其罕位之繼承，爲父子相傳。然無傳長、傳嫡之制，蓋合不勒爲禿篾乃之六子也。且哈不勒罕既爲尼倫諸部之盟長，且兼本部—乞顏部之部長。所以，十一世紀蒙古罕位之繼承，似爲父子相傳。至於罕即汗，爲一部之長。可汗亦稱合罕，爲諸部之盟長。格魯賽曾釋之謂：「可汗與汗的區別，同皇帝與國王的區別一樣。」（註一）

逮十二世紀，自哈不勒，而俺巴孩，而忽圖剌，而也速該，均非父子相傳。故其汗位之繼承，已由父子相傳轉變爲選汗制度。考其原則：一、前任可汗有權於尼倫諸部中，最強大之兩支——乞顏部與泰亦赤烏部中，各推荐一人，或僅於此兩部中，推荐一人，爲繼任之人選。二、候選人須經「庫烈爾台」大會，亦即宗親大會，或選汗大會之推戴或批准，始爲合法之可汗繼承人。三、可汗由乞顏與泰亦赤烏兩部，輪流擔任爲原則，然亦非每代絕對如此。如哈不勒汗爲乞顏部，繼哈不勒汗之俺巴孩汗爲泰亦赤烏部。四、召開選汗大會時，須先推定主議人，以主持大會。如合不勒汗卒後，召開選汗之宗親大會，即以朶答兒主議，朶答兒請哈答兒禿克主之，哈答兒禿克又讓於莫圖根主持。（註二）

同時，由哈不勒汗、俺巴孩汗、忽圖剌汗，而至也速該，四代承傳之關係而論，皆非父子相傳。且俺巴孩卒時，曾推荐其子合答安與從侄忽圖剌，爲繼任之人選。然選汗之宗親大會，拒合答安而選忽圖剌爲繼任。可知，不得父子相傳，亦爲選汗制度，重要原則之一。（註三）

此種選汗制度，最大之優點，在於能選出雄材大略、驍勇絕倫之英雄，以爲氏族之領導人。如哈不勒汗，威望甚盛，蒙古諸部，莫不降服。入朝女眞，金主驚其食量過人。忽圖剌汗，更日啖一羊，飲馬潼無算，臂若熊虎，力能折人。歌聲洪亮，有若雷鳴。也速該亦號「把阿禿兒」，猶漢言勇士也。併呑諸部，威勢日盛。（註四）然此一制度，亦以提名候選人之前任大汗，與參加選汗之宗親，皆能大公無私，爲首要之條件。否則，各懷鬼胎，私心自用，則不唯斷難發揮其優點，且勢將產生無窮之爭端。

所以，蒙古之繼承制度，已由十一世紀之父子相傳，而演變爲父子不得相傳之選汗制，形成其汗位繼承制度之一大轉變。

二、成吉思汗開國後選汗（帝位繼承）制度之演變

成吉思汗之建號開國，雖經宗親大會之擁立，然斯時，不僅尼倫諸部分裂，並無一致擁戴之共主。即乞顏部，自也速該卒後，亦無領袖。故鐵木眞之稱汗，並無前任大汗之推荐。與蒙人之選汗制度，頗不相同。雖因成吉思汗爲一代創業之英雄，堪稱例外。然亦形成其選汗制度之一大轉變，並開後日自立者之範例。（註五）

太祖既崩，遺命以三子窩闊台，爲繼任之人選。然自丁亥年七月，成吉思汗卒，歷經兩年無君，由幼子拖雷監國。至巳丑歲八月，召開選汗之宗親大會。且與會之諸王大將，多擁戴拖雷。蓋拖雷在成吉思汗分封部隊與子弟時，於十二萬九千人中，依俗獨得十萬一千人。而朮赤、察合台、窩闊台三子，則僅各得四千人。故與會諸將，多屬拖雷之部將，有以致之。即拖雷似亦躍躍然，有擁衆繼位之企圖。由耶律楚材曾謂拖雷曰：此宗社大計，宜早定之。拖雷謂：事未集官，別擇吉日，似有推托之意，可以概見。兼以窩闊台爲形勢所迫，又固辭不受，終致大會猶疑不決者，達四十餘日。幸賴叔父斡赤斤，次兄察合台力主遵太祖遺命，以及耶律楚材謂察合台曰：王雖兄，然位則人臣，禮當拜。王拜，則莫敢不拜矣！於是，察合台與斡赤斤，遂扶窩闊台正位，並率衆拜於帳下，是爲太宗。然亦伏下後日太宗藉巫術毒殺拖雷之原因。蓋除拖雷之迂迴伐金，大破金軍，致力高震主，爲其因素之一外。此次因擁重兵，所顯示之實力，使太宗惴惴不安，亦

爲其主要之造因。（註六）

及太宗崩，治命以皇孫失烈門爲繼任。然因六皇乃馬眞氏，欲臨朝稱制，並立其子貴由。致六皇后垂簾聽政，國家無君者，長達五年之久。然後始立貴由，是爲定宗。且其間，斡赤斤嘗因太宗之崩，大軍遠征歐洲，率衆趨和林，似有乘機自立之企圖。幸因大軍東還，貴由亦至葉爾密河，乃僞稱吾來視喪，別無他意，而引衆還。（註七）

於是，選汗制度，再度發生重大之轉變。一、繼任之人選，本由乞顏部與泰亦赤兀部，輪流擔任。今則僅限成吉思汗之子孫，始得爲繼任之候選人。二、繼任之人選，本由前任大汗提名推荐，選汗大會予以批准或擁戴。今則雖經前任大汗之提名推荐，選汗大會亦可拒絕，而另立他人。三、十二世紀之選汗制度，本不得父子相傳。今則自太祖而太宗、定宗，均爲父子相傳。

定宗崩，自戊申三月，至辛丑六月，凡三年餘，帝位虛懸，由皇后斡兀立海迷失臨朝稱制。因久未立君，中外洶洶。於是，拔都與諸王大將，會於阿勒塔克山，議立君，皇后亦遣使帖木兒來會。時大將野里知吉帶，自西域至，建議遵太宗之命，立失烈門。皇弟忽必烈曰：太宗既欲立失烈門，而汝等輔立定宗，豈太宗之命耶？聞者語塞。初太祖分封部衆與子弟，拖雷以幼子，所得獨多，故諸將多拖雷舊部。拖雷卒，諸子尙幼，事皆決於拖雷妃，即莊聖皇后。后有才能，善撫衆，人皆歸心，兼以又與拔都親厚。所以，衆意皆屬意蒙哥。或謂：拔都最長當立，拔都謂不可。衆人曰：王既不肯自立，請擇一人，以定大計。拔都謂：吾國幅員廣大，非聰明睿智，能效法太祖者，不可爲主，我意在蒙哥。衆應曰然，議遂定。惟皇后海迷失遣使謂：會議宜在東，不宜在西。且諸王未集，不可定議。於是明年，拔都遣其弟伯勒克、脫哈帖木兒，將大軍衛蒙哥而東。己則駐於西，以備非常。諸王大將復會於闊帖兀阿蘭之地，太宗定宗諸子，及察合台子也速蒙哥，皆不至。拔都乃申令於衆曰：有梗議者，以國法從事，乃諏日奉蒙哥即位，是爲憲宗。時太宗之孫失烈門，二子腦忽、忽察，因不滿帝系之轉移，遂率衆藏甲赴會，欲乘大宴時，稱兵作亂。幸克薛傑告密，於是憲宗詔忙哥撒兒，以兵止諸王衛士，許各帶從衆二十人入朝。翌日，憲宗親詢三王，皆不承。嚴拷失烈門從官，始吐實而自刎。由是，失烈門黨羽，坐誅者凡七十人。復逮定宗后海迷失，失烈門之母，付忙哥撤兒，鞫治處死。察合台之孫不里，鎭西域之野里知吉帶，交拔都殺之。謫太宗後王於各地，且奪其部兵。三王雖皆因近屬，免死。然命腦忽從軍出征，失烈門以太宗治命當立，對憲宗頗具威脅，後終被處死。（註八）

憲宗即位，因同母弟，惟忽必烈最長且賢。故漠南軍國之事，悉聽裁處，開府金蓮川，得專封拜。八年，憲宗自將伐宋，詔忽必烈趨鄂州，阿里不哥守和林，並以孛魯歡、阿藍答兒輔之。及憲宗崩于釣魚山，親王末哥遣使至鄂，請速北還，以安天下。忽必烈曰：受命南征，豈可無功而還。時阿藍答兒、渾都海、脫火赤、脫里赤等，以忽必烈英明，且阿藍答兒於憲宗時，鈎考河南陝西財賦，嘗多譴責，深恐忽必烈得位，追論其罪，遂謀立阿里不哥。阿藍答兒發兵漠北諸部，脫里赤括兵漠南諸州。於是，忽必烈妃密請北還。廉希憲亦諫曰：阿里不哥留守和林，專制有年，或覬望神器，事不可測，宜早定大計。郝經復謂：阿里不哥已據和林，今又以脫里赤行省于燕。既據兩京，設稱已受遺詔，並正大位，欲歸可乎？願殿下速與宋議和，直造於燕。忽必烈深然之。及抵開平，遂召開宗親大會，親王合丹等率西道諸王，塔察兒率東道諸王，皆來會。衆以爲旭烈兀既在波斯，朮赤、察合台之後王，復道遠未能召集。今情勢嚴重急迫，不可展期，故一致推戴忽必烈即位，是爲世祖。阿里不哥以世祖自立，遂亦僭號和林。太宗後王海都、禾忽，憲宗後王阿迷帶、玉龍答失、昔里吉，察合台後王阿魯忽、曲里堅子阿而喀台、旭烈兀子出木哈兒等，及拔都母庫托克台可敦，皆附之。中統元年七月，帝自將伐阿里不哥。八月，阿藍答兒率兵至西涼州，與渾都海軍合。詔諸王合丹、合必赤與總帥汪良臣大破之，西土悉平。十一月，帝亦大敗阿里不哥於昔木土腦兒之地。至是，阿里不哥不復能軍。至元元年，阿里不哥遂與阿速帶、玉龍答兒，及其謀臣不魯花等來歸。詔諸王釋不問，謀臣不魯花等皆伏誅。然終世祖之世，海都叛亂不時，拒不歸命。（註九）

於是，選汗制度，三度發生轉變。一、昔日之選汗大會，皆宗親咸會。今則大部拒絕，或未能與會。二、昔爲一致擁戴，今則於群起反對聲中擁兵自立。且選汗之宗親大會，不唯已不復再具昔日之權威，更淪爲有力者之御用工具。

世祖崩，皇孫鐵木兒，以皇太子撫軍北邊。及諸王大臣遣使告哀軍中，始南返開平。四月，召開宗親大會，左右部諸王大將畢至。重臣伯顏仗劍立殿陛，陳祖宗寶訓，宣揚顧命，述所以立太子之意。聲色嚴厲，衆皆股慄。晉王甘麻剌，眞金之長子也。雖欲得國，然因衆皆慴服。兼以述太祖遺訓，不若鐵木兒之流暢清晰，致與會之諸王將相，咸謂宜由鐵木兒即位。玉昔帖木兒復謂晉王曰：宮車宴駕，已逾三月，神器不可久虛，王爲宗盟之長，奚俟而不言？晉王遂曰：昔皇祖命我鎭北邊，以衛社稷。久歷邊事，願服厥職。母弟鐵木兒仁孝，宜嗣大統，願北面事之。於是，諸王大臣咸拜稱賀，是爲成宗。（註十）

所以，選汗制度遂四度發生轉變。蓋昔日凡成吉思汗之子孫，皆有被宗親大會選爲繼承人之資格，今則唯限世祖之子孫而已。

成宗崩而無子，卜魯罕皇后，以嘗出帝兄答剌麻八剌元妃，及其次子愛育黎拔八達居懷州。時妃長子懷寧王海山，方總兵北邊，以昔曾敗海都，降諸王秃滿、明里鐵木兒、阿魯灰、乃蠻帶等，威望甚盛。所以，后深懼其兄弟立而報怨，遂召安西王阿難答至京，謀立之。而左丞相阿忽台、平章八都馬辛、前平章伯顏、中政院使道興等，又欲奉后稱制，以阿難答輔之。於是，左丞相哈剌哈孫，遂密遣使北邊與懷州，迎懷寧王海山與其弟愛育黎拔八達。並收京師百司符節，封府庫，稱病臥省中。內旨日數至，皆不聽，文書皆不署。及愛育黎拔八達入京，乃以計誅阿忽台等。逮武宗海山即位，遂執安西王阿難答與諸王明里鐵木兒而殺之。並構卜魯罕皇后以交通之罪，謫居東安州，尋賜死。武宗即立，即日尊太后爲皇太后，立弟愛育黎拔八達爲皇太子（註十一）

仁宗旣立，本應遵武宗之命，立武宗之子，即明宗爲皇太子。然丞相鐵木迭兒，爲固位取寵計，力主立帝之嫡子，即英宗爲皇太子，又與太后幸臣失烈門，譖明宗於兩宮，終致其計遂行。仁宗崩，太后以明宗幼時有英氣，英宗稍柔弱。群小如失烈門、紐澤、黑驢等，亦以爲若立明宗，必不利於己，遂擁立英宗。英宗旣立，太后來賀，英宗即毅然見於色。太后退而悔之曰：我不擬養此兒，遂飲恨成疾。後有告嶺北行省阿散、中書平章里驢、御史大夫脫忒哈、徽政院使失烈門，與太后親信要束謀之妻，黑驢之母亦烈失八，陰謀廢立。丞相拜住，請鞫之，帝曰：若借太后爲詞，奈何？命悉誅之。及鐵木迭兒卒，御史等言：奸貪負國，生逃顯戮，死有餘辜。帝命拆其碑，籍其家。其黨御史大夫鐵失，鐵木迭兒之義子也，不自安，遂與知樞密院事也先帖木兒、大司農失禿兒、前平章政事赤斤鐵木兒、前雲南平章完澤、諸王按梯不花、孛羅、月魯帖木兒等，陰謀弒帝。且遣使告晉王，即泰定帝，時鎮北邊曰：謀已定，事成，繼立爲帝。王遣使告變，未至上都，鐵失與赤斤鐵木兒，已殺丞相拜任，弒英宗於南坡。於是晉王即位，是爲泰定帝。按：泰定帝以眞金嫡長孫，不能入繼大統，心懷怨恨，自屬必然。故其遣使告變，當屬姿態。甚至果如文宗即位詔所謂：與賊臣鐵失，也先帖木兒潛通陰謀，冒干寶位，使英宗不幸，罹於大故，亦未可知。（註十二）

泰定帝崩，權臣倒刺沙，受顧命立皇太子阿速吉八，年甫九歲。以諸王未集，故未頒即位詔。由是，朝野震疑，中外洶洶。時簽樞密院事燕帖木兒，留守京師，遂召集百官於興聖宮，兵皆露刃，號令群臣曰：我武皇之二聖子，周王懷王，孝友仁義，宜踐大位，有不奉命者，斬。並執中書平章兀伯都剌、左丞馬謀、參政王士熙等下獄。然以周王遠在朔漠，猝不能至，慮生他變，乃迎懷王於江陵。且嚴兵守居庸，古北口、太和嶺，以備上都。倒剌沙奉皇后命，討燕帖木兒，遣右丞相塔失帖木兒、太尉不花、御史太夫紐澤、梁王王禪等軍，皆次于榆林。燕帖木兒與弟撒敦，子唐其勢等，帥師與戰，累戰不利。逮懷王入京，群臣勸進，固辭曰：大兄在北，以長以賢，當有天下。必不得已，應昭告中外，以明朕心。九月壬申，遂即位，改元天曆，是爲文宗。並詔於天下曰：謹俟大兄之至，以遂固讓之心。十月，燕帖木兒以上都兵南下，守備空虛，命齊王月魯帖木兒，襲上都。倒剌沙肉袒，奉玉璽出降，兩京道路遂通。於是文宗相繼遣使北上，以迎周王。天曆二年正月丙戌，周王即位於和林之北，是爲明宗。四月癸巳，燕帖木兒入覲行在，上皇帝御寶。癸卯，詔立文宗爲皇太子。八月乙酉，車駕至旺忽察都。丙戌，皇太子入覲。是日賜宴皇太子及其群臣。庚寅，明宗暴卒。考明宗之弒，實燕帖木兒所爲，然文宗與聞弒事，故亦文宗弒之也。（註十三）

文宗疾大漸，召皇后與燕帖木兒曰：旺忽察都之事，爲朕平生大錯，悔之不及。燕帖古思雖朕子，然天下乃明宗之天下。汝等愛朕，召妥懽帖木兒立之，俾朕見明宗於地下，亦差可自解。文宗崩，燕帖木兒欲立燕帖古思，皇后不從，堅申固讓之心。時明宗長子妥懽帖木兒，遠在廣西靜江，燕帖木兒亦不欲立之。次子懿璘質班，因文宗眷愛，留居京師，年七歲，遂立之，是爲寧宗，在位未及一月而卒。寧宗既崩，燕帖木兒復擬立燕帖古思。文宗后曰：吾子尚幼，妥懽帖木兒在靜江，年已十三，且為明宗長子，禮當讓之。於是乃迎立之，是為惠宗。惠宗既立，因恨乃父明宗之遇害。遂於後至元六年六月，以文宗圖謀不軌，使明宗飲恨而崩。復欲私心傳子，陰構邪言，嫁禍八不沙皇后，謂朕非明宗之子，俾出居遐陬，罪不勝誅，詔除其廟主。文宗皇后雖朕嬸母，雖離間骨肉，罪惡尤重，著削其尊號，發東安州安置。此至，尋賜死。燕帖古思昔雖沖幼，情有可原，理難同處，命謫居高麗。未至，亦遇害。考文宗固有罪，然后捨其愛子，割愛蹈義，堅立惠宗，非由箝制者可比。今母子俱殞，追緣釁閱，固當報之，然惠宗亦不免過酷也！（註十四）

從上所陳，自武宗以至惠宗（按：元史稱順帝），其間帝位之承傳，有兄終弟及者，如武宗與仁宗。叔繼侄立者，如英宗與泰定帝。兄繼弟即位者，如寧宗與惠宗，亦有權臣擁立者，如武宗與仁宗，明宗與文宗。陰謀篡弒者，如泰定帝與文宗。所以，帝位之承傳，不僅毫無原則可循。即選汗之宗親大會，亦淪為形式，徒具其名而已。選汗制度之破壞，至此可謂極矣！謹將元代帝位之繼承，與其世系之關係，依新元史諸帝之本紀，表列於後，以概見其傳遞紊亂之情形：

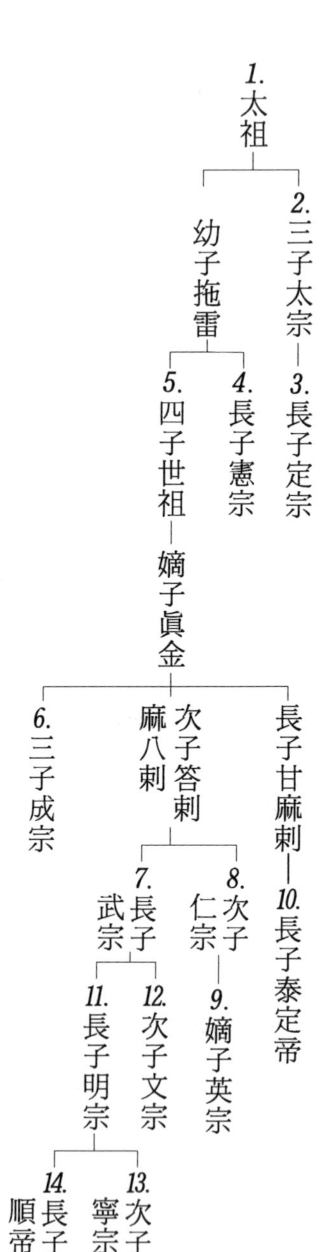

三、選汗制度之流弊及其流弊產生因素之分析

元代之選汗制度，自成吉思汗之崩，即已顯現其缺點。而行之愈久，則流弊滋甚。其尤要者，一爲易致君位虛懸，女后主政。成吉汗崩，兩年無君，由拖雷監國。太宗崩，帝位虛懸五年，由乃馬眞皇后主政。定宗崩，又無君者達三年之久，由海迷失皇后秉政。國家長久無君，既易啓野心者之覬覦。而女后稱制，尤爲亂政之由，如太宗后。肇禍之端，如成宗后、泰定帝后。二爲易導致骨肉相殘，兵連禍結。如憲宗、世祖、武宗、泰定帝、文宗、惠宗之世，無不骨肉相殘，誅連甚廣。而世祖即位後之諸王叛亂，更長達三十餘年之久，幾致帝國爲之解體，則尤爲嚴重。三爲擁重兵者，易於得位。如憲宗、世祖、武宗、泰定帝，無不如此。蓋定宗崩，憲宗統帥

全國部隊十之八九。（註十五）世祖則漠南軍國之事，悉聽裁決。而武宗、泰定帝，亦總兵北邊。四爲易招致權臣之擁立。如哈剌哈孫之擁立武宗，鐵失、也先帖木兒之擁立泰定帝，燕帖木兒之擁立文宗。凡此諸點，無不影響巨大深遠，而爲元代國祚短暫之肇因。

至於所以如此之因素，一爲無立嫡、立長之制，以致諸王咸有覬覦之心。二爲可資繼承者，人數衆多。早期凡成吉思汗之子孫，皆有被選汗之宗親大會推戴即位之資格。世祖之後，雖僅限其後裔，始得繼承，然人數仍衆。故一遇立君，群起爭立，不生事端者幾稀。三爲諸王無不擁廣土衆民，各樹黨羽，甚至握有有重兵。以致唯力是恃，無視一切原則與傳統。隨心所欲，恣意爲之。四爲前任皇帝所推荐指定之繼任人選，對選汗之宗親大會，並無絕對之強制力，俾其一定遵守。故而有力者，輒乘機攘臂爭奪。

四、結論

古今中外，任何制度，創造之初，均能發揮其優點。然行之既久，則無不滋生流弊。如商代之兄終弟及，晚年之易而傳子，以及周代之立嫡長子等，類皆如此，非獨蒙人之選汗制度爲然。

註釋

註一：成吉思汗傳一、二、三、四、五頁，新元史卷一「序紀」，多桑蒙古史三十八、四十、四十一、一七

五、一七六頁。

註二：姚從吾先生全集第四册二十七、二〇二、二〇三頁，第五册二九二頁，成吉思汗傳二十一頁，蒙古秘史新譯並註釋五十五頁，新元史卷一「序紀」。

註三：元朝秘史十七、十九頁，元朝制度考「蒙古庫烈爾台之研究」五十六頁。

註四：新元史卷一「序紀」，元史卷一「太祖」，多桑蒙古史三十九、四十頁，蒙古史略八頁，蒙古秘史新譯並註釋四十五頁。

註五：多桑蒙古史四十一、六十一頁，新元史卷一「序紀」，姚從吾先生全集第五册二九五頁。

註六：多桑蒙古史一九〇、一九一頁，元史卷一「太祖」，新元史卷一〇八「拖雷」、卷一二七「耶律楚材」，元朝秘史一七七、一七八頁。

註七：元史卷二「太宗」、「定宗」，新元史卷五「定宗」、卷一〇四「后妃、太宗、昭慈皇后」。

註八：新元史卷六「憲宗」、卷一一一「太宗諸子：失烈門、忽察、腦忽」，多桑蒙古史二六四、二六七、二六八頁。

註九：元史卷四、五「世祖」，新元史卷六「憲宗」、卷七「世祖」、卷一一〇「阿里不哥」、卷一一二「憲宗諸子」。

註十：元史卷十八「成宗」、卷一一五「顯宗」、卷一一九「博爾朮」，新元史卷一五九「伯顏」，多桑蒙古史三五一頁，蒙古與俄羅斯六十二、六十三頁。

註十一：元史卷一一二「武宗」、卷一一六「后妃、順宗昭獻元聖皇后」，新元史卷一〇四「后妃、成宗卜魯罕皇后」、一一四「阿難答」、一九八「哈剌哈孫」。

註十二：元史卷二十七「英宗」、卷二十九「泰定帝」、卷三十一「明宗」、卷三十二「文宗」、卷一一六「后妃」、順宗昭獻元聖皇后」，新元史卷二十「明宗」、卷二二四「鐵失迭兒」、「鐵失」，多桑蒙古史三六二頁，元朝制度考「蒙古庫烈爾台之研究」一二〇頁。

註十三：元史卷三十一「明宗」、卷三十六「文宗」，新元史卷二十「明宗」、卷二十一「文宗」、卷二〇四「倒剌沙」。

註十四：元史卷三十六「文宗」、卷三十七「寧宗」、卷三十八「順帝」，新元史卷二十二「寧宗」、卷一〇四「后妃、明宗不魯失禮皇后」。

註十五：多桑蒙古史卷二六二頁：「君位有人，諸軍固屬皇帝。然在缺位時，諸軍則仍奉其原屬之王爲主。」

附註：本文與元朝制度考「蒙古庫烈爾台之研究」，第五章「庫烈爾台之紛爭」之內容、含義，有諸多頗爲近似之處。然該章重在帝位紛爭之敘述。而本文則旨在說明，其帝位繼承制度之轉變，流弊，與流弊產生因素之分析。二者之主旨與行文，皆不相同。

（原載民國七十七年六月，中國邊政第一〇二期）

十三世紀蒙人之貿易政策

元代自成吉思汗，而太宗、定宗、憲宗，以至於世祖，累世無不開放門戶，重視商務。不唯發展交通，確保商旅之安全。且奬勵貿易，優待商賈。考其原因：一係基於戰爭之需要，如搜購物資，偵集情報。二爲政經之所需，如宣揚國威，懷柔遠人，以及巨額之貿易稅，有以致之。至於徐霆所謂：「韃人只是撒花，無一人理會得賈販。自韃主以下，只以銀與回回，令其自去賈販以納息。回回或自轉貸與人，或自多方賈販，或詐稱被刼，而責償於州縣民戶。」以及建炎以來朝野雜記所言：「所積貨財，初無所用，至以銀爲馬槽，金爲酒甕，大者重數千兩。」「撒沒喝所居，至用金飾龍床，足蹋金杌子。」實皮相之言，殊不可取。（註一）

一、發展交通，確保商旅安全

早期之蒙古，因小部林立，各不統屬。故貧困者，貪婪者，輒刼掠商旅，道路殊爲不寧。所以，成吉思汗開國伊始，即下令普設傳驛，屯駐部隊，俾沿途巡邏，以策商旅之安全。而對於攜有重金，或珍貴貨物之外國商賈，尤爲注意，並導之以達於汗庭。及西遼旣亡，蒙古帝國因與花剌子模接壤。故成吉思汗爲確保商旅之安全，與貿易之自由。遂以花剌子模之回教徒，馬合木、阿里火者、亦束甫三人爲使，獻銀錠、麝香、玉器、貴重之白氈袍爲禮，致詞算端謂：我知君國之強大，甚願與君修好。我之視君，猶吾子也。君當知我土廣兵衆，無覬覦他人土地之心。所冀者，唯彼此臣民之間，得以互市耳。算端聞言，大怒曰：彼虜何物，有兵幾何？竟敢視我爲子！馬合木因其大怒，乃僞言：花剌子模兵多勢強，彼蒙古何以克當！算端色霽，遂好言遣之歸。後花剌子模嘗遣商隊至蒙古，於是，成吉思汗詔令諸王后妃將相，各出私貲，遣信僕一二人，組成四百五十人，駱駝五百餘隻之龐大商隊，隨之赴花剌子模，以從事貿易。除攜有大批之金銀絲絹毛皮等貨外，且有珍貴之禮品，如必須車載之巨大金塊等，以贈算端，而示通好。然商隊始抵花剌子模邊境之訛答剌，其守將亦納勒朮，即因貪商隊之巨額財貨，竟以間諜罪名，悉沒收其財貨，盡屠其商民。成吉思汗聞報，驚怒而泣。遂登山向日，解其腰帶，置於項上跪拜祈禱，以求天助，絕食三日，痛加哀悼。並遣使巴合剌，斥責算端曰：君前與我約，不虐待彼此之任何商人。今遽違約，枉爲一國之主，若訛答剌虐殺商人之事，果非君命，請將守付我，聽我罰處，否則請以兵見。然算端不僅加以拒絕，且殺使臣巴合剌，薙蒙古副使二人之鬚而遣之。於是成吉思汗捨戰爭外，別無他途。乃決心爲維護貿易之自由，及商旅之安全而戰。格魯賽亦謂：一二一八年之商稅問題，乃兩國戰爭之導火線。至於後日頒定之「大雅薩」法典，因成吉思汗極爲重視貿易，故曾有商法、刑法之製定。雖該法典，已散亡殆盡，然僅就其殘存之內容而論：

「凡以信用取運貨物而破產者，倘再取運貨物而破產。可取運貨物一次，倘再破產，其人於第三次破產後，將處以死刑。」

誠不難概見其對貿易，及商旅安全維護之重視情形。所以，太祖十六年，李志常隨乃師邱處機，奉詔赴西域，道經蒙古中部時，即曾見及黍、麵。且謂：「蓋麵，山陰（按：天山）之後，二千餘里，西域賈胡，以橐駝負至也。」（註二）

逮至太宗之世，為「佈宣號令，通達邊情。」兼以避免「事也遲了，百姓也生受。」以及遵循乃父確保商旅安全之旨，嘗下令，所在屬國，皆置「站赤」。「站赤」者，漢言傳驛之謂也。據元秘史謂：

「使臣往來，沿百姓處經過。事也遲了，百姓也生受。如今可教各千户每（按：們），出人馬立定站赤。不是緊急事務，須要乘坐站馬，不許沿百姓處經過。因察乃、孛勒合答兒，對我提說，我想也可以行，察阿歹兄知者。察阿歹聽了這話，都道是，只依著這般行。再說站赤一節，自我這裡立起，迎著你立的站。教拔都自那裏立起，迎著我立的站，說將來了。」

於是，東西往來之使臣、教士、商旅，摩肩接踵，不絕於途。久已梗阻之歐亞交通，於焉為之洞開。考斯時通往歐洲之路，計有兩途。一曰欽察道：自敦煌、哈密、別失八里、阿力麻里、訛答剌、玉籠傑赤、Sarai、Astrakhan，而抵於 Crimea 半島之 Caffa 同 Tana 等港之 Genes 人商場。二爲波斯道：經敦煌、羅布泊、天山南路、葱嶺、巴達哈傷，呼兒珊、Lrakajeini、Tabriz 等地，或抵於 Trebizonde 之 Genes 人，同 Venise 人之商場，或達於 Ayas 之地。此一道，亦即漢唐時代之絲道。影響所及，東西文化之交流，歐亞商業之繁榮，蔚爲壯觀。不唯歐亞各地之珍寶玩物，諸色貨物，百工技藝，大量輸入蒙古，使蒙古成爲世界貿易中心，和林亦躍登世界貿易之首府。且東西貿易之形勢，亦爲改觀。蓋前此歐亞間之貿易，概爲埃及、西利亞、失普力所壟斷，今則悉由小亞美尼亞所專利。所以，埃及爲維護其商業之利益，日後曾與小亞美尼亞，不斷發生戰爭，終而導致小亞美尼亞，爲其所滅。而國際局勢，亦因之發生巨變。（註三）

關於站赤，元秘史、元史等，皆稱始于太宗。然多桑引阿剌丁「世界侵略者傳」則謂：太祖之世，即已有之。且李志常亦言：「行者六日，河繞西北山去，不得窮其源，其西南接魚兒濼驛路。」可知在太祖十六年，驛站即已有之。故元代之站赤，似創始於成吉思汗。所謂太宗之設站赤，僅擴大其範圍，周全其設備而已。（註四）

洎乎世祖，更於江淮設置水站。自杭州至泉州，自耽羅至鴨綠江口，設置海站，遼東又置狗站。凡站，內地每二十五里至三十里，置一站。邊遠地區，每三十五里至四十五里設一站。站有人員館舍，以供屯住飲食。備有交通工具，陸站以車轎馬牛驢，水站以舟，狗站用狗，以供行止。復開鑿運河，自杭州而達京師。於是，國內之水陸交通，遂益臻暢達。所以，馬哥孛羅對斯時長江與運河之商業地位，以及大都、任城、成都、南京（按：開封）、眞州、杭州、福州，商

業之繁榮，與夫中國商人之貿易才能，及其富豪之情形，曾倍極驚歎與讚賞。（註五）

二、獎勵貿易，厚待商賈

花剌子模與蒙古接壤後，其主算端，爲謀刺探虛實，遂託詞祝賀，派遣使節，攜同擁有巨貲之三商人，所組成之龐大商隊，前來蒙古。其中一商，先見成吉思汗。詢其貨價，竟高唱其值甚昂。成吉思汗大怒謂：此人以爲吾輩，從未睹及此類絹布也！乃命左右，出其所藏，以及掠自花剌子模之貨物以示之。復召其餘二商人至，其人驚懼，遂僞言貢獻，不敢論其值。然成吉思汗不僅厚給其值，並盡償前一商人之貨欵。且命處以白氈新幕，而示優禮。（註六）

太宗之世，因諸商聞其寬仁厚施，故所有貨物，輒高唱其值。太宗既照價付之，且加給十分之一。左右諫之，太宗謂，彼等千里貨販於此，無非冀圖厚利，況彼等亦不免賄賂汝輩也。更詔令商賈，凡欲售貨朝廷者，皆得馳驛。至於欲商而無貲者，又每求貸於太宗。太宗不唯恒貸之而不拒，且有某商，兩次耗盡其所貸之款，復請貸之。臣下諫之謂：此人性好佚樂，故屢貸而屢盡耗其貲，宜拒之。太宗謂：彼亦吾民，貸之，與藏吾庫中何異？故仍命如數貸之，唯戒之勿再浪費而已。（註七）

及憲宗既立，商人因定宗及其后妃諸子，積欠貨款甚巨。復聞憲宗仁厚，遂群赴其斡耳朶，請求償付。典藏吏諫之謂：前朝所欠，不宜代償。然憲宗仍命付之。爲數之巨，竟達五十萬巴里失。降至世祖，據馬哥孛羅謂：凡有以其珍貴貨品來獻者，即命人「憑其良心估定各物價錢」而立付之，且「使商人皆估得利益」。自中統元年，至至元十三年，復先後置互市於漣水、光化、潁州、碙州、黎州、鴨綠江西，以便與南宋、吐蕃、高麗貿易。且詔令所獲私商南宋者釋之，南商入京貿易者不禁。至元二十一年，爲獎勵海上貿易，更令官具船舟給本，選人入番貨販。其獲利潤，十分爲率，官取其七，所易人得其三。（註八）

所以，自太祖以至世祖，累世無不獎勵貿易，厚待商人，給予方便，寬給其值。故影響所及，遠近悅來。中外之貿易，亦因之益臻繁榮，若川流之不息。

三、世祖之開拓海上貿易

世祖既滅南宋，因帝國之西疆，已遠及波斯、俄羅斯，且歐亞間之交通、貿易，亦至爲通暢繁榮。於是，遂致力於南海諸國之經略。亦即史傳所謂之「帝以江南既定，將有事於海外。」始則詔諭唆都謂：「諸蕃國列居東南島岩者，皆有慕義之心。可因蕃舶人，宣布朕意，誠能來歸，朕將寵禮之。其往來互市，各聽所欲。」繼則用兵緬國、占城（按：降而復叛），遠征爪哇。復先後派遣楊庭璧、唆都於十六年，俺都剌、苫思丁於十八年，八哈魯思於二十一年，亦黑迷失於二十二年，劉淵、郝成於二十九年，鄭珪、忽魯禿花於三十年，持詔分赴各國，諭令內附。（註九）

故終世祖之世，次第納降通使之南海諸國，計有不干昔（即世祖紀二十年之貞臘，海國聞見之柬埔寨），法理郎、阿魯、乾伯、馬答（即史弼傳之假里馬答，島夷誌略、星槎勝覽之假里馬打），別里、剌理倫、大力、馬法、打馬、羅斛，二女人國（疑即諸蕃志及註、所謂之東西二女人國），信合納帖音、暹國、闍藍可兒、納答、繼沒剌予、毯洋（即星槎勝覽、島夷志略之淡洋），八羅孛、爪哇（即瀛涯勝覽之闍婆），不魯不都、八剌剌、葛郎、木由來（即海島逸志之無由來，海錄之宋卡），僧迦剌（即錫蘭），沒理、梵答剌亦納、安南、占城、緬國、俱藍（即世祖紀二十八年之咀喃，市舶之唄喃，星槎勝覽之小唄喃），馬八兒、須門那（即島夷志略之須文那），僧忽里、南無力（即世祖紀二十一年之南巫里，島夷志略之喃哑哩，瀛涯勝覽之南渤里），馬蘭月、那旺、丁呵兒、來來、急藍亦觮、蘇木都剌（即世祖紀三十年之速木都剌，島夷誌略之須文答剌，星槎勝覽之蘇門答剌），帕斯曼、大花臉（即星槎勝覽之花面國，島夷誌略之花面，瀛涯勝覽之那姑兒），班卒兒，凡四十五國。至於馬哥孛羅所言：須門那「不進貢與何人」，羅斛「不給別國入貢」，八羅孛「不對任何人進貢」，俱蘭「不給別人納貢」，皆與史傳不合，似誤。（註十）

所以，自中國而至今日之南洋、印度洋、波斯灣間之海上交通，遂爲之暢通無阻。島夷誌略亦謂：「中國往復商販於殊庭異域之中者，如東西州焉。」之捷便。兼以又與馬八兒、俱藍訂有商約。中國之海舶，按期往返。出則載運生絲、花綢、緞絹、金綿等物。返則運回胡椒、豆蔻、薑桂、紗布、珍珠、鑽石諸物。而統治波斯之旭烈兀王朝，又與世祖爲同母弟。故不僅鼓勵兩國間之貿易，採門戶開放政策，一任商賈經行海道，而赴中國。且「雖然統治回教之國，可是仍不脫蒙古嗜好。所以，他們皆從中國運來一切奢侈用品，就中以綢緞、瓷器爲多。」於是，波斯、阿刺伯等西方之貨物，自Tabriz而達忽里模子。復由忽里模子登舟，前往俱藍、泉州。中國印度之貨物，則自泉州、俱藍、經甕蠻海、波斯灣，而達忽里模子。復自忽里模子登岸，而抵Tabriz。並轉運至Lajazzo、或Trobizonde。商運之繁，艕艫相望，川流不息。海上之貿易，遂倍極繁盛。馬哥孛羅亦謂：往來俱藍之中國商人，「經營的商業很大」。至八孛羅的之中國商人，「也把他們在這裏買的東西，分配到許多別的國去。貨物運到阿丹（按：亞丁）後，再轉運至亞力山大港。」

世祖爲配合海上貿易之發展，復詔置市舶司，以管理通商港口。初於至元十四年，置泉州、慶元、上海、澉浦、溫州、廣州、杭州七市舶司。後又併溫州市舶司於慶元、杭州市舶司於稅所。更訂定市舶法則二十二條，元史謂：「市舶抽分雜禁」二十一條，以管理中外船舶，出航、入港、停泊、交易、課稅之有關事宜。至於其稅收之制，始則依宋舊例，細貨百分之十五，粗貨百分之十。至元十七年，改爲雙抽單抽之法。蕃貨雙抽，土貨單抽。二十九年，新元史謂二十八年，又定商旅販泉福等處，已抽之物，於本省有市舶司之地賣者，細貨稅二十五分之一，粗者三十分之一。其就市舶司買者，止於賣處收稅，而不再抽。三十年，復改爲細貨稅十分之一，粗者

十五分之一。而泉州，則於抽分之外，又取三十分之一爲稅。（註十二）

四、貿易與造船中心之泉州

元代中國沿海之港口，以泉州最爲繁盛。馬哥孛羅曾謂：「所有印度的船，皆來到這裏。」「他是四鄰蠻子國（按：江南）商人，所群聚的一個商埠。」「假如有一隻載運胡椒的船，至亞力山大港，或基督教諸國之別地者，比例起來，有一百隻船，來到刺桐（按：泉州）港。」「是世界上兩大港之一。」所以，泉州不僅是元代中國最大之商港，即「稱爲世界唯一最大港，亦無不可。」且與廣州，同爲中國之造船中心。（註十三）

所造海船，雙層，需水手三百人，用四至六根。其槳甚巨，每槳需四人操之。上層有艙六十間，下層有十三間，可載貨五六千筐。小者，亦需水手二百或一百五十人。然據易逢巴圖塔謂：更有可載千人，高達四層，用桅十二根之巨舟。復據李懋仁言：

「安溪縣伐一巨木，充冊封琉球海船桅木……。余以民尺量之，長十丈一尺六寸，圍一丈一尺。至八丈五尺處，圍三尺七寸九。九丈處，圍二尺九寸……。若斲去浮皮，爲數益窄。蓋桅尾不及三尺，而望斗之下，必連鑿數孔，以繫桅掛帆，繂繚所繫甚重，不知幾千鈞。能否任之，請從定式。」

如此巨木，猶稱不堪用之爲桅。海船之巨，可以概見。此雖爲明人所記，然與元代中外所記載，殊有相互發明之效。同時，爲確保巨舟之安全與堅固，內外皆用厚木板兩層，底用三層，釘製而成。合縫之處，則用石灰與切碎之大麻，和桐油搗成之劑，以爲塡補膠合之用。然後全船內外，再加油漆數重。因底艙隔間若干，且極堅固。所以，即使碰擊破裂，他艙與航行，亦不受影響，安全無慮。巨舟每航行一年，則檢修一次。修時，全船四周，加釘厚木板一層，亦補縫膠合而油漆之。六年而後，即行報廢，不復再用之航行海上。此外，航行時，每一巨舟，皆有需水手五六十人操作之較小船舶兩三隻，繫隨巨舟而行，以便港岸水淺，用之上下貨物。復有小艇十餘隻，懸吊巨舟上，供人員上岸，往來之用。（註十四）

五、輸出輸入貨品要略

據島夷志略各地物產，與「貿易之貨用」，以及馬哥孛羅之記載，元代中國輸出之貨物，計有八類，其中尤以絲織品與瓷器爲大宗。一、絲織品：龍緞、青緞、草金緞、五色緞、水綾、單錦、建寧錦、狗跡錦、色絹、油絹、花色宣絹、細絹、丹山錦山之紅絹、素絲布（按：白絹）、五色綢、白絲、南北絲。二、陶瓷器：青瓷器、處州瓷器、青白花碗盤、瓷壺瓶、水罎、水埕、大甕、大小埕、甕、大小水罐、五色燒珠、五色焇珠。三、銅鐵器：白銅、銅珠、鐵塊、銅鐵鼎、銅鐵鍋、銅鐵條、銅鐵線。四、木竹牙漆器：木梳、篦子、牙梳、牙箱、牙錠、漆器。五、樂器：琴、瑟、鼓。六、藥物：良薑、華發、青皮。七、布匹：青布、花布、五色布、紅油布。

八、雜物：紙札、綦子、白礬、白糖、糖霜、琉璜、樟腦、傘、水銀、紫粉、鉛、針、紫鑛、土粉。至於輸入之番貨，計有五類：一、珠寶：琥珀、象牙、珊瑚（大者，高約丈餘）、貓兒眼、鴉鶻石、珍珠、玳瑁、鴉忽石、青蒙石、蘇珠（大者，值七八百錠、一錠五十兩）、犀角、青琅玕、龜筒、紅寶石、藍寶石、黃玉石、紫水晶、栢榴石、金剛石。二、香料：胡椒、龍涎香、降眞香、安息香、沈速香、羅斛香、打白香、甘松香、薔薇水、丁香、茅香、乳香、沈香、木香、蘇木、烏木、紅檀、射檀。三、番布：軟錦、兜羅錦、大錦布、苾布、皮桑布、高你布、剌速斯離布、闍婆布、巫崙布、八丹布、膠布。四、藥物：黃臘、蘿蔔、硼砂、梔子花、沒藥、膃肭臍、腦子甸子、白滕、扶滕、香頭、鶴頂、片腦、紅柴、打布、大風子。五、雜物：翠羽、熊虎豹鹿麂皮。（註十五）

六、結論

國際貿易，本屬互惠互利。即對本國而言，亦公私兩蒙其利。以元代之泉州而論，帝國政府既可獲得「極大的稅額」。而商民自阿剌伯以至泉州，雖海上航行，不過百日，然須候季候風而行。故輒需經年，方可抵達。兼以運費極巨：輕貨需貨值之百分之三十，胡椒百分之四十四，笨重者百分之四十。課稅亦重：細貨十分之一，
麤者十五分之一。故計其所費，已逾貨值之半。雖所費不貲，然仍有巨利可獲。故中外商賈，所以無視道路之險阻，波濤之艱危者，蓋由乎此！由

是益證元代，自太祖以至世祖，除至元二十九年，因征爪哇，嘗暫禁兩浙、廣東、福建人民航海，於三十一年，即已弛其禁外。累世無不致力於國內外，水陸交通之開拓，國際貿易之發展。富國裕民，誠一代之美法善政也！（註十六）

註釋

註一：蒙古史略八十五頁，蒙古與俄羅斯二十八、八十六頁，黑韃事略十五頁，蒙韃備錄箋證十一頁「軍裝器械」。

註二：多桑蒙古史九十四、九十五、九十六、一六一頁，辛譯成吉思汗一五七頁，蒙古史略二十頁，蒙古與俄羅斯八十六頁，長春眞人西遊記二十八頁。

註三：元史卷一〇一「志兵、站赤」，元朝秘史一八二頁，蒙古史略八十四、八十五頁，蒙古社會制度史十二、十三頁，帖木兒帝國六十八頁。

註四：長春眞人西遊記二十一頁。

註五：拙著元史研究論「元代的站赤」、「元代河漕轉變之研究」，馬哥孛羅遊記一八九、二二八、二七六、二八八、二八九、二九三、二九八、三〇一、三〇三頁，蒙古史略八十一、八十二、八十三頁，元史列傳卷二〇八「耽羅」。

註六：蒙古與俄羅斯二十八頁，多桑蒙古史九十五頁。

註　七：多桑蒙古史二一四頁，姚從吾先生全集第四冊一六九頁。

註　八：多桑蒙古史二六七頁，馬哥孛羅遊記一九二頁，續文獻通考卷卷二十六「市糴考、市舶互市」，元史卷九十四「食貨志、市舶」。

註　九：元史卷十「世祖」、卷一二九「唆都」、二一〇「馬八兒等國、二〇九「占城」、卷十一、十三「世祖」、卷一三一「亦黑迷失」、卷十七「世祖」。

註　十：元史卷十一「世祖、十八年」、卷十二「世祖、十九年」、卷十三「世祖、二十年」、「世祖二十一年」、卷十四「世祖、二十三年」、卷十五「世祖、二十六年」、卷十七「世祖、二十九年」、「世祖、三十年」、卷十八「世祖、三十一年」、卷一三一「亦黑迷失」、卷一六三「史弼」、卷二〇九「安南、占城」、卷二一〇「緬、馬八兒等國」，馬哥孛羅遊記三六二、三六六、三六八、四三〇、三五八、四二四、四七八頁，海國聞見六頁，海島逸志十頁，星槎勝覽「前集」二十二、二十四、二十九頁，「後集」三、十二頁，諸蕃志七十五、七十六頁，瀛涯勝覽七、三十二頁，海錄卷上六頁，中西交通史二十七、三十一、四十五頁，島夷誌略二十四、二十九、三十、三十三、四十二頁。

註十一：蒙古史略八十四、八十五頁，島夷誌略「後序」，馬哥孛羅遊記四一九、四二五頁。

註十二：元史卷九十四「食貨志、市舶」，大元聖政國朝典章卷二十二「戶部八、市舶」，新元史卷七十二「食貨志、市舶課」。

註十三：馬哥孛羅遊記三三六、三七七頁，蒙古史略八十三頁，中國阿剌伯海上交通史二七六頁。

註十四：馬哥孛羅遊記三四一、三四二、三四三、三四四頁，中國阿剌伯海上交通史一二〇頁、泉南雜志卷上。

註十五：島夷志略二至五十二頁，馬哥孛羅遊記三五七、三六〇、三七四、三九五、四二五、四二七頁。

註十六：馬哥孛羅遊記三三七頁，中國阿剌伯海上交通史一一一頁，福建通志卷二七〇「元洋市」。

（原載民國七十七年十二月，中國邊政一〇四期）

十三世紀蒙人之世官制度

據史記卷一一〇「匈奴」傳：「自左右賢王，以至當戶……，凡二十四長，立號萬騎，諸大臣皆世官。」北史卷九十九「突厥」傳：「大官……及餘小官，凡二十八等，皆世爲之。」故世官制度，本北疆草原部族之故俗，漢之匈奴，唐之突厥，無不如此。所以，成吉思汗開國之初，大封功臣，仍遵其舊制，採世官制度。元朝秘史曾累言：「相傳管者」，「世襲管者」（註一）。及南下中原，凡納士始命之臣，皆世守之。不唯武職之萬戶、千戶、百戶，皆世領其軍，襲其職。即文官之路州府縣及達魯花赤，亦無不如此（註二）。太宗之世，即帝國政府之中書令、行中書省事、行尚書省事，亦皆世襲。元史卷一四六耶律楚材傳：楚材薨，中書令由其子鑄嗣承。同卷粘合重山傳：重山卒，行中書省事，由其子南合襲職。卷一五三劉敏傳：敏以年老致仕，行尚書事，詔其子享代之。形成十三世紀蒙古漠北四朝，政治上之一大特色——官皆世襲，而無考選之法。

一、承襲之因素與人員

子弟之得以承襲父兄之官職，一爲父兄陞遷，其原任官職，由其子弟繼承。元史卷一〇三俺木海傳：砲手總管忒木台兒，以功陞行省斷事官，其砲手總管之職，由其子忽都兒承襲。卷八十二「選擧志，銓選」亦謂：「至元十五年，詔軍官以功陞遷者，舊以其子襲職。」二爲年老致仕。卷一四七張柔傳：請致仕，封安肅公，以第八子弘略襲職。卷一五一奧敦世英傳：保和年五十六致仕，子希鎧襲勸農事。三爲戰死病卒。卷一四九劉伯林傳：以疾卒，子黑馬襲其職。卷一五一賈塔刺海傳：抄兒赤從諸王南征，卒于軍，子冀驢襲。四爲疾病不能任事。卷一五一邸順傳：宣武將軍、歸德萬戶榮仁，鎮廣東惠州，感瘴疾，不能任事，子貫襲其職。五爲請解所兼軍職。卷一二九李恒傳：十七年，拜資善大夫荆湖行省左丞。十九年，乞解軍職，乃命其子散木斛襲本軍萬戶。六爲年老請求由其子弟襲職。卷一二三苫徹拔都兒傳：十四年，改宣武將軍，滁州路總管府達魯花赤。十七年，率子脫歡，孫麻兀入見，奏曰：臣老矣！幸主上垂憐。帝即以脫歡爲宣武將軍，管軍總管。七爲年老不堪任職，朝廷詔令其子弟襲職。卷一三二步魯合荅傳，至元二年，車里以老疾不任事，諸王阿只吉，命其子步魯合荅代領其軍。卷一六五完顏石柱傳：征行千戶，總管拔都魯軍，佩金符拿住，憲宗以其年老，令其子石柱襲其職。

至於繼承之人員，初無年紀之限制，雖齠齡亦可襲職。元史卷一六二楊賽因不花傳：漢英，邦傑之子，二十二年襲父職，時年九歲。唯原則上，以嫡長子為準。卷一四九耶律留哥傳：留哥卒，妻姚氏泣奏曰：薛闍、乃留哥前妻所出，嫡子也。善哥婢子所生，乞以薛闍襲爵，詔許之。若其長子，體弱多病，不堪任事，則由其弟入承。卷一四九耶律禿花傳：朱哥卒于軍，子寶童以疾不能任事，朱哥弟買任嗣其職。然亦有因其父之請求，由非嫡長子承襲之情形。前述張柔請由其第八子弘略襲其職，即為史例。亦間有不令其子，而以其孫繼承者。卷一二三拜延八都魯傳：中統二年，賜蒙古奧魯官。子外貌台，孫兀渾察。拜延八都魯告老，兀渾察代其軍。或因嫡長子無法立即承襲，而詔令其妻權領護理者。卷一四九耶律留哥傳：留哥卒，皇太弟承制，以留哥妻姚氏佩金符，權領其衆者七年。卷一三二杭忽思傳：奉旨選阿速軍千人，及其長子阿塔思，扈駕親征。既還，阿塔思入直宿衛。杭忽思還國，道遇敵，戰歿。詔其妻外麻思，領兵守其國。亦有戰死疆場，朝廷恩恤，命其二弟並行襲職者。或因戰死疆場，獎其忠烈，由其諸弟襲職者。卷五世祖紀：至元五年，以千戶張好古歿於王事，命其弟好義、好禮，並襲千戶。或由其弟襲職，而其子別給官職者。卷一四九耶律禿花傳：朱哥卒，以弟買住襲。子寶童，充隨路新軍總管。

此外，子幼則由其弟繼承，待其年長，朝廷別給同等之官職。卷一一九木華黎傳：塔思年二十八卒，子碩篤兒幼，以弟速渾察襲國王。碩篤兒既長，詔別賜民二千戶為食邑，得建國王旗號。或由其弟代理，俟其子年長，再行承襲。然每因其弟有功於朝廷，故又輒將其弟代理之官職眞除，而別給其子以同等官職。卷一四七史楫傳：天澤兄天倪戰死，因其子尚幼，故由天澤代領其衆。及天倪子楫既長，天澤遂奏請解職以授楫。帝嘉歎曰：今爭官者多，讓爵者少，卿勿須解職，朕有官與之，即以楫爲眞定兵馬都總管，佩金符。倘無子，則由其弟繼承。卷一一八特薛禪傳：斡羅陳卒，無子，弟白帖木兒襲萬戶。或由其侄入承。卷一二三直脫兒傳：益都路蒙古萬戶哈蘭木，歿于軍，以其從子忽刺出發襲職。若無子，而侄又年幼，則由他人代之，俟其年長，再行襲職。卷一五一張拔都傳：砲手諸色軍民人匠都元帥漢都虎，卒而無子，兄子贍闍亦幼，詔拔都代領其軍。及贍闍少長，拔都遂請於朝，歸其政，而終老焉。除上陳父職子承，或因子幼，或因無子，由其弟或侄承襲外。尙有兄終弟及之情形。卷一五一薛塔刺海傳：都元帥失剌卒，弟軍勝襲。同卷賈塔剌渾傳：繼驢卒，弟六十八襲。或弟卒而兄襲職。卷一四九耶律阿海傳：忽林帶總治諸軍，立成都府，卒于軍，兄百家奴嗣。或兄讓弟承襲。卷一六五張禧傳：江陰路達魯花赤水軍萬戶張禧卒，子漢當襲，讓其弟鼎襲江陰水軍萬戶。以及兄讓弟，弟讓兄任官之情形。卷一二九李恒傳：命恒爲尙書斷事官，恒以官讓其兄。卷一四八董文蔚傳：兄文炳以其孝謹公勤，解所佩金符以讓之。

二、世襲制度之缺點

世官制度之流弊甚多，其尤要者，一爲權柄太重：不僅軍民之權，集於一身。元史卷一四九王珣傳：以珣爲元帥，兼義川二州事。卷一五〇李守賢傳：加金紫光祿大夫知平陽府事，兼本路兵馬都元帥。復典領錢穀，而擁有財權。元文類卷五十七「中令耶律公神道碑」曾謂：「諸侯長吏，兼領軍民錢穀。」加以元史卷一四七張柔傳謂：可「自置屬官」。元文類卷四十「政典總序，制官」亦稱：「若郡縣兵民賦稅之事，外諸侯亦得自辟用」。更握有人事之任免權。所以，軍麾之下，轄境之中，不唯將校長吏，路府州縣，皆其人家與親信。元史卷一四八嚴忠濟傳：忠濟初統千戶十有七人，及朝命括新軍兩萬有奇，遂以其弟忠嗣忠範爲萬戶，以次諸弟及勳將子弟爲千戶。且時日既久，兄弟子侄，佈列中外，甚至軍政之權，併出一門。以眞定史氏而論，天澤既拜中書右丞相，而其兄弟子侄，佩金虎符、金符、銀符，任萬戶千戶者，竟多達十七人（註三）。加以控地千里，統名城巨鎭數十座。以漢軍三世家而論，卷一四七史楫傳：授眞定路總管，表山帶河，連屬三十餘城。東平嚴氏，據卷五十八地理志，及元朝名臣事略卷六「萬戶嚴武惠」：初有魏之全境，魯之九，齊之三，凡五十餘城。後雖削減，仍統有彰德大名德兗濟惲諸州。保定張氏，據卷一四七張柔傳：闢地千里，初有深冀以北，鎭定以東，三十餘城，後亦轄順天一路。凡百軍政，一一委之。生殺予奪，爵人命官，錢糧出納，咸倚專決。權威之盛，可謂甚矣！故論者以爲，李璮之叛，由諸侯權秉太重，可謂一語破的之論（註四）。

二爲窮徵暴歛：元初因百官並無俸給，故所在官吏，類多貪暴，凡事「撒花」。（註五）。所謂「撒花」，元朝秘史「譯作人事」，「就是人情，找外快錢，打秋風」。然由黑韃事略之「見物則欲，謂之撒花」。汪旡量水雲集醉歌：「北軍要討撒花銀，官府行移逼市民。」以及大元聖政國朝典章「止貢獻」：「凡事撒花等事物，無非取給於民。名爲己財，實皆官物。取百散一，長盜滋奸。若不盡更，爲害非細。」可知雖云人情，實則無異巧取豪奪（註六）。及奉命課徵，更徵則務求羨餘，輸則暗加毫損。夤緣侵漁，賦一徵十。終至官府無所儲，而私藏鉅萬。掊克之甚，貪污之濫，即小民嫁女，亦必賄之而後可。故太宗之世，耶律楚材嘗累請，嚴禁州縣不得擅自徵發，俾以蘇解民困（註七）。

三爲殘暴不法：開國之初，四征不庭，無暇規制律令，而蒙古之習慣法，又不足適應於中原。故所在官吏，恣意生殺，甚而褓襁無遺。復孥人妻女，掠民爲奴。強取財貨，佔人田畝（註八）。縣尹之秩雖卑，然媚上虐下，爲害尤烈。山岳之罪，可以苟免。纖毫之罪，可羅極刑。（註九）牙魯瓦赤行省燕京，一日殺二十八人。其中一人盜馬，己杖釋之。遇有獻環刀者，竟追還所釋，手試刃而斬之。萬戶劉福，貪鄙殘酷，威福自恣，虐民之久，長達二十餘年。上官召見，猶擁衛士數千以往。驕縱拔扈，無視法紀之情形，可以概見（註十）。至石抹咸得卜，尤貪暴，史稱其殺人盈市。即一千戶，亦敢殺人之夫，而奪人之妻。以一主簿，輒能娶民女有姿色者三十餘人（註十一）。

四爲才能不足：始命之官，多起自部伍，興於田畝，持驍勇而得官。本不解治民養民之道，唯知貪暴掊克而已。而其後人，又因蔭厚履豐，輒成紈袴子弟。幼不講學，用即顯宦，何堪優爲！未嘗臨陣，不知兵法，又如何典兵？故中晚以降，宜其冒代軍士以利其値，虛糜廩帑而無寸功（註十二）。甚至主政蒞民，而目不識丁。奴視部屬，無殊廝養。都邑長吏，悉爲僮僕。等而下者，子弟竟持械晝入民家，強取財貨，不與則殺。豪奴杖勢，輒敢於鬧市中，引鳴鏑射婦女墜馬。恣意殺掠，與盜匪何異（註十三）！

三、世官制度之改進

世官制度之流弊，既若斯之甚。故世祖之世，名宿顯宦，如許衡、姚樞、宋子貞、張德輝等，無不諫請「易世官」、「罷世侯」、「置牧守」，立遷轉之法以革其弊（註十四）。所以，中統三年，即詔令各路總管兼萬戶者，僅理民事，勿預軍務。自今而後，軍民分治，不得統攝。而其兄弟子侄，並仕同途者，或分掌府州司縣，鷹坊人匠諸色事務者，悉行罷去。革軍政併出一門，地方上下，盡其子弟，權秉太重之失。唯州縣兼任千戶百戶者，則不在此限（註十五）。迨至元二年，又罷世襲之制，立遷轉之法。雖元史宋子貞傳謂：事在二年。然此一說法，與前述並無矛盾。蓋至元元年爲立法之始，二年爲罷世侯，置牧守，立遷轉法之成也（註十六）。唯斯時文官世襲之制雖罷，然軍職世守，仍一如其舊。故至元十五年，復詔令軍職陞遷者，其原任官職，子弟不得繼承。戰死者，可襲原職。病卒者，降等襲職。至於因故斥罷及千戶百戶，則一律不得世守（註十七）。及二十五年，更詔令陣亡者，本階承襲，病卒者降二等。設其子弟不肖，雖父兄陣亡，亦不得襲職。果有才幹，雖病故亦不必降等。且限年滿十八歲，方可繼承。於是世官之制，遂日趨解體（註十八）。

然世祖之制，後日寖壞。除因罪斥罷者，不得承襲外，軍職無大小，又皆世其官。至其日漸破壞之時間，已不可考。然在文宗天曆二年，詔修經世大典以前，則可確定（註十九）。故終元之世，軍職幾乎均爲世襲。影響所及，中葉以降，所在將校，不僅驕奢浮華，唯事聲色犬馬之徵逐。且腐化惡化之甚，竟以高利貸，魚肉其士卒。將校如此，一旦臨陣，非取敗徒死而何？所以，元代晚年，盜發汝潁，焚城邑，殺長吏，所過殘破，不數月，江淮諸郡皆陷。朝廷徵兵致討，卒無成功，雖因素甚多，然此爲最重要之肇因。（註二十）

註釋

註一：元朝秘史一二九、一三九頁。

註二：元文類卷四十「治典總序，入官」，牧庵集卷十七「潁州萬戶邸公神道碑」，元史卷一五九「宋子貞」。

註三：牧庵集卷十六「平章政事史公神道碑」。

註四：元史卷一四七「張柔」、「史楫」、卷一四八「嚴忠濟」、卷一五五「史天澤」。

註五：元史卷一六八「陳祐」，大元聖政國朝典章卷二「止貢獻」。

註六：元朝史二二八頁，黑韃事略箋證十六、十七頁。

註　七：大元聖政國朝典章卷三「均賦役」，元史卷一六三「張德輝」、卷一四八「耶律楚材」、卷一五九「趙璧」。

註　八：元朝名臣事略卷五「中書令耶律文正王」，元史卷一五七「劉秉忠」、卷一六七「張礎」。

註　九：大元聖政國朝典章卷二「飭官吏」，元史卷一五八「姚樞」。

註　十：元史卷四「世祖」、卷一四六「楊惟中」。

註十一：元史卷一四六「耶律楚材」、「楊惟中」、卷一五九「趙璧」。

註十二：元史卷一五九「宋子貞」、卷一七四「崔彧」、卷一六三「張德輝」。

註十三：元史卷一二三「廉希憲」、卷一四六「耶律楚材」，元遺山先生文集卷二十九「千戶趙侯神道碑」。

註十四：元史卷一五八「許衡」、「姚樞」、卷一五九「宋子貞」、卷一六三「張德輝」。

註十五：元史卷五「世祖」、卷一五二「王珍」。

註十六：元史卷一五三「賈居貞」，牧庵集卷十五「中書左丞姚文獻公神道碑」，元史卷一五九「宋子貞」，牧庵集卷二十三「眞定新軍萬戶張公神道碑」。

註十七：大元聖政國朝典章卷八「承襲」，元史卷八二「選舉志、銓選」。

註十八：元史卷八二「選舉志、銓選」，大元聖政國朝典章卷八「承襲」。

註十九：元文類卷四一「政典總序、軍制」、卷四十「經世大典序錄」。

註二十：元文類卷十五「建白一十五事」，元史卷一四一「察罕帖木兒」。

（原載民國七十五年八月，東方雜誌復刊二十卷二期）

十三世紀蒙人之政治特色

十三世紀之蒙古，採行封建制度，影響所及，不僅文武百官，皆無俸給，即士兵亦須以「私財自贍」。站丁亦須自備「首思」，即衣服飲食行理當役。所以，其封建制度，以及官皆當差，而無俸給，遂成爲元代漠北四朝，政治上之兩大特色。（註一）

一、封建制度之內涵及其影響

我國古代之北疆部族，如匈奴、突厥、回紇等，均行封建制度。史記「匈奴」列傳曾謂：「置左右賢王，左右谷蠡王……，凡二十四長，立號萬騎，諸大臣皆世官……。各有分地，逐水草移徙。而左右賢王，左右谷蠡，最爲大國……。諸二十四長，亦各自置千夫長、百夫長、十夫長。」所以，成吉思汗開國之初，亦遵其舊谷，除發祥地之三河源頭，最大面積之土地自領，若周代之「邦畿千里」外，其餘全國之土地，悉分封與開國功臣九十五人，且世襲其職。計萬戶而兼千戶者五人，即左翼萬戶木華黎，右翼萬戶博爾朮、中軍萬戶納牙阿，以及唱瑞擁立有功之豁兒赤，長子拙赤位下之忽難。千戶九十人，即「四狗」，亦即四先鋒之忽必來、者勒蔑、者別、

速不台等。至於百戶，則由千戶分封，報請成吉思汗核准。牌子頭，即十夫長，則由百戶指派。各有疆界，次序井然。（註二）

二年，和林西北，失必兒以南之林木中百姓，悉行平定。遂以降民，分封母氏及諸子諸弟。計訶額倫太后及成吉思汗之幼弟斡赤斤，共一萬人，命千戶古出、闊闊出、種賽、豁兒合孫四人統之。長子拙赤九千人，命萬戶忽難、蒙客兀兒、客帖三人統之。次子察合台八千人，命千戶合剌察兒、蒙客、亦多忽歹三人統之。三子窩闊台、幼子拖雷，各五千人，分命千戶亦魯格、迭該、及哲歹、巴剌統之。弟合撒兒四千人，命千戶者卜客統之。後因巫者闊闊出（按：與前者同名）事件，成吉思汗奪其所封，僅餘一千四百人。亡弟哈準，元史志曰哈赤溫之子，阿勒赤歹，傳曰按只吉帶二千人，命千戶察兀兒孫統一。異母弟別勒古台一千五百人，元史傳謂三千人。（註三）

至於有關開國功臣之封地，多不可考，僅知木華黎封於成吉思汗自領地以東，至合剌溫山，亦作合剌赤溫山。博爾朮封於成吉思汗自領地以西，至金山，即今阿爾泰山。豁兒赤封於額兒的失河，即今額爾齊斯河流域。別勒古台封於斡難怯魯之地，即今斡難河一帶。斡赤斤封於闊連海子與捕魚海子一帶，中有兀兒失溫河。即今呼倫、貝爾兩湖及鄂爾順河流域。哈薩兒封於額爾古納河，海拉爾河一帶。哈準封於今吉林以西，瀋陽熱河以北，地近亦乞剌思部之地。（註四）

此外，萬戶千戶均兼任次一級，即千戶百戶封地之領主。各有其自領之封地，若成吉思汗然。故在萬戶封地之內，除一個千戶之封地，由萬戶自領外，其餘之封地，分由九個千戶領有。千戶封地之內，除千戶自領一個百戶之封地外，其餘之封地，由九個百戶所分領。同時，百戶千戶萬戶之封建領地，亦與地方行政，軍區制度，及軍事指揮，結合爲一。各萬戶千戶百戶，平時旣爲各級地方政府之行政首長，兼各級軍區之司令。戰時，亦即各萬人軍團，千人軍團，百人部隊之指揮官。所以，凡萬戶千戶百戶帳幕之所在地，亦即各級地方政府之行政中心，各級軍區之動員中心，各級軍團之參謀指揮中心。（註五）

至於每一行政區或軍區，亦即各萬戶千戶百戶封地之人口與條件，根據十三世紀蒙古之人口，不過百萬，成吉思汗之軍隊，爲十二萬九千人。甚動員率，大體約爲百分之十二又二分之一。復因其軍隊之組織爲十進位，戰時每人所帶戰馬，約爲二至五匹。故每個百戶，即百戶軍區，約有一千人左右，爲一個氏族所組成。戰時，應有動員戰士一百人，戰馬二至五百匹之能力。每一千戶或千戶軍區，約有一萬人左右，由一個或數個相近之氏族所組成。應具有戰時能動員戰士一千人，戰馬二至五千匹之條件。每一萬戶或萬戶軍區，約有十萬人左右，必須能動員戰士一萬人，戰馬二至五萬匹。（註六）

此後，又有賜賚之制。一曰五戶絲，二曰江南鈔，皆所謂采邑，三曰歲賜。前二者創始於太宗，增之於憲宗，後者則始自世祖。蓋太宗克汴京，陷蔡州，淹有中原。遂於八年，以食邑，分賜諸王親貴。計以眞定府奉太后湯沐，斡魯朶拔都，即拙赤長子，傳曰鄂爾達於平陽府。茶合帶，即察合台於太原府。皇子古余克，即定宗於大名府。果魯干，傳曰闊列堅，堅乃太祖之子，於河間府。孛魯台，即孛斡兒出，亦即博爾朮之子，傳曰孛鑾台於邢州，即廣平府。也苦，即合撒兒之子，傳曰也古於益都濟南二府內撥賜。斡陳，即特薛禪之子於涼州。皇子闊端，公主阿剌海，太祖女，適汪古部部長之子。公主果眞太祖女，傳曰火眞，適孛禿。駙馬赤古，尙太祖女禿滿倫，傳曰赤窟。國王查剌，木華黎之孫。茶合帶，帶孫之子，傳曰茶合台。鍛眞，朮赤台之孫，傳曰端眞。蒙古寒札，畏答兒之孫，傳曰忙哥合勒札。按只那顏，即斡陳那顏。析顏，即阿勒赤之弟。以及火斜朮思，並於東平府內，撥賜有差。初擬裂土分民，因耶律楚材之諫請：爲免生嫌隙，不如多與金帛，乃止。詔許：「得荐私人以爲監，秩祿受命如王官，而不得以歲月遷調。其賦，則每五戶出絲一斤，不得私徵之。皆輸諸有司之府，視其所得之數而給之。」至於江南鈔，乃世祖平江南後所增。即所謂之江南民戶，每戶以中統鈔五錢而奉之。所謂歲賜，即每歲以銀幣，賜賞有差。（註七）

總之，十三世紀蒙人之封建制度，由於自成吉思汗，以至萬戶千戶百戶，均爲封建之領主，且各有其直轄之領地，遂形成寶塔式之統治集團。復由於土地封建，地方行政，戰時動員，軍事指揮，結爲一體。故不僅指揮靈活，基礎鞏固。而且政治與軍事合一，民衆與戰鬪一體。加以百戶由一個氏族組成，千戶由一個或數個相近之氏族組成。所以，血濃於水，平時旣感情融洽，易於統制。戰時更能敵仇同愾，萬衆一心，發揮高度之戰力。成爲斯時草原社會中，最卓越之政治制度。亦爲元代漠北四朝，政治上之一大特色。

萬戶千戶百戶，既因成吉思汗之封建，而擁有一切——土地、人民、畜群、財貨。故其平日爲皇家辦事，戰時出兵作戰，自應一切自備，而無給當役。於是，官皆當差，而無俸給，遂成爲元代漠北四朝，政治上之另一特色。（註八）

二、官皆當差而無俸給之流弊

由於成吉思汗之四征不廷，擴地萬里。兼以官皆當差，而無俸給。遂致蒙古官吏，因長年在外，一切所需，迭補不易，生活頓陷困境。太宗以降，雖有賜賚之制，然僅及宗親勳舊，並無助於一般蒙古官吏，生活之改善。至於契丹、女眞、漢人之爲官者，因本無封地，又一切自備，生活之艱苦，不言可知。至元二年，董文炳嘗言：「至有大校，出無馬乘者。」故所在官吏，爲解決生活，遂滋生諸多嚴重之流弊。（註九）

一、凡事「撒花」：所謂「撒花」，黑韃事略、山居新話、觀堂集林、元朝史、元秘史譯文，諸家解釋頗多。然以「蒙古色目……向人討錢，各有名目。所屬始參，曰拜見錢……。無事白要，曰撒花錢。」以及「凡事撒花，無非取給於民。名爲己財，實皆官物。取百散一，長盜滋奸。」最爲明確。故所謂「撒花」，實即豪取白奪也。以邢州而論，巨郡也。原有戶一萬九千，兵興以來，不滿五七百。故官吏爲避免過境人員，撒花錢之需索，皆晝伏夜出，以理訴牒。時號鬼衙，或棄官而去。人民則以土塞門，穴地出入。見一單騎，即藏匿叢藩問，俟其遠去，而後始敢出入。所以，過往行人，欲求一勺飲，亦不可得。（註十）

二、大事抄掠：蒙軍作戰，據黑韃事略謂：「城陷，縱其擄掠子女玉帛。」故流風所及，無論蒙古、色目、漢南將校士兵，皆大事抄掠。元史王檝傳謂：蒙軍克燕京，因城中絕糧，人相食。衆議：許軍士給糧入城轉糴。軍士既可得金帛，而城民亦可獲食糧。又因田野久荒，民間乏牛。故復議：遣官蘆溝橋，索軍中之牛。十取其一，計得牛數千，以給近縣之農民。可知軍中所掠，不唯有大量之糧食，且牛隻之衆，竟達數萬頭之巨。至於助伯顏伐宋之阿里海涯，更掠民三千八百戶，計萬餘人，悉沒入私產，夷爲奴隸。所以，抄掠之衆、劫奪之凶，於此可概見。同時爲便於抄掠，更不僅欺騙中使，設計破壞對重慶守軍之招降。且擬僞裝民變，裏迎外合，盡殺武昌大姓，俾利乘機大事搶劫。（註十一）

三、羊羔兒利：即斡脫官錢，乃蒙古諸王后妃公主，與銀胡賈，轉貸中原官民，以求利息者。其利之重，以子爲母，年息百分之百。故借銀一兩，十年本息共一千二十四兩。譬如以牸生牸，十年千頭。後之胡賈與富者，貸款與人，亦皆類比。因時當喪亂，人民之生計，本極艱困，故往往舉貸胡賈。各地官吏，因人民逃亡，地方殘破，千里蕭條，亦不惜向胡賈貨款，以應上級徵課之急。及至期，追索之急、手段之烈，束縛笞榜，無所不至。如夏以火迫，冬置冰室。天下爲之騷然，人民不勝其毒。時日稍久，雖破家散族，鬻妻女，猶不能償。而地方官吏，亦每因闔

郡貸款，委積盈百萬，多委印去。（註十二）

四、貪風熾烈：自憲宗元年，詔世祖開府金蓮川，總漠南軍國重事。即蒲輪安車，迎致天下名流宿儒。故其對中原之情勢，官吏之贓濫，頗不乏瞭解。所以，即位伊始，即詔告天下謂：「濫官污吏，夤緣侵漁，暴斂急徵。斂則務求羨餘，輸則暗加折毫。」以致濫刑虐政，使農民不得安於田野。宋子貞奉詔赴闕，亦上書陳便宜十事謂：今州縣官，擅法賦斂，民窮無告。而以一總管，僅以清廉自恃，史傳竟視若鳳毛麟角，而大事褒揚。所以，斯時吏風之貪熾，誠不難概見。（註十三）

官皆當差，而無俸給，流弊既若斯之甚。故自太宗以至世祖，如耶律楚材、劉秉忠、姚樞、許衡、史天澤、廉希憲、張德輝、商挺等，無不諫請，頒俸祿以養廉。（註十四）

後雖頒俸鈔，然據王惲至元二十年謂：其家月需食糧五釜，即三石二斗。又謂：一年所需，酌中計之，需錢一千八百貫，而「慶弔賓客差搖，又不在內。」時「斗米直（按：値）錙餘二千」，惲任官從四品，月俸九十兩，即九十貫。蓋官俸雖云若干兩，然律以鈔幣發放，並不實給白銀。故其家僅食糧一項，即月需錢七十餘貫。月俸所餘，尚不足二十貫。至全年之開支，除俸給所得一千零八貫外，尚不足七百二十貫。所以，官俸之薄，實不足以仰事俯畜。復以中書右丞相而論，日支俸鈔十四貫。至元二十年，僅可購米六斗餘，尤足概見元代官俸之薄。二十四年，又發行至元鈔，中統鈔通行如故。至元鈔一貫，當中統鈔五貫。然由「歲賜周乏軍餉，皆以中統鈔爲準」，故官俸之收入，並未增加。後大德七年，增頒內外官吏俸米。中書右丞相，一日所得增俸米五斗。所以，宰輔一日之俸，設米價不變，俸鈔俸米，合而計之，亦不過爲米一石一斗耳。倘糧價因中統鈔之貶値而波動，則尚不足此數。故元代官俸之薄，於此不難概見。（註十五）

所以，終元之世，官吏貪風甚熾。成宗大德七年，七道宣撫天下，竟罷贓污官吏一萬八千四百七十三人，追贓銀四萬五千八百六十五錠，合銀二十萬九千三百二十五兩。洎乎末造，貪濫則爲尤甚。民間曾以歌謠諷之云：「官吏黑漆皮燈籠，奉使來時添一重。」「奉使來時，驚天動地。奉使去時，烏天黑地。官吏都歡天喜地，百姓卻啼天哭地。」又謂：「丞相做假鈔，舍人做強盜。」「解賊一金并一鼓，迎官兩鼓一聲鑼。金鼓看來都一樣，強盜與官不爭多（按：差不多）。」吏風如此，國祚又安能久乎！（註十六）

註釋

註一：新元史卷一〇一「兵志、軍糧」、「兵志、站赤」。

註二：史記卷一一〇「匈奴列傳」，多桑蒙古史六十三頁，蒙古與俄羅斯九四、九九頁，元朝秘史一二七、一二八、一二九、一三〇、一三三、一三四、一三九、一四〇頁，蒙古秘書新並註釋二九五頁，黑韃事十三、十六頁。

註三：元朝秘史一四九、一五二頁，蒙古秘史新譯並註釋三六二、三六三，元史卷一〇五「別勒古台」。

註　四：元朝秘史一二九、一三〇頁，長春眞人西遊記二〇頁，蒙古游牧記二〇八頁，元史譯文證補卷一下「附太祖諸弟世系」。

註　五：多桑蒙古史一五六頁，蒙古與俄羅斯一〇二、一〇三頁。

註　六：多桑蒙古史一九五頁，蒙古與俄羅斯四、一〇二頁。

註　七：新元史卷五「太宗」、卷七七「食貨志、賜賚」、卷一〇四「后妃」、卷一〇五「哈準」、卷一〇六「朮赤」、卷一一〇「闊列堅」、卷一二〇「帶孫」、卷一二一「博爾朮」、卷一二四「朮赤台」、「畏吾兒」，元史卷九十五「食貨志歲賜」、卷一四六「耶律楚材」。

註　八：蒙古與俄羅斯九十四、九十九頁。

註　九：元史卷一五六「董文炳」。

註　十：草木子卷四「雜俎篇」，大元聖政國朝典章卷二「止貢獻」、卷三「均賦役」，元朝名臣事略卷七「太保劉文正公」，畿輔通志卷一一九「順德府、藝文、元宋子貞撰、改邢州順德府記」，元朝秘史譯文，黑韃事略箋證十、十五、十七頁，元朝史二一八頁，觀堂集林卷十六「蒙古札記」，山居新話卷四「撒和」。

註十一：黑韃事略十六頁，元史卷一五三「王檝」、「賈居貞」、卷一五四「鄭鼎」、卷一六三「李德輝」、「張雄飛」。

註十二：新元史卷七十三「食貨志、斡脫官錢」，黑韃事略十五頁，元文類卷五「中書令耶律公神道碑」，牧菴集卷二十五「磁州滏陽高氏墓道碑」，元朝名臣事略卷七「平章廉文正王」。

註十三：大元聖政國朝典章卷三「均賦役」，元史卷一五九「宋子貞」、卷一六八「陳祐」，元朝名臣事略卷七「太保劉文正公」。

註十四：新元史卷一二七「耶律楚材」、卷一三八「史天澤」、卷一五五「廉希憲」、卷一五七「劉秉忠」、「姚樞」、卷一五八「商挺」、卷一六七「張德輝」、卷一七〇「許衡」。

註十五：新元史卷七十四「食貨志、鈔法」、卷七十六「食貨志、官俸」、卷一九三「鄭介夫」，秋澗先生大全集卷四十四「僮喩」、卷四十五「儉訓」、卷八十「中堂記事」，元朝文類卷四十三「賦典總序、鈔法」，元史卷十四「世祖」。

註十六：元史卷二十一「成宗」，輟耕錄卷九「攔駕上書」，元詩紀事卷四十一「嘲廉訪司」、「嘲諸司」。

（原載民國七十六年五月，東方雜誌復刊二十卷十一期）

元代官制之特色

世祖至元六年，雖命劉秉忠、許衡等，酌古今之宜，定內外官制。以中書省總政務，樞密院掌軍旅，御史台典監察。於焉一代之制，乃燦然大備。然因融有若干蒙古之習俗，故其官制，遂有異乎歷代之特色。（註一）

一、百官以蒙古人爲長

中國歷代，即邊疆宗族，君臨中原，亦無百官皆以其族人爲之長者。然元代官制，不唯百官之長，以蒙古人爲之。即貴爲行省副貳之漢人左右丞、參知政事，對其蒙古長官之行省丞相，亦莫敢仰視，跪起稟白如小吏，不敢與之論同列之禮。故元代百官，以蒙古人爲之長，且貴盛倨傲之極，實爲其官制中，異乎歷代之一大特色。（註二）

按：自世祖中統元年，至惠宗至元二十八年，據元史宰相年表，共登用左右丞相五十九人。在氏族可考之五十三人中，計蒙古人三十人，色目人十九人，漢人二人。復考元代歷代之樞密院樞密使皆蒙人，副使，同知中，計色目人四人，漢人三人。歷代御史台之御史大夫，計色目人八

人，漢人一人。故元代百官之長，雖非悉爲蒙古人，然大體而論，仍屬如此。（註三）

二、龐大之工匠組織

蒙古人早期，百工之事，無一而有。所能者，止用白木爲鞍，鞔以羊皮，鐙亦刓木爲之。箭則銼骨爲鏃，沙柳爲桿，落鵰爲翎而已。由是特重工匠技藝，以補已之不足。故兵鋒所及，輒大事虜掠工匠。太祖征西域，克撒馬爾罕，曾掠工匠三萬人，遣送蒙古，分賞其諸子妻妾及將校。即大軍屠城，凡挾工尺者，亦得免死。故元代除歷代均設置之百工機構外，尚有龐大之工匠組織，亦其官制中之一大特色。（註四）

元代龐大之工匠機構，以其人員之多寡，職司之高低，計有諸色人匠局，管匠官，人匠提舉司，民匠長官司，以及人匠總管府，怯憐口諸色民匠總管府，怯憐口民匠都總管府，民匠打捕鷹房都總管府，打捕鷹房達魯花赤總管府，打捕鷹房民匠萬戶府，打捕鷹房諸色人匠怯憐口萬戶府，分隸太祖四大斡耳朶，皇太后、中宮、太子、諸王位下，以及兵部、工部、樞密院、將作院、昭功萬戶都總管使司、大都留守司、武備寺、長信寺、長秋寺、承徽寺等政府機構（註五）。

三、廣設達魯花赤

元代自太祖之世，即設立達魯花赤。至世祖以降，更廣置之。按達魯花赤，初期，可譯爲宣

差、欽差、特派員。後則有掌印、長官、頭目、首長之意義。（註六）

至元二年，詔以蒙古人充達魯花赤、漢人充總管，回回充同知，永爲定制。五年，詔罷女眞、契丹、漢人達魯花赤。回回、畏吾兒、唐兀人仍舊。十六年，詔罷漢人之任達魯花赤者。故達魯花赤之選任，初則蒙古人、色目人、女眞人、契丹人、漢人參用。世祖以降，詔定唯蒙古人，始能充達魯花赤。然因二十一年，詔定軍官條例，以河西、回回、畏吾兒等，依各官品，充達魯花赤，同蒙古人。故色目人，亦可任達魯花赤。（註七）

關於設有達魯花赤之機構：一、行省所屬之軍政機構。宣撫司、安撫司、招討司、諸路萬戶府、千戶所、海道運糧萬戶府、蠻夷長官司、路、州、府、縣。二、宣政院所屬之機構。萬戶府、總管府、軍民總管府、元帥府、軍民元帥府、軍民都元帥府、招討司、安撫司、以及所屬之千戶所。三、兵部、工部、宣徽院、大禧宗禋院、將作院、儲政院等，所需之工匠機構。人匠總管府、人匠都總管府、以及所屬之人匠提舉司、局。四、樞密院所轄諸親軍都指揮使司、諸衛親軍都指揮使司下之若干萬戶府、多數之千戶所、以及總管府。五、戶部所屬之印造寶鈔庫、燒鈔東西二庫。六、太醫院所屬之御藥院、行御藥局、大都上都回回御藥院。（註八）

大體而論，除帝國中央政府之中書省、六部、諸院、諸寺、諸監，及地方政府之行中書省，宣撫司，儒學提舉司，不設達魯花赤外。其他從中央至地方之各級機構，幾乎無不置達魯花赤。軍隊中之若干都指揮使司、萬戶府。以及大多數之千戶所，亦設達魯花赤。似頗有監視，以策安全之寓意。故元代之廣設達魯花赤，且爲各單位之首長，亦其官制之一大特色。

四、地方政府四級制

中國歷代之地方組織，秦漢爲郡縣兩級制，隋唐爲道、州、縣三級制，宋亦爲路、州府軍監、縣三級制。至元代始爲省、路、州府、縣四級制，開明清代，省、府、州、縣四級制之先河。故元代地方組織之四級，亦其官制特色。（註九）

五、元代給事宮廷帝王左右者非宦官

自太祖選貴臣子弟，給事內廷。舉凡冠服，弓矢、飲食、文史、車馬、廬帳、府庫、醫藥、卜祝之事，皆各以其職典之。命四大功臣，世爲之長，號曰怯薛。故自茲以降，天子前後左右，居宮禁，掌環衛，皆世家大臣，及其子孫。故元代以功臣子弟，給事內廷而非宦官，亦元代官制之一大特色。（註十）

按：有元一代，給事內廷者，雖非絕無宦寺。然漠北四朝，固一無此輩。世祖以降，雖漸有之，然亦爲數極少，不過數人而已。洎乎元代晚年，始漸增加。順帝之世，曾多至不下千人。然經御史台之諫請，乃大加裁減。故大體言之，終元一代，給事內廷者，皆功臣子弟。宦者雖嘗有之，然既未取代「怯薛」之職，亦無足輕重，則洵非虛妄。

六、設蒙古國子監、回回國子監

元代設蒙古國子監、回回國子監，此亦其官制特色之一。蓋中國歷代，雖設國子監，然並無爲某族所設之國子監。即邊疆宗族，君臨中原之各代，亦復如此。僅於國子監之官員中，以若干員，由該族人員充任，兼主有關該族之相關事務。以金代而論，置國子監，國子學太學隸焉。祭酒一員、司業一員、丞二員。明昌二年，增一員，兼提控女眞學。遼代官制雖爲二元制，分南北兩院。以國制治契丹，以漢制待漢人。故其翰林院，有（契丹）大林牙院，（漢人）翰林院之分。然其國子監，並無契丹女眞漢人之分。按蒙古國子學，教以蒙古文字。回回國子學，教以亦思替非文字。皆選蒙古、色目、漢人之優秀子弟，依一定之比例入學。（註十一）

七、宗教官署、位高望隆

據元史釋老傳，元史紀事本末「佛教之崇」，以及張養浩所謂：「國家經費，三分爲率僧居二焉。」宋本等所奏：「三公之職，濫假僧人。」黃冠之流，「亦秩開府、特進、俱正一品，與王爵同。」可知蒙古帝王，對僧道崇信之篤，尊崇之隆。雖歷代君王，不乏篤奉佛道者。然若元代，設置位高望重之佛道機構，以掌理宗教，營繕寺觀，則未之有也。故此亦元代官制之一大特色。（註十二）

元代所置僧道機構，計有集賢院，凡國子監，玄門道教，陰陽占卜祭遁之事，悉掌之。置院使一員，正二品，大學士二員，從二品。宣政院，秩一品，掌釋教僧徒，以及吐蕃之境。大禧宗禋院，秩從一品，領神御殿，朔望歲時，諱忌日辰，禋享禮典。轄隆興總管府，崇祥總管府，隆祥使司，壽福總管府，會福總管府，俱正三品。此四總管府一使司，又各有若干營繕都司，營司，田地租賦提舉司，提領所，以及財用庫、所隸焉。復置崇福司，秩二品，掌領馬兒哈昔班也里可溫十字寺祭享。延祐間，嘗改爲院，省併天下也里可溫掌教司七十二所。（註十三）

按元代中書左右丞相，正一品，平章政事，從一品，左右丞，正二品，參知政事，從二品，六部尚書，正三品。故元代僧道宮署，地位之隆，品級之高，可以概見。復以兩漢唐宋盛世而論，漢設奉常，掌宗廟禮儀，太祝等六丞隸焉，太祝後更曰廟祀。東漢置太祝令一人，六百石，掌祝小神祀。祠祀令一人，六百石，典中小神祀。北齊置崇虛，爲太常屬官，掌道士薄帳等事。唐置祠部郎中、員外郎各一人，掌祠祀享祭，僧尼之事，隸禮部。崇玄署，令一人，正八品下，丞一人，正九品下，掌京都諸觀名數，與道士帳籍、齋醮之事。天下觀一千六百八十七，道士七百七十六，女官九百八十八，寺五千三百五十八，僧七萬五千五百二十四，尼五萬五百七十六。宋置鴻臚寺，卿、少卿、丞、主簿各一人。掌四夷朝貢，中都祠廟，道釋籍帳除附禁令。其官屬十二。三者，掌僧道宮觀之事。中太一宮、建隆寺等，各置提點所，掌殿宇齋宮，器用儀物，陳設錢幣之事。在京寺務司及提點所，掌諸寺修葺之事。左右街僧錄司，掌寺院僧尼帳籍及僧官補授之事。故兩漢唐宋，所設宗教官署，其地位品級，實去元代遠甚。至於其他諸代，其宗教設官待考。蓋南史、梁書、陳書、北史、周書、無百官志，晉書、宋書、南齊書、魏書、遼史、金史，雖有百官志，而不載其宗教官署。（註十四）

八、諸路置陰陽教授

我國教育，兩漢唐宋為盛。西漢設太學，東漢除太學，又設鴻門都學，四姓小侯學。兩晉置太學國子學。劉宋設儒學，史學，文學，玄學，又稱玄素學。玄學，研習佛道之學。南齊亦嘗設聰明觀，置玄學、史學、儒學、文學四科。魏設太學，國子學，四門小學。北周，太學之外，又有通道觀學，研習「聖哲微言，先賢典訓，金科玉篆，秘蹟玄文」，並「一以貫之」。唐置學十一種，計國子學，太學，四門學，書學、算學、律學、均隸國子監。又有醫學，小學，崇文館，弘文館，崇玄館。崇玄學，研習老子、莊子、列子、文子。宋置十五學，計太學，辟雍，四門學，廣文館，律學、算學，書學，醫學，武學，畫學，小學，內小學，宗學，諸王宮學，以及道學。道學，以黃帝內經，道德經為大經，莊子、列子為小經，類唐代之崇玄學。故北周之通道觀學，劉宋南齊之玄學，唐代之崇玄學，趙宋之道學，均非研習陰陽學之天文、曆律、占候、六壬、遁甲、擇日、星卜。故元代諸路置陰陽教授，不僅為其官制之特色，亦開明清兩代，地方教育，設陰陽教學之先河。蓋明代，州置正術，府置典術，縣置訓術，掌天文星卜之教。至於金代，雖有陰陽學之教育，然其制，凡司天台學生，女眞二十人，漢人五十人。聽官民年十五以上，三十以下試補。又三年一次，選草澤人試補。以宣明曆試推步，及婚書地理新書，試合婚安葬，幷易筮法六壬五星之術。故金代學在京師，又與元代諸路普設陰陽教授者，不盡相同。（註十五）

註釋

註一：元史卷八十五「百官志」，王忠文公集卷十一「擬元史許衡傳」。

註二：元史卷八十五「百官志」，二十二史劄記卷三十「元制百官皆以爲蒙古人爲之長」，道園學古錄卷二十「翰林學士承旨公董公行狀」。

註三：東方雜誌復刊二十三卷十一期「有關元史八事記要」，元代蒙漢色目待遇考二十八、四十一頁，拙著大陸雜誌三十五卷七期「試擬元史張易傳略」。

註四：黑韃事略二十頁，蒙韃備錄「軍裝器械」，多桑蒙古史一〇七頁、修先生文集卷四「武遂揚翁遺事」，大陸雜誌史學叢書第一輯「元明史研究論集、元代百官志的工匠組織」。

註五：元史卷八十五、八十六、八十八、八十九、九十「百官志」。

註六：姚從吾先生全集「舊元史中達魯花赤初期之本義爲宣差說」，蒙古史論叢「說舊元史的達魯花赤」，二十二史劄記卷二十九「蒙古官名」，元代蒙漢色目待遇考五十頁。

註　七：元史卷六、十、十三「世祖」，元代蒙漢色目待遇考「達魯花赤」。

註　八：元史卷八十五、八十六、八十七、八十八、八十九、九十「百官志」。

註　九：中國政治制度史「過去我國地方行政制度之演變」，元史卷九十一「百官志」。

註　十：元史卷九十九「兵志、宿衛」、卷二〇四「宦者」、卷三十八「順帝」。

註十一：元史卷二十五「仁宗、延祐元年」、卷八十七「百官志、翰林兼國史院、蒙古翰林院、集賢院」，金史卷五十五、五十六、「百官志、國子監」，遼史卷四十五「百官志、北面大林牙院」、卷四七「百官志、南面翰林院」，魏書卷一一二「官氏志」，隋書卷二十六、二十七、二十八「百官志」，新唐書卷四十六「百官志」，宋史卷一六五「職官志」。

註十二：元史卷九十一「百官志、爵八等、文散官四十二」、卷二〇二「釋老」，元史紀事本末卷十八「佛教之崇」，續資治通鑑卷一九七「至三年」、卷二〇二「泰定元年」。

註十三：元史卷八十七「百官志：集賢院、宣政院、大禧宗禋院」、卷八十九「百官志：崇福司」。

註十四：漢書卷十九「百官公卿表上，奉常」，後漢書卷三十五「百官志、太祝令」、卷三十六「百官志、祀廟令」，隋書卷二十七「百官中、太常」，新唐書卷四十六「百官志、禮部、祠祀郎中」、卷四十八「百官志、太常、太祝」，宋史卷一六五「職官志、鴻臚寺」，晉書卷二十四「職官志」，宋書卷三十九「百官志」，南齊書卷十六「百官志」，魏書卷一一三「官氏志」，遼史卷四十七「百官志」，金史卷五十五「百官志」。

註十五：漢書卷六「武帝、元朔五年」、卷八十八「儒林」，後漢書卷一「光武帝」、卷二「明帝、永平九年」、卷九十六「蔡邕」，晉書卷十四「禮志」，宋書卷三十九「百官志、國子祭酒」，南齊書卷十六「百官、聰明觀」，南史卷二「宋本紀中第二、太祖文皇帝、十六年」，魏書卷一一三「官氏志、國子祭酒、太學祭酒」，北史卷八十一「儒林」，周書卷五「武帝、建德三年」，新唐書卷四十四「選舉志」，宋史卷一五七「選舉志、學校試、律學試附」，元史卷九十一「百官志、諸路總管府」，明史卷七十五「選舉志、陰陽學」，金史卷五十一「選舉志」。

（原載民國八十年六月，中國邊政第一一四期）

從元朝秘史論十三世紀蒙人之文學

元朝秘史，最大之特徵，是以詩文合璧之方式，撰寫而成。旣爲史學著作，亦爲文學作品。不僅具有高度之史學價值，且爲一部寫作技巧頗臻上乘，十三世紀蒙人之鄉土文學。舉凡詩歌散文、議論抒情、比擬排比、誇張含蓄、對稱暗示，以及諺語俚詞，均能雜出而優爲之。論者以爲「其文俚鄙，未經詞人譯潤」，並不可取。至姚從吾先生所謂：「元朝秘史一書，敘事技術高明，値得重視。」確爲極具隻眼，眞知灼見之論。（註一）

一、描述生動

成吉思汗十四年，將征西域，夫人也遂謂：上遠征萬里，設有不諱，諸子中，何人爲嗣？乞昭示天下。成吉思汗因問拙赤：爾爲長子，汝意如何？拙赤未及對，察合台說：「父親問拙赤，莫不要委付他？他是篾兒乞種帶來的，俺如何教（按：叫）他管！纔說罷，拙赤起身將察阿歹衣領揪住說：父親不曾分揀，你敢如此說！你除剛硬，再有何技能？我與你賽射遠，你若勝我，便將我大指剁去。我與你賽相摶，你若勝我時，倒了處，再不起。說了，兄弟各將衣領揪著。孛斡兒出、木合里二人勸解，太祖默坐……。」不僅將拙赤之忿慨已極、鬚眉俱張、兄弟相搏、氣勢洶洶之景象，刻劃得淋漓盡致，躍然紙上；且「太祖默坐」，尤爲神來之筆。蓋成吉思汗，既不能責備拙赤，亦無法痛斥察合台，一番無柰，傳神已極。（註二）

再如「合赤兀的子，名巴魯剌台，因他生得身子大，吃茶飯猛的上頭，就做了巴魯剌思姓氏。合出剌的子，也吃茶飯猛，喚做大巴魯剌、小巴魯剌……。合蘭台的兒子，爭粥飯，無上下，因此做了不答安愓姓氏。合赤溫的兒子，名阿答兒乞歹，兄弟中間好（做）間諜，就做了阿答兒斤姓氏。」將篾年土敦諸孫，一群毛頭小子，猛吃猛搶，四處亂竄之局面，描繪得靈活躍動，盡現目前。（註三）

二、善用諺語

元朝秘史，運用諺語之處頗多，計「除影子外無伴當，除尾子外無鞭子。」用四次。「五個手指甲磨掉，十個手指頭磨斷。」用兩次。「包在青草裏牛不吃的，包在脂肪裏狗不吃的。」「雀兒被龐多兒趕入草呵，叢草也能救性命。」各用一次。此外，「深水已乾，明石已碎。」「人多則人懼，水深則人死。」亦可能皆屬斯時之諺語。茲舉二例，以概見其運用之妙。（註四）

成吉思汗幼年，與其異母弟別克帖兒、別勒古台不和，且時起爭執。其母訶額侖曾誡之謂：「譬諭說道，除影兒外無伴當，除尾子外無鞭子。咱每（按：們）受泰亦赤兀愓兄弟每的苦，報不得時，如何恰似在前阿蘭孃孃（按：阿蘭豁阿）的五個孩兒般不和順！您每休那般做。」再如俺巴孩汗，因送女，爲塔塔兒人所執，曾告誡其部衆謂：「我身爲萬民的可汗，國家的主人，（竟因）親身去送自己女兒，以致被塔塔兒擒拿，要以我爲戒。你每就是把五個手指甲磨掉，十個手指頭磨斷，也要盡力報我的仇。」一經運用，如畫龍點睛，無不鮮動耀目，意旨畢現。較之形單影隻，孤立無援；以及雖歷盡艱辛，必報斯仇，顯然生動活潑，遠出其上。（註五）

三、嫻於誇張

誇張是詩文中，慣用之方法。旨在聳人耳目，扣人心弦。如訶額侖新婚返家，即被也速該兄弟所虜，「就大聲哭起來，把斡難河（水），都震起波瀾。把山谷森林，都震出回音。」再如俺巴孩既爲塔塔兒人所執，治命以忽圖剌爲汗。故部衆於豁兒豁納川，召開選汗大會，立忽圖剌爲汗。大筵慶祝之時，部衆歡欣跳躍，竟「將地踏成深溝了」。一謂哭聲，震動山林。一稱歡跳，踏地成溝，無不生氣橫溢，趣味盎然。（註六）

至若成吉思汗征乃蠻，太陽汗遙見一將，問札木合：此人爲誰？札木合謂：「是訶額侖母的一個兒子，用人肉養來，身有三度（按：伸手爲度，約六尺），吃三歲頭口，披三層鐵甲，三個強牛拽著來也。他將帶弓箭的人全嚥呵，不礙喉嚨。呑一個活人，不句（按：夠）點心。怒時，將昂忽阿的箭，隔山射呵，十人二十人穿透。人若與他相鬥時，隔著空野，用客亦木兒名的箭射呵，將人連甲穿透。大拽弓射九百步，小拽弓射五百步。生得不似常人，如大蟒一般，名字喚做拙赤合撒兒。」更令人對合撒兒之雄偉勇力，歷歷在目，心爲之震，神爲之奪。（註七）

四、精於比擬

詩文中，以物擬人者，比比皆是。元朝秘史之作者，亦精於此道。如成吉思汗大封功臣，曾獎譽忽必來謂：「你將剛硬不服的人服了，你與者勒蔑、者別、速別額台四個，如猛狗一般，凡教去處，將堅石撞碎，崖子衝破，深水橫斷。所以廝殺時，教你四人做先鋒。」又對孛斡兒出、木合黎等說：「這忽難，夜間做雄狼，日裏做黑老鴉，依著我行，不曾肯隨歹人。」既以猛狗雄狼，擬其名將。復以崖可破，水可斷，狀其四先鋒，無堅不摧之驍勇。靈活生動，饒富情趣。（註八）

再如也速該爲塔塔兒人所毒，因而致死。兼以俺巴孩遺孀之煽動，終致部衆叛離。雖老人察剌台，曾對脫朶延吉兒帖等，力加勸阻。然彼等謂：「深水乾了，明石碎了。」嚴詞拒絕，率衆離去。作者以水既乾，石已碎，一切解體，前途無「亮」，比擬斯時也速該之家族，誠乃妙筆生花，極見巧思。（註九）

五、長於詩歌、諳於音律

札奇斯欽先生之蒙古秘史新譯並註釋，曾據原文，譯有詩歌二十餘首，如：

「你們兩個，在我除了影子，
沒有別的伴當的時候，
來做影子，
使我安心！
你們要（永遠）記在我的心裏。
在（我）除了尾巴，
沒有別的鞭子的時候，
來做尾巴，
使我安心！
你們要（永遠）記在我的心裏。」

再如：

「我們翁吉剌惕人自古就是：
外甥們相貌堂堂，

女兒們姿色嬌麗。
我們不與別人爭國土，
但叫那臉兒艷美的女兒們，
坐在你們可汗人家的高輪車裡，
駕上黑色的駱駝顛顛的跑著去，
一同坐在可敦的坐位裡。
我們不與別人爭百姓，
但叫容顏美麗的女兒們，
坐在（你們可汗人家）有沿的（蓬）車裡，
駕上青色的雄駝嫁送出去，
並肩的坐在高位相連的席次裡。
我們翁吉剌惕人（自古）就是：
夫人都有圍屏，
女兒們都有侍者，
外甥們相貌堂堂，
女兒們姿色嬌麗。」

意境既婉麗幽美，結構、形式亦頗上乘。雖不押韻，然原文必協音律。所以，元朝秘史之作者，確係一位詩歌能手，兼嫻音律之鄉土文學家。（註十）

六、優於對稱

詩詞歌賦，乃至文章，均講求對稱。元朝秘史之若干文句，亦多如此。如「每天清晨要祭祀，每日白晝要祝禱。」「深水已乾，明石已碎。」「野外的事，只野外斷。家裡的事，只家裡斷。」「你險些將我斷送的煙消火滅」以及「提醒已經忘記的，喚醒已經睡著的。做他隨時呼喚的伴當，當他棗騮馬的鞭子。」等等，詞富變化，語句靈活，且簡潔洗鍊，有對稱之美。（註十一）

七、工於排比

排比，既可突出主題，且能強化語氣，具有使文氣轉爲壯盛之效。如成吉思汗曾造鐵甲車一輛，命速別額台率衆追擊在逃之脫里脫阿之子忽都之殘部。且勉之曰：「有翅飛上天呵，你做海青拿下來。如鼠鑽入地呵，你做鐵鍬掘出來。如魚走入海呵，你做網撈出來……。我欲教（按：叫）你追至極處……，天必護助你。」讀之，對成吉思汗決心之堅定，語氣之豪壯，有江河一瀉千里之勢，令人生無可抗拒之感（註十二）。

再如成吉思汗幼年，曾因與其異母弟，時起爭執，射殺別克帖兒。其母訶額侖斥之曰：「你們如吃胞衣的狗般，又如衝崖的猛獸般，又如忍不得怒氣的獅子般，又如活吞物的蟒蛇般，又如影兒上衝的海青般，又如噤聲吞物的大魚般，又如咬自羔兒後跟的風駝般，又如靠風雪害物的狼般，又如趕不動兒子將兒子吃了的鴛鴦般，又如護巢的豺狼般，又如不疑貳（註：專心也）拏物的虎般，又如妄衝物的禽獸般。」將其諸子之個性行動，描繪得突出自然，如景如畫，宛在目前。（註十三）

八、活用俚語

史記留侯世家，曾載高祖罵酈食其謂：「豎儒幾壞爾公事」意即「幾壞你老子大事」，言語粗野，確合劉邦口吻。讀之，靈活躍動，斯情斯景，狀溢目前。所以，俚語雖難登大雅，然偶一運用，輒能使文章大爲生色，妙趣天成。如拔都西征，大勝之餘，筵享慶功。因拔都於太祖諸孫中，年紀最長，且兼大軍統帥，故先行飲酒。察合台之子不里，破口大罵：「巴禿與我一般，如何先飲？他是有髯的婦人（按：語涉太宗生母），我腳後跟推倒踏他。」定宗古余克亦罵之爲：「他是帶弓箭的婦人，胸前教柴打他。」及拔都奏請太宗裁處，太宗大怒，痛斥不里，定宗謂：「這下賤東西，受誰挑唆，（竟敢）滿口對兄長胡說，還不過（是個）臭蛋。」舊譯：「敢將哥哥毀罵，捨了你，如棄一鳥卵。」讀之，精彩生動，活靈活現，與史記「幾壞爾公事」，大有異

曲同工之妙。（註十四）

九、卓於隱喻、暗示

詩文中，爲使文句曲折變化，語意雖隱若彰。隱喻暗示，爲常用之法。如阿蘭豁阿，夫死，又生三子。爲使五子和協相處，召令諸子列坐，「每人與一隻箭簳，教折折，各人都折折了。再將五隻箭簳束在一起，教折折呵，都折不折。」因誡諸子謂：「您五個兒子，都是我一個肚皮裡生的。如恰纔五隻箭簳一般，各自一隻呵，任誰容易折折。您兄弟但同心呵，便如五隻箭簳，束在一起，他人如何容易折得折！」（註十五）

再如成吉思汗征乃蠻，曾下令：「人各燒五處火」，以爲疑兵。太陽汗因敵軍，「燒的火紅如星般，其人必衆。」故遣人告其子曰：「今若連兵，後必難解。」於是，其子古出魯克說：「我父太陽，於孕婦更衣處，牛犢吃草處，都不曾到，如今怕了。」（註十六）

一則暗示其兄弟，團結之重要，務必和睦相處，凡事同心協力。一則隱喻太陽汗之毫無歷練，膽小怯戰。以彼喻此，情趣盎然。遠非平鋪直斜，開門見山者，所能望其項背。

十、巧於含蓄

文學上，對於若干無法直陳、白描之人與事，每避開正面，以含蓄之手法處理。雖詞婉意隱，然弦外之音，輒能溢於筆外，令人心領神會。如答亦兒兀孫，曾以女忽蘭，獻成吉思汗。中途遇兵，得納牙阿之助，止留數日。及入見，成吉思汗大怒，疑其與納牙阿有染。忽蘭自陳說：「若皇帝恩賜呵，天命父母生得皮膚全有，問我皮膚便了。」語意含蓄，事態立解。設非如此，則是何景象，誠不難想像。然典籍所載，又豈堪一無忌諱，直書其始末焉！（註十七）

又如阿蘭豁阿，寡婦生子，其子私議，因告其子謂：「您不知道，每夜有黃白色人，自天窗門額處入來，將我肚皮摩挲。他的光明透入肚裏去時節，隨日月的光，恰似黃狗般爬出去了，您休造次說。這般看來，顯是天的兒子，不可比做凡人。」既隱其寡婦生子，而又不棄其史實。處理之妙，堪稱上乘。所以，元朝秘史作者，對含蓄一法，亦能優爲。（註十八）

結論

總之，撰於西元一二四〇年之元朝秘史，乃一部頗爲上乘之鄉土文學。本文之作，旨在抛磚引玉。設文學界，亦能若研究水滸、三國演義然，必能使其在文學上之價值，更爲顯著。

此外，元朝秘史，雖爲十三世紀蒙人之鄉土文學。然因用華北方言譯出，故對地方方言之研究，亦有參考價值。如「祭祀有來」、「吃茶飯猛的上頭」、「那婦女生得有顏色」、「俺巴孩皇帝死了麼道」、「斡難河的溜道裏」、「任誰行休對他說」、「這般打發教去了」、「爽利後生」、「我與他廝射」、「我與你做伴」、「與你做伴濟甚事」、「一邊廂哭」、「好生喜歡」、「將王罕言語說將去了」、「救將來的緣故」、「配了歹人」等等中之「有來」、「的上頭」、「顏色」、「麼道」、「溜道」、「任誰」、「打發」、「後生」、「廝（打）射」、「做伴」、「濟事」、「一邊廂」、「好生」、「言語」、「將去」、「配了」。四五十年前，華北民間，尚多流行。（註十九）

註釋

註 一：蒙古秘史新譯並註釋「自序」、「代序」，元朝秘史「新序」。

註 二：元秘史一六四、一六五頁。

註 三：元朝秘史十四頁。

註 四：蒙古秘史新譯並註釋八十、八十一、八十四、一五〇、四十九、四三八、七十五頁，元朝秘史二十五、三十一、一八一頁。

註 五：元朝秘史二十六、二十七頁，蒙古秘史新譯並註釋四十九頁。

註 六：蒙古秘史新譯並註釋五十三頁，元朝秘史十九頁。

註 七：元朝秘史一一七、一一八頁。

註 八：元朝秘史一三三、一三四頁。

註 九：元朝秘史二十三、二十四、二十五頁。

註　十：蒙古秘史新譯並註釋一五〇、六十三頁。

註十一：蒙古秘史新譯並註釋一〇九、七十四、三九三頁，元秘史一八〇、三十一頁。

註十二：元朝秘史一二三頁、一二四頁。

註十三：元朝秘史二十六、二十七、二十八頁。

註十四：史記卷五十五，元朝秘史一七九、一八〇頁，蒙古秘史新譯並註釋四三八頁。

註十五：元朝秘史七、八頁。

註十六：元朝秘史一一四、一一五頁。

註十七：元朝秘史一二〇頁。

註十八：元朝秘史七、八頁。

註十九：元朝秘史十二、十四、十八、二十四、三十、三十二、三十四、三十五、三十六、四十四、四十八、四十九頁。

（原載民國七十五年三月，中國邊政九十三期）

蒙古之軍事制度及其特色

成吉思汗雖起自漠北，渾然無文，然由於其樸朴之質，豁達之才，終致風範縱橫，四征不庭，成為不世之雄主。然其所以有如此輝煌的成就，蒙古卓越的軍事組織，實供獻厥偉。所以美史學家喬治沃爾納德斯基教授曾謂：「一個人口不過百萬之國家，何以能征服其他國家將近一億之人民？有謂蒙古戰士受戰利品之誘惑使然；但此與其他游牧民族之戰爭動機並無二致。在促使蒙古成功的諸多原因中，其敵方之無準備與不統一，以及對蒙古之缺乏瞭解，實為其主要原因之一。其他因素則為成吉思汗在軍事組織上之成就。」又謂：「歐洲人第一個將蒙古軍事作扼要性之介紹者，是傳教士迦比尼。……近來卻成了許多戰略戰術家研究的對象，不少軍事學者予以推崇。第一次世界大戰之後，更引起人們的注意。」法名史家多桑教授更謂：「夫以少數環重甲之騎士，及無數半裸露之鄉民，不知戰術，不知服從，統帥不能一致，持此軍隊以抗久經戰陣，習知戰術之蒙古輕騎，故每戰必敗。蒙古兵……視持矛劍林立以戰之勇士，如無物也！」尤描繪出蒙古軍所以能所向披靡的原因。試想以如此傑出的軍隊組織，非凡的戰鬥意志，與名史家吉朋評之為「如幼稚蠻人」的「基督教諸國」戰，無怪乎皆立趨土崩瓦解，驚為「上帝之鞭」！

時代的變遷，已使歷史絕不會重活。當然中古蒙古式的軍事制度，似無用於今日。然而「溫故而知新」，古史尤可以啓發新的創始。故而筆者援就中外史籍所載，略論蒙古的軍事制度及其特色如後：

一、兵役

據元史兵誌載：「其法，家有男子十五以上，七十以下，無衆寡，盡簽爲兵。」黑韃事略亦謂：「其軍即以民之年十五以上者充之。」所以，蒙古的兵役制度，是行全國皆兵的徵兵制。且規定民年十五而起役，滿七十始免役，服役的期限，長得驚人。同時又爲動員靈活起見，更設立「萬戶」、「千戶」、「百戶」及「牌頭」等四級軍區，且各級軍區，除十戶的「牌頭」外，皆常設指揮部，以作動員的中心。是以每一軍區指揮部的所在地，也就是該地區軍事、行政、動員的中心。復據美史家喬治沃爾納德斯基教授謂：「每一千戶，或千人軍團防區之人民，必須與能出一千名戰士，二至五千匹馬的條件相符。」故而，每一軍區，即每一數字單位，除規定徵集同數的戰士，即「萬戶」徵集萬人，組成萬人軍團，餘以類推，與二至五倍的馬匹外，尚需負責全軍區組成的萬人、千人軍團，及百人、十人戰鬥單位的全部裝備。至於各軍團組成後，平時以各該軍區爲防區，戰時則由軍區指揮官統率，以參加戰鬥。唯各軍區的士兵，並非長期動員，僅在一旦有事之秋，據新元史兵誌謂：始行「每一牌子簽徵一名，……仍定千百戶牌子頭。」以統之從征。此外，又爲動員迅速確實，避免逃役潛匿計，據元史兵誌載：「其隱匿不實，及知情不首，並隱藏逃役軍人者，皆處死。」故而，蒙古的動員，旣迅速，又確實！

各軍區的區分，由於成吉思汗深知「上陣還是父子兵」，故而，率按氏族，或數個關係密切的氏族，分別組成。是以，凡百夫長所統率的戰士，悉爲同氏族的青年，千夫長所統率的戰士，或爲同氏族的青年，或爲血緣密切的數個部落的聯合。僅至萬人軍團時，其組成的成員，始包括社會上各種不同的複雜關係。所以每當作戰時，由相互的親誼情深，救護支援之力，極爲驚人。而當戰況激烈時，親誼的戰死，敵仇同愾的戰志，尤因而倍增。蒙古軍戰力之所以可怖，實導因於此。

各軍區的居民，據元史兵誌載：「或以富分爲甲乙，戶出一人曰獨戶軍，合二三而出一人，則爲正軍戶，餘爲貼軍戶。」故而，各軍區居民的戶數，並非絕對符合該軍區的萬、千、百、十數字。即「萬戶」軍區，並非絕對僅有萬戶居民。「千戶」軍區，亦非絕對僅有千戶居民，餘皆類推。大體言之，蒙古初期，每「千戶」軍區的居民，多爲二至四千戶。其他數字軍區，亦如之。

總之，動員靈活，精誠團結，以及氏族軍區制，爲蒙古兵役制的特色與優點。

二、訓練

蒙古對於戰技的訓練，特別注意，且尤能持之以久。據蒙韃備錄謂：「韃人生長鞍馬間，人自習戰。」黑韃爭略又謂：「其騎射，則孩提時，繩束以板，絡之馬上，隨母出入。三歲，以索維之鞍，俾手有所執，從衆馳騁。四五歲，則挾小弓短矢。及其長也，四時業田獵。」故而「其奔馳也，跂立而不坐……。疾如飆至，勁如山壓；左旋右折如飛翼，故能左顧而射右，不特抹鞦而已」。「其步射，則八字立腳，步闊而腰蹲，故能有力而穿札。」使人人皆擁有極卓越的騎射戰技，且能久騎不疲。所以，喬治沃爾納德斯基教授曾讚之謂：「上天賦給他們非凡的忍耐力，他們可終日在馬背上，連數日行走，而僅用極少數的食物。」又爲使其戰士，熱諳戰術戰略的運用，以及大部隊的作戰，更有圍獵的訓練。據阿布法刺只謂：「蒙古人不作戰時，就以全副精神行獵。他們教育子嗣，如何狩獵野獸，訓練他們如何與牠們搏鬥，養成體力和忍苦耐苦的能力。使他們養成可能遇見如那些不肯放過他們的猛獸一般的敵人時，得應付自如。」朮外尼亦謂：「凡從事戰鬥者，必先訓練使用武器，他必須熟於圍獵。……如何遵守秩序，如何以人數之多寡包圍野獸。包圍開始之先，必須派斥候偵察消息，……使軍隊精於此道，其目的……在訓練戰士，增強體力，熟於射術。」喬治沃爾納德斯基更謂：「圍獵就是作戰演習。」「獵者按戰時編制，……於數千方英里面積中，構成包圍的大圍。」「成吉思汗以它作軍事訓練的基礎，而定爲國家的一種制度。」故而，每一戰士，不唯皆深諳戰術戰略與大部隊的作戰，且養成蒙古將領有關大迂迴、大包圍等，傑出的戰略運用。兼以蒙人生存於風沙苦寒的草原，自然環境的陶冶，使之對季節、風候的轉變，水源、植物的瞭解，均有極深的知識。故而多桑曾讚之謂：「嗅覺、聽覺、視覺並極銳敏，與野獸同能。」而喬治沃爾納德斯基所謂：「每一蒙古人，……都是天生的斥候兵，……眼光的銳利，對地形的辨識及記憶，均發達到最高程度。」以及哈利達班所謂：「一個蒙古人，……能在四英里外，看出一個將在樹叢或山岩之後躲避的人。」尤大有助於他們的作戰計劃與執行。

蒙古對馬匹的訓練，亦極重視。以致其軍隊機動力的強勁，極爲驚人。據蒙韃備錄謂：「其馬初生一二年，即於草地苦騎而教之，卻養三年，而後再乘騎。故教其初，是以不蹄齧也。千百成群，寂無嘶鳴，下馬不用控繫，亦不走逸。性甚良善，日間未嘗蒭秣，惟至夜方始牧放之。」黑韃事略亦謂：「自春初罷兵後，凡出戰好馬，並恣其水草，不令騎動，直至西風將至，則取而控之，繫於帳房左右，啖以些少水草，經月後，臕落而實，騎之數百里，自然無汗，故可以耐遠而出戰。喬治沃爾納德斯基更謂：「可以走極遠的路，僅需暫短的休止，且能以路上所遇到之堅草硬葉充饑。」於淺雪中，「鉋雪而食」。

此外，蒙古對遵守次序，行動速迅，以及絕對服的訓練，以極重視。據朮外尼謂：圍獵的目的，故在訓練戰士以增強體力，嫻習戰技，而「如何遵守秩序」，亦爲訓練主旨之一。復據多桑謂：「獵者應注意其行列，怠者受杖。」故而每一蒙古戰士與部隊，均能嚴格的遵守秩序及戰鬥秩列。加以成吉思汗曾嚴令其將校，須經常使其士卒有所準備，俾一奉命令，即能立刻登騎戰鬥。是以，行動的狡捷，亦極驚人。而多桑所謂：「成吉思汗對於將校之有過者，只須遣派一最微賤之臣民，已足懲之。此將雖在極遠之地，統兵十萬，亦應遵守使者所傳之命。若爲受杖，則應伏地。若爲死刑，則應授其首。」尤爲蒙古軍絕對服從的最佳描述。

試想歐洲諸國，以其無組織，無訓練，不知服從，不知戰術的半裸兵卒，以抗擁有如此卓越戰技，熟知戰術，久戎戰陣，訓練有素的蒙古精騎，無怪其不旋踵即土崩瓦解。所以，使其戰士擁有服從精神，傑出戰技，強勁機動力，以及嫻諳戰術戰略與大兵團的運用，爲蒙古訓練的四大特色。馬克維利所謂：「確保戰爭勝利的不是黃金，而是優秀的士兵。」蒙古確已棋先一著，早即得之矣！

三、編制

據黑韃事略載：「其民戶體統，十人謂之排子頭。自十而百、百而千、千而萬、各有長。」元史兵誌亦謂：「十人爲一牌，設牌頭」，十夫長也。「長萬夫者爲萬戶，千夫者爲千戶，百夫者爲百戶。」故而，「十」進位與「十」、「百」、「千」、「萬」四級，爲其編制的特點。而上級統帥率皆兼任次一級的統帥，即萬夫長，兼其所屬十千夫長之一，餘皆類推，亦爲其編制的另一特色。此外，各軍團的單位首長，不唯皆按其階級授予標幟，以壯軍容。同時尙配萬夫長，即萬人軍團長，以獅頭金牌，千夫長以平面金牌，百夫長以銀牌，以代表其權威，並以此下達命令。至於各級統帥的任命，除十夫長、百夫長，由其所屬的千夫長、萬夫長指派外，所有千夫長、萬夫長一類的大兵團指揮官，皆由大汗本人任命。而各斡兒朶，即各宗王的宮庭衛隊，在該宗王非軍官時，亦由大汗指令其本人派往為宗王顧問的軍官統率之。關於各軍團指揮官人員的考選，是用人唯才，絕對不受其社會背景的任何限制，亦不得世襲。成吉思汗曾對選派職務的原則謂：「其善將十人者，堪以十人委之。第若十人長，不知馭其小隊，我則並其妻子一同處死，在十人中別選一人而代之。」又謂：「智勇兼備者，使之典兵。活潑驍捷者，使之看守輜重。愚鈍之人，則付之一鞭，使之看守牲畜。」故而，蒙軍的統帥，在如此責任心的驅使與大公而又卓越的選拔下，咸皆極為優秀，而又稱職。加以逃亡或戰時不戰而肆掠者，皆處死刑，以及嚴禁各級將校，收錄他隊逃亡的士兵，尤使上下的關係，益形鞏固，戰場的軍紀，至為嚴整。當然戰力的極為可怖，自乃必然的結果！

「怯薛制」即親衛軍的組織，亦為蒙古軍制的一大特點。據元秘史等載，其制始於一一八九年，初僅八人。一二〇四年擴充為一千一百五十人，計客卜帖兀勒即宿衛八十人，土兒合兀惕即散班七十人，豁兒赤即弓箭侍衛一千人。一二〇六年再擴大為一萬人，計宿衛一千人，散班八千人，帶弓侍衛一千人，皆分四班輪值護衛。復據元秘史謂：其人選，「於千百戶並白身人內子弟，有技能身材好者充之。」其任務，「平時則做護衛」，「散班」，「如廝殺則教在前」，「出征時，教前面做勇士。」其殊遇，「我（按：成吉思汗）的護衛散班，在在外千戶的上。護衛散班的家人，在在外百戶牌子的上。」「我不出征，宿衛的亦不許出征。」加以親衛軍的各級統帥，如怯薛長木華黎等四人，以及千夫長也孫帖額等十四人，皆一時的上選。故而，親衛軍不唯人員極其優異，絕對效忠大汗，成爲全軍的中心。且由於親承成吉思汗及其諸名將的教訓，以及「廝殺在前」的作戰鍛練，每能陶冶出卓越的人才。所以，蒙古的怯薛制，實爲帝國極成功的高級軍事統帥的訓練制度。兼以親衛軍的選拔，遍及各氏族，致親衛軍的成員，不唯爲各氏族的代表，而且與各氏族所構成的軍團，有密切的關係。所以，成吉思汗經由此等忠貞衛士的關係，既熟知全帝國的一切，成爲帝國行政的參考與基石。且由於各氏族的卓越子弟，皆在軍中，有類質子，尤增加各氏族的效忠。是以日史家箭內亘，特別推崇此一制度謂：「蒙古兵之精銳，已爲史家所概認，但何故如此精銳？……蓋……蒙古自太祖以來，有忠勇絕倫之怯薛約一萬人，爲禁軍之中堅。」喬治沃爾納德斯基教授亦認爲：「確立他（按：成吉思汗）的權威」，亦基於此。

四、裝備

蒙古部隊，悉爲騎兵，據蒙韃備錄載：「凡出師，人有數馬，日輪一騎乘之。」故其馬力不疲，機動性極爲強勁。其騎兵，又有輕重之別。據喬治沃爾納德斯基教授謂：其輕騎兵，以弓矢爲標準武器，「每一弓箭手，攜有兩支弓，兩個箭袋。」且「其弓，既大且硬，拉開至少要一六五磅的力氣，……破壞力能達二百至三百碼之間。」至於重騎兵，則「持有軍刀長矛及戰斧，鎚矛和一個套索。」且他們的甲冑，包括兜盔、胸甲或鎖子甲，戰馬也用皮甲護其胸部及肩部。復加以所有的戰士，又皆備有銼一把，用以磨利箭頭。鑽子針線，以便縫補。皮袋一個，俾資盛水。所以，在古代的戰爭中，其裝備是至爲齊全。

蒙軍除上述裝備以外，尚有新武器的配備。據元史譯文證補載：「雲梯火箭，百般環攻。」故而彼等有火箭雲梯的配屬。復據金史載：「每城一角置砲百餘枝，更遞上下，晝夜不息，不數日，石積幾與裏城平。」故而又有石炮的裝備。且其射程，據喬治沃爾納德斯基教授謂：能「射及四百碼以外之地。」更據金史載：「蒙古攻城之具，又有火炮名震天雷者，鐵罐盛藥，以火點之，砲起火發，其聲如雷，聞百里外，所爇圍半畝之上，火點著鐵甲皆透。」「又爲牛皮洞，直至城下，掘城爲龕，間可容人，則城上不可柰何矣。」所以更有震天雷、牛皮洞等新式攻堅的武器。

此外，成吉思汗更極重部隊的戰備檢查，故而凡出征以前，各級部隊長必嚴密的檢審其部隊與士卒的各項裝備。若有缺如或不銳，則懲處之重，至爲驚人。所以，歐洲的諸國，以其半裸露的步卒，與刀矛的劣器，對抗備有如此新式長射程的武器，以及機動力極爲強勁的精騎，每戰必敗，宜其如此！故而，優良的裝備，亦蒙軍軍制的一大優點。

五、補給

據新元史兵誌載：「元初用兵四方，士卒以私財自贍。貧者助以貼戶，故上無養兵之費，而兵易足。」故而，蒙軍的補給制度，除出征之始，戰士的一切裝備，皆由所屬的軍區人民擔負，並征集大批的畜群隨軍外，在各蹤隊之後，僅隨有運輸少數給養的駱駝一隊。所以，在基本上，各部隊皆應賴其所征服之地而生存。據喬治沃爾納德斯基教授謂：「玉爾特赤之首長，其職務類似近代軍團中之後勤司令。」然其眞正的任務，僅在「因糧於敵」後的分配而已！

蒙古今日尙用的乾馬駱與肉鬆，想必爲十三世紀蒙古大軍，隨身攜帶的主要口糧。蓋乾馬駱，爲馬乳的精製結晶，而肉鬆亦爲肉類的焙製品。食用時，以其特製的壺鍋兩用的器册，架石爲竈，乾草爲柴，和肉鬆及乾馬駱少許與水，共而煮之，即可供食。攜帶旣輕便，食用亦簡易，實爲飄忽千里的蒙古大軍，最佳的口糧。蒙軍之所以無補給上的重重困難，此當爲其重要原因之一。

六、軍種與其他

據元史兵誌謂：「初有蒙古軍，探馬赤軍。蒙古軍皆爲國人，探馬赤軍則諸部族也。」復據新元史兵誌謂：「及取中原，簽民兵謂之漢軍，得宋降兵，謂之新附軍。」此皆野戰軍。又據元史兵誌載：「又有以技名者，曰砲車、弩軍、水手軍……。」「或取匠爲軍，曰匠軍。或取諸侯將校之子弟充軍，曰質子軍。」此皆特種兵團。此外，尙有契丹、女眞、高麗、寸白等地方軍。

此外，據馬克利茲謂：「命婦女隨軍前進，當男子作戰時，代其工作，並代盡其義務。」喬治沃爾納德斯基謂：「扯兒必之職務，則類似政工人員。」「各縱隊間之交通或連絡，則由軍使爲之，或以煙火爲號。」大部隊指揮時，晝以旗語，夜以各色燈籠。

七、結論

諸葛亮說：「有制之兵，無能之將，不可以敗。無制之兵，有能之將，不可以勝。」當然，以如此「有制」的蒙軍，再佐以卓越將校的統率，旌旗所至，無不披靡，成爲一枝最傑出且復可怖的軍隊，自乃當然！

（原載民國四十七年五月，戰鬥月刊第六卷第五期）

從元朝秘史論十三世紀蒙人之軍事思想

元朝秘史，不僅爲十三世紀，出自蒙人手筆之最直接史料，且內容涵蓋之廣，舉凡歷史、文化、習俗、生活、軍事、政治、民族源流、山川地理、社會組織等，無不有生動之描述。兼以又能增補訂證元史之疏漏謬誤，故向爲中外治元朝史之學者所重視。茲就其有關軍事部份，略論十三世紀蒙人之軍事思想於後，以概見所以能蓆捲歐亞，建立空前絕後龐大帝國之因素。

一、長於奇襲

蒙人用兵，長於奇襲。在成吉思汗統一蒙古之軍事行動中，曾締造三次奇襲成功之範例。初篾兒乞人，爲報乃父也速該奪妻之恨，乘成吉思汗衆叛親離，孤立無援之時，予以突擊。因僅有戰馬九匹，不足人各一騎，致成吉思汗之夫人孛兒帖，不得不乘牛車逃亡。由於行動緩慢，致爲篾兒乞人所俘。於是，成吉思汗乃向父執王罕，幼年知友札木合求援。經策定部隊集結後，「咱每可用豬鬃草栓做筏子，經直過勤勒豁河，到篾兒乞惕，脫黑脫阿地面裏，自他房子天窗處入去一般。」以踞高建瓴之勢，奇襲篾兒乞人。不僅一舉迎還孛兒帖夫人，俘脫黑脫阿之妻子，而且幾盡虜其部衆而還。脫黑脫阿因大軍渡河時，適有其乘夜捕獵之部人，兼程告變，始得隻身幸免於難，與其殘餘之部衆，順薛涼格河，亡入巴兒忽眞之地，形成一次傑出之奇襲。（註一）

其後，成吉思汗以其父子，累有恩於王罕。而王罕亦曾助其大破篾兒乞人，以雪其奪妻之恨。兼以又結爲父子，互爲聲援。多年以來，兩部相處，至爲歡洽。故爲「親厚上又親厚」，遂爲長子拙赤，求婚王罕之女。然因王罕之子桑昆，媾煽其間。初則僞請許婚酒，陰謀執之。事敗，又加以攻擊。致成吉思汗之部衆，傷亡頗重。由是雙方關係，爲之惡化。逮成吉思汗得合里兀答兒等之告密：「王罕不提防，見今起金撒帳做筵席，俺好日夜兼行，去掩襲他。」遂下令主兒扯歹，阿兒孩爲先鋒，大軍日夜疾進，一舉圍而殲之。王罕父子，雖隻身脫遁，然於逃亡途中爲乃蠻之部衆所殺，又形成一次卓越之奇襲。（註二）

迨孛羅忽勒，因征豁里禿馬惕，中伏戰死，成吉思汗遂命朶兒伯朶黑申住剿之。朶兒伯朶黑申受命，不僅嚴令諸軍，除武器裝備外，每人必帶鋛、斧、銼、鑿，以便從「忽剌安不合，獸行的小徑」，登山伐木開道以進。且令其戰士，皆背木條十根，以嚴懲畏難脫隊之士兵，務期一舉而至山顚。比至，「下視禿馬惕地面百姓，如天窗上看下面一般。」於是，大軍乘勢疾進，豁里禿馬惕人，幾疑神兵天降，出其不意，「就筵席間擄了。」復形成另一次優異之奇襲。（註三）

二、嫺於用間

蒙人作戰，嫺於用間，在成吉思汗早期之軍事行動中，嘗迭遭奇襲，發生三大惡戰。設非敵人陣營中之內奸告變，使成吉思汗得以從容佈署，或為強敵一舉所滅，因而改寫亞洲歷史，亦未可知。初札木合之弟紿察兒，掠成吉思汗部衆，拙赤答兒馬剌之馬群。拙赤答兒馬剌，為奪還馬群，遂乘夜射死紿察兒，盡驅失馬而還。由是札不合下令，盡發其麾下十三部之戰士三萬人，突擊成吉思汗。幸亦乞列思部之木勒客脫塔黑，孛羅勒歹，晝夜急馳，奔赴告變。於是成吉思汗亦下令，「他的十三圈子內，也起了三萬人，迎著札木合，到答蘭巴勒主惕地面對陣。」因而爆發元史所謂「十三翼之戰」。唯成吉思汗以建號伊始，部衆新集，致為札木合所敗。（註四）

後合塔斤等十一部，立札木合為汗。因其麾下之不亦魯罕，忽都合二人，「有術能致風雨」，遂奇襲成吉思汗與王罕。欲乘順風急雨，一舉而併滅之。幸豁羅剌思部之豁里歹，星夜兼程，馳至成吉思汗駐地之古連勒古告密，遂使成吉思汗，得以聯合王罕，順客魯漣河，迎戰札木合於闊亦田之地。「風雨逆回，天地暗晦，札木合軍不能進，皆墜澗中。」其軍大潰。（註五）

待王罕之子桑昆，詐請許婚酒，陰謀執帝事敗，遂下令全軍疾進，以奇襲成吉思汗。亦因巴歹與乞失里黑之連夜告變，兼以王罕勢盛，遂下令部衆，盡棄輜重，立即移匿卯溫都兒山之陰以避之。未及達，復得赤吉歹來報：「自卯溫都兒山前，望見忽剌安不剌合惕地面塵起，敵人來到也。」於是，成吉思汗乃倉促列陣迎戰。更番衝殺，王罕軍雖因桑昆負傷而退，然成吉思汗軍，亦傷亡慘重。戰後計其兵力，僅餘兩千六百人而已。（註六）

按前述敵人陣營中之告密者，當皆屬成吉思汗所吸收佈置之內間。雖秘史對其用間之手段，未嘗述及。然由後日突擊王罕成功後，下令將「王罕的金撒帳，並鋪陳器皿，及管器皿的人，盡」賜告變之巴歹與乞失里黑二人。「又將客列亦惕，汪豁眞姓的人，就與他兩個做宿衛的，教帶弓箭。飲酒時，又許喝盞，直至子孫行，教自在快活。廝殺時搶時財物，打獵時得的野獸，都不許人分，盡他要者。」足證成吉思汗用間手段之高明。故能德斯基曾謂：「自古名將用兵，無不以用間爲先務。震天憾地之成吉思汗的蒙古軍，其將領無一莫非善於用間之人物，即可證明此一原則之正確性。」（註七）

三、善用疑兵

蒙人作戰，善用疑兵。如成吉思汗征乃蠻，初太陽汗甚輕成吉思汗。曾謂：「看來他敢要做皇帝麼道！天上只有一個日月，地上如何有兩個主人？如今咱們將那達達取了。」遂揮兵東向，並約汪古惕之部族長阿剌忽失的吉惕忽里以爲助。然爲汪古惕部所拒絕，且遣使以告成吉思汗。於是，成吉思汗遂下令西征乃蠻。及至撒阿里客兒之地，前鋒接觸，成吉思汗即接受朶歹扯兒必，多設疑兵之諫請，下令每人入夜，燃火五處。蓋以「彼人雖衆，其主軟弱，不曾外出，必定驚疑。」迨太陽汗得報：「達達軍馬，已塞滿撒阿里客額兒地面，想是每日增添。只見，夜間燒的火，一如星般多了。」果大為疑懼，且擬退兵金山，以為誘敵之計。然因其子諷之謂：「那婦人太陽怕了。」又謂：「我父太陽，於孕婦更衣處，牛犢吃草處，都不曾到，如今怕了。」遂忿而揮軍繼進。及至納忽山麓，見成吉思汗軍容壯盛，嚴陣以待。加以札木合對成吉思汗諸將，驍勇善戰之鼓吹。乃大懼，遂下令全軍移屯山上，成吉思汗因以大軍圍之。入夜，太陽汗下令突圍。由於視線不明，山崖險峻，墜崖而死者甚衆，全軍為之大潰，遂俘太陽汗。迨至阿勒台山，盡有其衆。太陽汗母古兒別速，亦為成吉思汗所執納，乃蠻遂亡。形成一次最傑出之疑兵，與心戰之史例。（註八）

再如成吉思汗與王罕同征乃蠻之不亦魯，途遇乃蠻驍勇善戰之可克薛兀撒卜剌黑，於巴亦答剌黑別勒赤兒之地。將戰，因天晚而宿。入夜，王罕即多燃營火，單獨脫遁。及「天明看時，王罕立處無人。成吉思汗說：他將我做燒飯般撇了。」即並肩作戰之盟友，比鄰屯住之成吉思汗，亦不知其乘夜離去，足證王罕疑兵運用之成功。（註九）

故黑韃爭略亦謂：「或其兵寡，則先以土撒，後以木拖，使塵衝天。敵疑兵多，每每自潰。不潰則衝，其破可必。」（註十）

四、重視戰馬

馬匹不僅是草原部族，最重要之財產。且舉凡牧畜，遊獵，作戰，亦無不唯馬是賴。而其高度之運動能力，尤爲古代疆場，制勝之要因，故蒙人極爲重視馬匹。設其馬群被掠，不唯輒不避艱險，雖隻身往追，亦必奪還而後已。如成吉思汗早年，因衆叛親離，僅餘戰馬九匹。一日其中八匹，爲盜馬賊所竊。待其弟別勒古台獵還，立即乘此馬往追。歷三晝夜，遇其後日開國功臣之孛斡兒出，結伴往追。復追奔三晝夜，始奪還失馬，擊退追者而返。（註十一）即因而引發大規模之戰鬪，亦在所不惜。如成吉思汗與札木合之十三翼之惡戰，即種因於札木合之弟給察兒，掠成吉思汗部衆拙赤答兒馬剌之馬群，有以致之。前節已陳，茲不贅述。

五、佯敗詐退，突擊設伏

成吉思汗南下伐金，以者別、吉亦古捏克爲先鋒。及攻居庸，因關險守固，者別謂：可以誘戰。遂下令部隊佯敗，誘敵來追。金守軍果中計，大軍開關出擊。迨至宣德府山嘴，屠寄以爲即雞鳴山。者別見金軍士馬已疲，及易健馬還擊，金軍大潰。成吉思汗揮軍繼進，遂拔居庸關。（註十二）

及者別受命攻東昌，因久戰不下，乃佯敗詐退，遠撤六日程。東昌守軍，邏騎偵之，百里內無敵縱，乃懈不爲備。於是，者別精選驍騎，人帶從馬一匹，晝夜兼程，疾馳而南，出其不意而克之。形成兩次冶速度與佯敗詐退，突擊奇襲於一爐之傑出戰例。故黑韃事略嘗謂：「或纔交刃，佯北而走。詭棄輜重，故擲黃白。敵或謂是誠敗，逐北不止，衝其伏騎，往往全沒。」多桑亦謂：「有時用襲擊法，棄其輜重於城下，退兵於甚遠之地，不使敵人知其出沒，亟以輕騎馳還，乘敵不備，襲取其城。」又謂：「有時佯敗，誘敵來追。蒙古人武裝輕，每人各有馬數匹，迨見敵疲弊之時，則易健馬馳還擊之。抑於退走時，展其兩翼，返而合圍敵兵之輕進者。」（註十三）

六、集中兵力，更番迭進

蒙人用兵，輒集中全力，更番迭進，往復衝殺。深合兵家所謂：「兵事最貴能以雷霆萬鈞之力，泰山壓卵之勢，迅雷閃電，一舉全勝。」之旨。如王罕奇襲成吉思汗之戰，曾下令「教咱只兒斤勇士合答黑吉衝他者，隨後再教土綿土別干姓的阿赤黑失侖，斡蠻董合赤惕勇士豁里失列們太子，領一千護衛的人，以次應援，最後仍教咱大中軍衝者。即爲軍事上「集中原則」，最佳運用之範例。（註十四）

七、搜索深遠，重視情報

蒙人作戰，極重情報。故行軍佈陣，輒哨探深遠。務期對敵人之動態，戰地之情況，能瞭如指掌。如王罕，成吉思汗與札木合之戰，王罕曾下令：「桑昆等三人作頭哨，其頭哨內，又自差人前往額捏堅歸列禿，撒克撒列，赤忽兒忽三處地面哨望。」成吉思汗亦派阿勒壇等三人爲頭哨，且遠至兀乞惕牙之地。故黑韃爭略謂：「其行軍，嘗恐衝伏，雖偏師，亦必先發精騎，四散而出，登高遠眺，深哨一二百里間，掩捕居者行者，以審前後左右之虛實。」（註十五）

八、爭取盟友，並肩作戰

成吉思汗早期作戰，因兵力薄弱，爲雪恥復仇，併滅強敵，輒採爭取盟友，並肩作戰之原則。如厚賂王罕以爲援助，聯合王罕、札木合以奇襲篾兒乞，與金人結盟以夾擊塔塔兒，結合王罕以抗札木合，而征不亦魯黑等，均爲此一原則之運用。（註十六）

九、軍令森嚴，絕對服從

成吉思汗曾謂：「凡不聽吾之命令者，其命運必死無疑。」故蒙軍作戰，軍令森嚴。設有違誤，必受嚴懲。而絕對服從，則又爲其平時訓練與戰時要求之基本原則。初成吉思汗剿四種塔塔兒，嘗號令諸軍，「若戰勝時，不許人貪財，既定之後均分。若軍馬退動，至原排陣處，再要翻回力戰。若至原排陣處，不翻回者斬。」後因阿勒壇違令，作戰時搶奪財物。成吉思汗本擬痛懲，因其有擁戴之功，僅遣者別，忽必來盡奪其所掠財物而罷。（註十七）

迨成吉思汗征西域，命者別，速別額台，脫忽察兒，以次為先鋒。且下令「自回回住的城外繞去，不許動他百姓」。者別，速別額台從命，脫忽察兒於第三次，經過篾力兒王城，掠其禾苗。故成吉思汗以其違命，初「欲廢了（按：處死）」，後不曾，只重責罰，不令管軍。」（註十八）所以多桑曾謂：「成吉思汗對於將校之有過者，祇須派一最微賤之臣民，已足以懲之。此將雖在極遠之地，統兵十萬，亦應遵守使者所傳之命。若為受杖，則應伏於地。若為死刑，則應授其首。」（註十九）

十、絕不放棄舊日之敵，必澈底殲滅而後已

成吉思汗之作戰原則，絕不放棄其舊日之敵，必澈底消滅而後已。僅以篾兒乞人而論，因成吉思汗與之有奪妻之恨。故初則聯合王罕、札木合，奇襲篾兒乞。不僅虜其部長脫黑脫阿之妻子，且幾盡掠其部衆以歸。僅脫黑脫阿，及其少數部人，乘亂沿薛涼格河，亡入巴兒忽真之地。後成吉思汗聞脫黑脫阿，勢力稍振，即立加親征。大破於合剌答勒忽札兀剌之地，更追至撒阿黑客額兒之地，盡虜其部衆。迨脫黑脫阿，及其二子赤剌溫，忽都，率其殘部，西向金山一帶逃

遁。復揮軍繼進，啣尾窮追，再於額兒的失不黑之地，大潰之。脫黑脫阿戰死，其二子與少數部衆，渡額兒的石河後，赤剌溫亡入欽察，忽都遁入西遼。成吉思汗因不知篾兒乞之殘部，與脫黑脫阿之二子，遁於何地，遂班師東還。逮成吉思汗偵知忽都匿身西遼，即立命速別額台，率軍往征，以徹底消滅此一舊日敵人之餘孽。且嚴令謂：他「有翅飛上天呵，你做海青（按：鷹）拏下來。如鼠攢入地呵，你做鐵鍬掘出來。如魚走入海呵，你做網撈出來。」必令獲之而後已。後速別額台追至垂河，始「將忽都等窮絕了回來。」所以，成吉思汗此種不惜三加征討，歷經四戰，爲時前後二十餘年，自東蒙追至中亞，絕不容其舊敵生存逃捕，竟以至於斯，誠令人不寒而慄！至於有殺父之仇之塔塔兒人，有毀家辱身之泰亦赤兀人，以及乃蠻之古出魯克，回回之札剌勒丁等，對之無不如篾兒乞然，茲不贅述。（註二十）

十一、降而復叛，痛加嚴懲

成吉思汗作戰，凡降而復叛者，必加痛懲。初主兒勤及其二子撒察別乞，泰出，隸札木合麾下。及成吉思汗與札木合分手，遂來歸，並有擁戴之功。且曾誓言：「立你做皇帝，你若做皇帝呵，多敵行俺做頭哨。」「如厮殺時，違了你的號令。並無事時，壞了你事呵，將我離了妻子家財，廢撇在無人煙地面裏者。」後其父子既不應召從征塔塔兒，且乘成吉思汗征塔塔兒之時，對留守於合泐澧海子邊營地之部衆，橫施凌辱。十人慘遭殺戮，五十人被盡剝其衣。成吉思汗聞報，大怒，遂揮兵往剿主兒勤部，至朶羅安孛勒答兀之地，悉虜其衆。獨撒察別乞與泰出，隻身脫遁。待竄至迭列禿口子，始爲成吉思汗所獲。成吉思汗痛責之謂：昔日之誓言安在？二人謂：「俺自說的言語不曾依」，遂伸頸就戮。雖有擁戴之功，亦不稍加寬假。（註廿一）

再如成吉思汗曾兩征篾兒乞，並大掠其部衆，已如前述。逮成吉思汗大軍西指，繼續追擊脫黑脫阿父子時，被虜投降之篾兒乞人，遂趁後防空虛，大舉叛變。先降者，叛於留守之營地。後降者，據台合勒山寨以叛。於是，成吉思汗一面繼續追擊脫黑脫阿，一面分兵沈白，命其將右手軍，進剿台合勒山寨之篾兒乞人。及成吉思汗因失赤剌溫與忽都亡命之所，班師東還。沈白已破台合勒山寨，「將篾兒乞的百姓，盡行殺虜了」。而留守營地之部衆，亦平定篾兒乞人之叛變。成吉思汗慨然謂：「教他在一處，他又反，就教各人盡數分了。」使篾兒乞人之遭遇，除戰死及逃亡中轉死溝壑者外，殘留於蒙古者，亦悉被夷爲奴婢。形成成吉思汗，痛懲降而復叛者之典型範例。（註廿二）

十二、危及生存，損及榮譽必戰

生存與榮譽，爲成吉思汗之戰爭動力。凡危及其生存，傷害其榮譽者必戰。其與札木合，王罕，乃蠻之戰，係因遭其主動之攻擊，爲生存而戰。與篾兒乞人，塔塔兒人，泰亦赤兀人之戰，則因重傷其尊嚴，爲榮譽而戰。前陳各節，均已述及。至南伐金國，西征回回（按：花剌子模），一因其堂祖俺巴孩，爲金人（以木驢）處死。一因回回殺其使節兀忽納等百餘人，大損其榮譽，有以致之。（註廿三）而其用兵唐兀惕（按：西夏），秘史尤有生動之描述。初成吉思汗征西域，遣使徵兵唐兀惕，其主「不兒罕未及言，甚臣阿沙敢不說：你氣力既不能，不必做皇帝。」成吉思汗聞報大怒謂：「阿沙敢不如何敢這般說：將我這兵馬逕去征他，也有何難？但我初意，本不征他。若天祐護，回回處回來時，卻去征他。」迨西征凱旋，即於狗兒年（按：太祖二十一年），揮兵唐兀。因途中圍獵成吉思汗墜馬負傷，群臣雖奏請回鑾，待傷癒再戰。然立遭其斷然拒絕，且謂：「唐兀惕百姓，見咱回去，必以我爲怯。且在這裏養病，先差人與唐兀惕處，看他回甚麼話。」及聞阿沙敢不又謂：「要與我厮殺時，你到賀蘭山來戰。要金銀緞匹，你往西涼來取。」成吉思汗因而大怒謂：「他說如此大話，咱們如何可回？雖死呵，也去問他。」立即揮軍疾進，大破阿沙敢不於賀蘭山。並「將他能厮殺的男子，井馱馱等物，盡殺虜了。其餘百姓，縱各人所得來自要。」其主不兒罕，雖負荊軍門，納貢請降。然因成吉思汗，曾嚴大爲所傷，不唯殺不兒罕，且令「但凡進飲食時，須要提說：唐兀惕盡絕了。」足證其忿慨之甚！及其對尊嚴之維護，榮譽之重視，雖耆年負傷，群臣諫阻，猶不稍易其心之堅決情形。（註廿四）

十三、智勇忠義誠，爲選將之原則

成吉思汗選將，以智勇忠義誠爲原則。而驍勇善戰，尤居首要。蓋其認爲「選將以驍勇善戰爲主，智謀次之。有智無勇，其智若無。」（註廿五）僅以孛斡兒出而論，初成吉思汗以戰馬被盜，隻身往追，途遇孛斡兒出於其駐帳之路旁。互詢始末，孛斡兒出即謂：「你來好生艱難，男子的艱難都一般，我與你做伴，一同趕去。」待急馳三晝夜，於薄暮發現失馬，遂共同驅還。及盜馬賊追擊，孛斡兒出復請：「你弓箭將來，我與他廝射。」充份顯示其見義勇爲，驍勇善戰之風貌。逮返抵孛斡兒出之駐帳，成吉思汗謝之謂：「不是你呵，我這馬如何得？咱們可以分了，你要多少？」孛斡兒出謂：「我見你辛苦著來，所以濟助伴去，如何做外財般要你的？」「若要你的呵，與你做伴來的濟甚事！」並爲成吉思汗準備行糧，珍重道別。由是成吉思汗對孛斡兒出，至爲激賞。故結婚伊始，即遣其弟別勒古台往邀之。孛斡兒出不僅無視成吉思汗之衆叛親離，孤立無援。且放棄其富裕之生活，不告乃父，即應召立至，成爲成吉思汗最早之部衆與家臣。所以，其義薄雲天與智慧之表現，於此可以概見。須知良臣擇主，其後日所以能開創彪炳之勳業，即端賴於此。迨成吉思汗伐塔塔兒，因適逢夜雨，孛斡兒出爲使成吉思汗能充分休息，即「披著氈衫，立在我上，不教雨濕，直到天明，腳卻只換了一次。」對成吉思汗之忠貞，可謂極矣！所以，孛斡兒出，以智勇忠義，向爲成吉思汗所依重。故後日亦因此，拜右手萬戶，與木華黎，納牙阿，豁兒赤，忽難並列五萬戶之一。（註廿六）

成吉思汗選將之要件，除智勇忠義外，尚重誠實。如大破札木合與泰亦兀赤後，者別來歸。成吉思汗即以闊亦田之戰，何人自嶺上射斃其戰馬爲問。者別應聲謂：「是我射來。如今皇帝教死呵，止污手掌般一塊地。若教不死呵，我願出氣力。」成吉思汗對其誠實無欺，大爲讚揚謂：「但凡敵人害人的事，他必隱諱了不說。如今你都不隱諱，可以做伴當。」兼以者別驍勇善戰，成吉思汗曾譽之謂：「凡教去處，將堅石衝碎，崖子衝破，深水橫斷。」故後日詔除千戶，爲四先鋒之一。（註廿七）此外，如納牙阿之忠誠，豁兒赤之才智，忽亦勒答兒與主兒扯歹之驍勇，者勒蔑之忠勇機智等，亦因受上賞。即原爲王罕猛將，爲使故主得機脫遁至安全地帶，與成吉思汗軍，激戰三晝夜，而後來歸之合答黑把阿禿兒，亦因忠義，而受讚揚與賞賜。所以，成吉思汗之知人善任，精於選將，與夫對才智，驍勇，忠貞，節義，誠實之多方鼓勵，使之蔚然成風，亦其諸多成功因素之一。（註廿八）

十四、結論

元朝秘史，對十三世紀蒙人之軍事思想，戰略戰術，雖未能面深入，加以記述。然僅從以上所陳，即不難概見其何以能，橫掃歐亞，締造震鑠百代，顯赫武功之原因。故名史家喬治沃爾納德斯基曾謂：「他們的戰術戰略，都是那些草原民族騎兵的精髓……。蒙古人將匈奴人之武器及其戰略，發展到極爲精良的地步。」多桑亦謂：「幸而窩闊台之凶問至……，否則，以蒙古人戰術之優，其他歐洲諸國，殆將受斡羅斯，匈牙利，波蘭等國相同之害矣！」格魯賽尤明確指出，「蒙古將士，像速不台，木華黎之勝利，並不因其人數之多，乃因其戰術之良。」（註廿九）

註　釋

註　一：元朝秘史十八、三十二、三十九、四十、四十四、四十七、四十八頁。
註　二：同書七十八、八十六、八十七、八十九、九十三、九十四、一〇四、一〇五頁。
註　三：同書一五一頁。
註　四：同書六十一、六十二頁。
註　五：同書七十、七十一、七十二頁。
註　六：同書八十九、九十、九十一、九十二、九十三、九十四頁。
註　七：同書一〇七、一〇八頁，自由出版社世界名將治兵語錄：「用間」。
註　八：同書一一〇、一一一、一一三、一一四、一一五、一一六、一一七、一一八、一一九頁。
註　九：同書八十三、八十四、八十五頁。
註　十：黑韃爭略箋證二十四頁。
註十一：元朝秘史三十三、三十四、三十五、一二九頁。
註十二：同書一五九頁，蒙兀古史記卷三「成吉思汗」。
註十三：同書一五九頁，黑韃爭略箋證二十四頁，多桑蒙古史一五八、一五九頁。
註十四：同書九十一頁，世界名將治兵語錄「集中與優勢」。
註十五：同書七十一頁，黑韃事略箋證二十四頁。

註十六：同書三十七、三十八、四十三、四十四、六十五、七十、七十一、八十三頁。

註十七：同書八十頁，世界名將治兵語錄「命令與服征」

註十八：同書一六七、一六八頁。

註十九：多桑蒙古史一五六頁。

註二十：元朝秘史四十一、四十三、四十七、一一九、一二二、一二三、一四八頁。

註廿一：同書五十七、五十八、六十五、六十六、六十七頁。

註廿二：同書一一九、一二二、一二三頁。

註廿三：同書十七、一六四頁，蒙兀兒史記卷一「世紀」。

註廿四：同書一六七、一七二、一七三、一七四、一七五頁。

註廿五：世界名將治兵語錄「選將」。

註廿六：元朝秘史三十三、三十四、三十五、三十六、三十七、一二九、一三〇、一三四、一四〇頁。

註廿七：同書七十四、七十五、一三三頁。

註廿八：同書一二〇、一四〇、五十五、一三〇、八十三、九十六、一三八、九十三、一三一、四十一、七十三、一三三、一〇五頁。（按：依行文次序列出）

註廿九：蒙古與俄羅斯九十頁，多桑蒙古史二四〇頁，蒙古史略二十八頁。

（原載民國七十四年三月，中國邊政九十期）

十三世紀蒙人之戰術戰略

成吉思汗幼年，因十三歲喪父，族衆叛離，以致生活之苦，竟以捕野鼠爲食。然而，其終能靠戰馬九匹，從衆六人，以如此微不足道之力量，突起漠北，混一歐亞，實端賴其戰術戰略之杰出而建功。故而，蒙古卓越之軍事思想，實極有研究借鏡之價值。

一、澈底殲滅

蒙古人作戰，不唯要澈殲敵方之軍力，且要摧燬一切可資抗拒其統治之任何力量。如成吉思汗潰花剌子模後，爲追捕花剌子模殘存之唯一可資號召反抗其統治者，曾命速不台、者別，各率萬人往追在逃之算端子札蘭丁，且誡二將謂：「窮追勿捨，即始其勢蹙而遁，雖入山穴，亦必窮其所往。」嚴令必澈殲此一敵人而後已。又如施雷破馬魯時，據世界侵略者傳謂：「也速丁曾偕數人，在十三日間，計算死者之數，逾百三十萬。」他如成吉思汗克花剌子模舊都時，亦曾大事屠殺，據阿拉丁史學家謂：「每一蒙古兵殺二十四人，計兵士之數凡五萬。」以此計之，被屠戮者，當爲一百二十萬，尤爲澈底殲滅敵方有生力量之驚人戰例。所以喬治沃爾納德斯基曾謂：

「雖獲得決定性的勝利，蒙古並不認爲完成目的，在成吉思汗作戰原則上，仍須追擊其殘存力量，澈底殲滅。僅一二軍團即可消滅敵方有組織的抵抗時，其他軍團則分成許多小組，有系統的肅清地方。」多桑亦謂：「成吉思汗爲安全得有其略地，不惜盡屠其居民，毀其城堡，蓋破壞爲蒙古戰略中之一要則。」又謂：「居民雖自動乞降，仍不免於被殺。」「設一地丁口衆繁，蒙古則除欲留者，餘盡屠之。設其留存以供攻擊之用者，退兵或勝利時，仍不免一死，然後反復行之。」「蓋蒙古不欲後路有居民，而使其有後顧之憂也。」黑韃事略更謂：「其勝，則尾敵襲殺，不容逋逸。」（註一）

二、大量集中

蒙古部隊，以機動性極強，爲遂行其向敵人施以「勁如山壓」之打擊，完成大縱深突破，而殲滅敵人，每慣用大量集中。如成吉思汗與王汗之戰，蒙古勇將忽亦勒答兒等，曾與王汗精銳「輪番衝殺」，形成人員大量集中之人海戰術。又如成吉思汗西征花剌子模之塔格納黑時，朮赤亦曾下令「更番迭進，不許休止」，猛攻七日，終拔此城。他如攻克尼沙不兒時，拖雷不唯親自督戰，且嚴令環城猛攻，晝夜不息。比曉，城塹皆平，城裂七十口，蒙軍遂諸面攀登而入，形成大量集中之最佳典型，所以喬治沃爾納德斯基謂：「蒙古之輕騎兵首先出現戰場，他們不斷的襲擊和退卻，困擾敵人。……當敵方充分疲勞，士氣喪失時，則以重騎兵進襲敵方中心或側面，使敵人失去抵抗。」多桑亦謂：「強迫俘虜及簽軍先登，更番攻擊，日夜不休，務使敵人不能戰而後已。」至於黑韃事略所謂：「交鋒之始，每以騎隊逕突敵陣，一衝即動，則不論衆寡，長驅直入，敵雖千萬，亦不能支。不動，則前隊橫過，次隊再攻，再不能入，則後隊亦如之。」又謂：「方其衝敵之時，布兵左右及後方，最後至者，一聲『姑詭』，則四方八面，一時俱進，敵人鮮有不敗者。」尤為記述蒙古大量集中運用的傑出實錄（註二）

三、大機動

蒙古人作戰，據黑韃略與蒙韃備錄謂：「凡出師，人有數馬，日輪騎乘之，故馬力不困弊。」又自幼生長鞍馬間，騎技極優，「其奔驟也，跂立而不坐，……左旋右折，如飛翼。」更善養馬，每能「騎之數百里，自然無汗。」故行軍攻退，「來如天墜，去如電逝。」「疾如飆至，勁如山壓。」為一枝擁有「自邇而遠，俄頃千里」高度機動力之卓越古代機械化部隊。蒙人由於此等驚人之機動性，故其戰略之運用，遂極力表現其優點，以趁敵人之弊，形成黑韃事略所謂：「其勝，則尾敵襲殺，不容逋逸；其敗，則四散逃走，追之不及。」之大機動。如成吉思汗征屈出律時，曾下令如遇花剌子模軍，應以友善相待，勿樹敵人。故當花剌子模算端（汗），躡蒙古大軍去路，且下令進襲蒙軍時，蒙軍雖被迫應戰，但入夜即燃火甚衆，疾馳而去。比曉，距戰場已兩日程矣。又如成吉思汗追捕花剌子模算端子札蘭丁時，聞札蘭丁在哥疾寧，當即晝夜疾馳，行不及炊，皆大踏步前進，大踏步後退之傑出戰例。至破俄羅斯與欽察聯軍之戰，蒙軍僞敗後退，竟十二日程。潰敵後，又猛追半月之久，尤為此種大機動運用之典型。（註三）

四、大包圍

據朮外尼書謂：「蒙古凡從事戰爭者，必先……熟於圍獵。……圍獵開始之先，必派斥候偵察。」又據喬治沃爾納德斯基謂：「獵者按戰時編制，……於數千方英里之面積內，構成包圍的大包圍圈。」所以蒙古人自幼即熟知大包圍式之作戰演習，故而其作戰，亦極長於大包圍戰略之運用。如拔都與匈牙利王貝拉薩約河之戰：初拔都軍於河東，此地三面環水，有險可守，且林木叢雜，可蔽敵窺望。而匈軍則駐於河西，以千人守橋，環車為營，因無林木擁蔽，拔都對敵情知之甚悉。及夜，遂下令一軍以炮火猛攻河橋，一軍潛至下游偷渡。凌晨，守橋匈軍既潰，潛渡蒙軍亦成功。於是急圍匈軍，且輪番猛突，壓縮包圍。鏖戰至午，拔都見急切難下，乃故開圍以縱。匈軍既得隙，乃爭相竄逃，不復成列。蒙軍遂自後從容馳逐，乘疲屠之。積屍之多，亘三日程。而匈王貝拉，亦賴屢易健馬始得脫。又如拔都攻匈牙利之時，自北、東、南、五路分進，合圍，尤為此項戰略之卓越典型。所以喬治沃爾納德斯基曾謂：「蒙古主要戰略為包圍，或殲滅敵方主力。他們常用大包圍達到目的，先造成一種袋形陣地的局勢，遂漸壓縮，每一單位部隊的指揮官，所發揮的合作作戰之能力，令人驚訝。在許多戰場上，他們能極準確的時間，集合軍力，襲擊其主要目標，速不台在匈牙利的行動，堪稱此種戰法的典型。」多桑亦謂：「蒙古入侵一地，各方並進。」而「在其包圍戰中，見被圍者之勇抗，則開圍之一面，於被圍者潰走不成列時擊之。」至於黑韃事略所謂：「四方八面響應，齊力一時俱撞……，鮮有不敗敵。」尤為蒙古包圍戰最出色之紀錄。（註四）

五、大迂迴

蒙古部隊，以機動性極強，且幼習圍獵演習，故每慣用大迂迴作戰，以遂行其包圍殲滅，而附合其大圍獵之習慣。如一三三一年蒙古滅金之戰，成吉思汗曾於臨崩時，謂其左右曰：「金精兵在潼關，南據連山，北限大河，難以遽破。若假道於宋，則下兵唐鄧，直搗大梁，金人必徵兵潼關，然以數萬之衆，千里赴援，人馬疲弊，雖至弗能戰，破之必矣！」終而金國在成吉思汗迂迴唐鄧，側擊潼關之大迂迴戰略指導中，連戰皆潰，旋趨覆滅。又如一二一九年成吉思汗之征花剌子模，據法史學家格魯賽謂：「成吉思汗西征花剌子模之役，充分表現蒙古戰略之佳、花剌子模人以為他們從北方進攻，乃將軍隊佈置在錫爾河，孰知者別統率的一枝騎兵，事先從喀什喀爾取道費汗那，繞出錫爾河戰線之後，花剌子模人慌了，乃將軍隊調向費汗那，等待錫爾河戰線空虛之時，蒙古的大軍遂出現錫爾河上。」不費一矢一兵，得以輕而越過花剌子模之天險錫爾河，直搗其心臟矣！他如攻匈之戰，據洪鈞元史譯文證補拔都補傳謂：「波蘭在東北，馬加（匈牙利）在西南，兩國相依如輔車，而馬加三國環山，陰阨四塞，尤不易用兵。拔都乃議，東、南、北五道分進。極北一軍，由貝達爾統之。」用以迂迴抄襲，防西歐聯兵救助波蘭。貝達爾此軍，一直遠入今之東普魯士、捷克，待拔都進克布達佩斯（匈都）時，此一枝軍事上之觸角，始復合大軍，形成最傑出之大迂迴作戰範例，所以洪鈞曾謂：「迂迴抄襲」，為蒙古最成功而又慣用之戰法。（註五）

六、欺詐無信

蒙古人作戰，以部衆太少，利速戰速決，故不惜用一切斯詐之手段，以遂行其戰爭之目的。如拔都攻匈牙利，大潰貝拉後，曾僞為貝氏示諭，命降人四出告慰四境居民曰：「安堵勿恐，我雖小挫，終必大勝。」匈人以不得戰況眞象，又奉示諭，遂皆安居不避。比蒙軍大至，乃悉被俘掠。又如蒙古進軍瓦剌州時，居民怖於蒙人之慘酷，皆藏匿林中，雖窮搜亦不能得。於是乃釋俘虜數人，往諭謂：「在定期返家者，決不加害。」時亡匿林中者，適為饑餓所苦，乃悉相攜返家。待秋收竣事後，蒙軍旋令各村居民悉來餽物，並攜眷以從。諸村民至，驅入谷中，奪其飾物，盡屠之。又如蒙軍與阿蘭欽察聯軍之戰，者別因連戰不勝，僞告欽察人曰：「彼此皆突厥，曷以助異類以害同類？不如言和，願餽汝曹所欲之金錢衣物。」於是欽察人為其重餌所動，遂棄其盟友而返。蒙古既削弱敵軍，而潰所餘諸部，旋出不意進襲欽察，立下其地，形成此種欺詐無信之典型戰役。所以多桑謂：「設城堡地勢險要，難以力攻，多用詐術，不惜種種然諾，誘敵開城。輕信者開城乞降，則盡屠之。雖先設重誓，許民不死亦然。」（註六）

七、抄掠逼財

蒙古部隊，以縱橫萬里，補給不易，遂採因糧於敵之以戰養戰策略。故所到之處，除大事抄掠逼財外，尚普設機構，稅民十一。如蒙軍克納爾時，速不台諭居民曰：「汝等應以獲保性命為足，況家畜農具一不奪取，第應出鎮外，不許攜帶一物。」居民既出，蒙軍遂大事縱掠。及大汗蒞臨，詢悉居民原納稅情形後，即命如額輸送軍前。居民立脫婦女飾物以奉，期保活命。又如拔馬魯城時，蒙軍不唯全軍四出抄掠，且拷打富豪，逼令指出藏財之所，更以塞勒朮克朝算端辛札兒墓中，藏有殉寶甚衆，破其墓以搜之。他如旭烈兀破報達時，曾大宴諸將於哈里發宮中，召謨斯塔辛而至曰：「君為室主人，我為客，何以欵我？」哈里發戰慄已極，竟不復識其寶藏的鎖鑰，乃破鍵出衣二千襲，金底納一萬。旭烈兀曰：「此為可見之寶貨，不難找取之，祇可供吾犒吾從者，應出伏藏之物。」哈里發乃指宮中一處，命人掘之，見一池，滿積金銀，每錠重百兩，悉為蒙軍徙諸城外。於是黑衣大食五百年之積蓄，盡入蒙古人之手，尤為抄掠逼財可怖之範例。故而喬治沃爾納德斯基曾謂：「蒙軍每一縱隊之後，隨有運輸少數給養之駱駝一隊，在基本上，各部隊應賴其所征服之地生存。」多桑亦謂：「獻納重賦，其額常以本地出產十之一為準，出產

者包括人類。」（註七）

八、結論

總之，蒙古部隊爲一枝擁有高度機動力之古代卓越機械化部隊，其傑出戰略戰術之運用，以及其亞蘭式重騎兵與匈奴式輕騎兵之交互運用，無疑是當時最優良之軍隊，爲一個可怖之戰爭工具。故而自太平洋岸，至阿爾卑斯山巔，所向披靡，無敵於天下。名史家多桑曾謂：「夫以少數環重甲之騎士，及無數半裸露之鄉民，不知戰術，不知服從，統帥不能一致，持此等軍隊以抗久經戰陣，習知戰術之蒙古輕騎，當然每戰必敗。更何況蒙古兵善騎射，……視持矛劍林立以戰之勇士，如無物也！」而姚從吾先生所謂：「蒙古人在戰略與戰術的表現，超過前代，影響後世。」尤爲精闢入微之讜論。（註八）

註釋

註一：多桑蒙古史一二二、一一七頁，蒙古與俄羅斯九十六頁，多桑蒙古史一五八、一五九頁，黑韃事略箋證二十四頁。

註二：黑韃事略箋證十七頁，元朝秘史九十三頁，多桑蒙古史一〇二、一一三頁，蒙古與俄羅斯九十三頁，多桑蒙古史一五八頁，黑韃事略箋證二十三頁。

註　三：蒙韃備錄箋證「馬政」，黑韃事略箋證十七、二十二、二十四頁，多桑蒙古史一二八、一八七頁。

註　四：蒙古與俄羅斯九十二、九十三頁，多桑蒙古史二三一、二三二頁，元史譯文證補卷五「拔都補傳」，蒙古與俄羅斯九十五、九十六頁，多桑蒙古史一五八、一五九，黑韃事略箋證二十三頁，蒙古與俄羅斯二八四頁。

註　五：元史卷一「太祖」，黑韃事略箋證二十一頁，元史譯文證補卷五「拔都補傳」。

註　六：元史譯文證補卷五「拔都補傳」，多桑蒙古史二三四、一三九、一五八頁。

註　七：多桑蒙古史一〇四、一二二頁，下册八十七頁，蒙古與俄羅斯九十六頁，多桑蒙古史一五七頁。

註　八：多桑蒙古史二四〇頁，中國戰史論集「蒙古滅金戰爭的分析」二十八頁。

（原載民國七十六年十月，中正學刊九期）

十三世紀蒙古大軍轉戰萬里所向克捷之三大特色

一、無補給問題—特色之一

給養無需運補

十三世紀之蒙古軍隊，上自將帥，下至士兵，均無薪餉。不僅作戰所需之武器裝備，悉行自備。即生活所需之補給，亦皆以私財自瞻。（註一）其制，以人民之貧富爲準，富有之家，戶出一人者，曰獨戶軍。合二三戶出一人者，曰正軍戶，餘者則爲貼軍戶。（註二）故柯劭忞曾評之謂：「上無養兵之費，而兵易足。」

凡受命出征之戰士，每人必須攜帶甲冑以供防身，弓矢以便遠攻，刀矛斧以備近搏。戰馬數匹，俾以輪番騎乘，而保持馬力不疲。且馬皆裝甲，護其胸肩。（註三）唯所帶戰馬之數，諸家說法不一。喬治沃爾納德斯基謂爲四匹，又謂二至五匹。蓋以其曾認爲，每一千戶軍區，必須與能出戰士千人，戰馬二至五千匹之條件相符也。（註四）若爲貴族子弟，應徵爲禿魯花軍，即質子軍者，則萬戶子弟帶十匹。現管軍五百，或五百以上之千戶子弟，帶六匹。雖管軍不滿五百，而其家富強，子弟健壯之千戶子弟，同萬戶子弟之數、帶十匹。若千戶子弟，挈妻孥同行，除規定之六匹或十四匹外，增帶者聽之。徐霆又謂：出征頭目，每人攜六七匹，或四五匹，少者亦兩三匹，故似無定制。（註五）然最少亦帶二三匹，則確爲可信。至馬哥孛羅謂：每人帶雄馬同雌馬十八匹，不僅數目誇大，不可採信，且其用辭亦誤。蓋蒙古戰馬，皆四齒而騸。故闊狀而有力，柔順而無性，能耐風寒而久歲月，不騸則反是。不僅易嘶鳴驚駭，且踢咬不易合群，難用以設伏。故蒙古戰馬，只有騸馬，而無所謂雄馬。馬哥孛羅當因不瞭解此種情形，致有此誤。（註六）此外，尚須攜帶住宿之小帳一，盛水之皮囊一，煮食之小鍋一，礪弓磨箭之挫一，以及小刀針線等物。（註七）因成吉思汗極爲重視戰前之裝備檢查，故命令其子嗣，在作戰前，必須親自檢閱部隊，及其有關一切之武器裝備。雖一針一線之微，亦無所輕遺。設有缺少，必會受到嚴厲之處分。（註八）更須攜帶牛羊牡馬若干，以爲補給，供其所需。（註九）唯每人所攜帶之畜群數目，史無可考。然由蒙韃備錄「糧食」曾謂：「彼國中有一馬者，必有六七羊。謂如有百馬者，必有六七百羊群也。」兼以轉戰經年，所需甚衆度之，則每人所帶牛羊牡馬之數，當倍於戰馬之數，在七八隻以上。故大軍十萬，當有戰馬三四十萬匹、畜群七八十萬隻。且戰且牧，無需馬干草料之補給。（註十）唯屯住之營地，貴在分散，務令疏曠，以便芻秣放牧（註十一），加以戰馬畜群善走，又皆能游泳。故遇水，則置其所帶之物於皮囊之中，擊於馬尾，人坐囊上，截流而渡，無需架橋。（註十二）逢山則羊腸小道，亦能安若平地無需開道。

及大軍既出，軍麾所及，必大事抄掠，因糧於敵。蓋基本上，所有部隊，皆應賴其所征服之地區生存。故蒙古軍隊之供應基地，與其說在近處，無寧說在遠方。蓋在彼等認爲，征服遠方之敵人，方是獲得補助供應之最佳途徑。（註十三）亦間行射獵，舉免鹿、野彘、黃鼠、頑羊、野馬、黃羊等，可以獵得之獸類，甚至法老鼠及野獸食餘，業已腐敗之肉類，皆加食用。（註十四）食時，火燎者十之九，鼎烹者十二三，且皆半生。蓋彼等以爲半熟者，耐饑且富營養也。（註十五）至其隨行之畜群，則食其乳。凡一牡馬之乳，可飽三人，出入只飲馬乳。故當大軍行進中，輒能經月不吃其他東西，而只飲馬奶，及其自己可以獵得之野味。故屯十萬之師，而能不舉煙火。大軍行動，極易保密。（註十六）並將其牛羊之乳，製成乳酪。用時以乳酪少許，和水於皮囊之中，乘馬奔馳，酪水震動，迅速融合，即可飲用。（註十七）設遇情況緊急，毫無補給，亦能疾馳十日而不舉火，僅賴割馬之血管，吸食其血以爲生。（註十八）所以，彼等只有在不得已時，始宰殺隨行之畜群。並將其肉切成細條，或以日曝，或煙薰，製成肉乾。吃時，以鍋加水，煮而食之。攜帶方便，食用亦易，爲最輕便而又耐飢之軍用口糧。（註十九）加以大軍在途兼歲，轉戰經年，故隨行之畜群，老羊雖已食盡，小羊業已長大。黑韃事略嘗謂：「韃人糧食，固只是羊馬，隨行不用運糧。」所以，蒙古大軍以畜群隨行，實無異於攜帶一座生生不息，長腿會走，龐大之補給庫。

武器兵源無需補給

蒙古大軍之補給，既唯畜群是賴。即武器裝備，亦皆由畜群提供。蓋其皮毛，可以製衣服。革可以製甲冑，皮盾、戰靴。其毛可以製氈帳，衣服。鬃尾可以製繩索，骨可以製箭，筋可以製弓弦，油脂可以製燭火，羊牛角可以製飲器，糞便可以作燃料。（註二十）至其鞍鐙，皆以木製。馬蹄以得鐵不易，輒以木片爲之，謂之腳澁。繫鐙之皮索，皆用手揉之，而不加硝製，復灌以羊脂，故受雨而不爛斷，極爲耐用。（註廿一）而外蒙與中亞遍地皆是之沙柳，更可以製箭之苛手，編製爲盾以防身。同時，其畜群之胃，皮及腹腔，更有出人意表之特殊用途。蓋彼等設無鼎釜，即取其胃，破開、挖空、盛水，置切小塊之肉於其中，以火煨熟，連胃帶肉，一併食之。（註廿二）復可刳革爲釜，出火於石，汲水和肉，煮而啖之。（註廿三）更能將重傷昏仆者，裸浸於新宰牛腹之熱血中，使之復甦，而具醫療功能。（註廿四）

此外，成吉思汗更命令婦女隨軍前進，當男子作戰時，彼等即代其工作，並代盡其義務。故其出征，無貴賤，多以妻孥隨行。（註廿五）征西域時，成吉思汗嘗以夫人忽蘭隨行。用兵乃蠻時，隨軍婦女之衆，曾謂之「可以成隊。」（註廿六）復令稍長之孩童隨軍前進，謂之漸丁軍。蓋大軍遠征，在途三載，則屆時十三四歲之孩童，已十七八歲，人皆勝兵矣！（註廿七）而其貴族之從征者，又多帶家奴隨行。（註廿八）故有關戰地之放牧畜群，收卸鞍馬，趕駕車輛，管理行李，張立帳幕，縫製衣物，以及日常生活所需之一切事務，皆由彼等—婦女、孩童、家奴任之，而所有之戰士，則僅負責作戰與射獵而已。（註廿九）所以，蒙古大軍，以婦女孩童及畜群隨行，更無異於攜帶一座，取用不竭，龐大之軍火工廠，且有大隊之補充兵隨行。雖轉戰萬里，而無慮兵源武器之匱乏。

0結論

麥克阿瑟曾說：「現代的戰爭，乃一補給的戰爭。」希洛夫亦謂：「戰爭決勝之關鍵，並不在於戰鬥之勝利，而在於敵軍戰爭補給系統之破壞。」孫武更謂：「軍無輜重則亡，無糧食則亡，無委積則亡。」（註三十）而古今中外，因補給之不繼，終致一軍敗亡者，更比比皆是。然十三世紀之蒙古大軍，卻無任何補給上之問。所以，此不僅是蒙古大軍，締造其震鑠百代武功，重要因素之一。亦為當時世界各國，無法具備之軍事特色，與無可比擬之優勢。

二、無後防與佔領區之安全問題—特色之二

動輒屠城，澈底破壞

蒙軍作戰，據耶律楚材謂：「國制：凡敵拒命，矢石一發，則殺無赦。」（註卅一）姚燧亦謂：「軍法：凡城邑以兵得者，悉坑之。」（註卅二）故殺戮之慘，史稱動輒數十萬，甚至雞犬無遺。且夷其城堡，毀其田園，使名城巨鎮，頓成毫無人煙之廢墟。同時，成吉思汗更訓示其子嗣諸將曰：「攻則必克，守則必固，戰則必勝。」（註卅三）故攻勢一經展開，即更番迭進，晝

夜不息，必拔之而後已。在一部蒙古蒙之戰史中，俯拾皆是此一原則，貫澈執行之範例。其所以如此者，蓋旨在藉慘酷之屠殺，激烈之破壞，以及戰無不勝，攻無不克之威勢，使敵人聞風喪膽，魂奪魄授。既不敢從事反抗，亦不敢心懷反側。故多桑曾謂：「其破壞行為，有類天災，威名遠，致使被侵略之民族，畏攝而不敢自衛。」（註卅四）

如成吉思汗之西征花剌子模，長子朮赤受命攻昔格納黑，嘗下令輪番迭進，不許休止，猛攻七日而拔之。並夷其城堡屋宇，盡屠其居民而去。四子拖雷攻你沙不兒時，亦揮軍環城猛攻，晝夜不息。比曉，濠塹皆平，城裂七十處而克之。因駙馬脫合察兒，戰死於此。此城既下，於是成吉思汗之女、脫合察兒之妻，遂將萬人入城，見者即殺，貓犬無遺。更下令夷平此城，歷時十五日，始行竣事。（註卅五）迨克花剌子模首都兀籠格赤，據史家阿剌丁、剌失德二人云：屠城之日，除工匠十萬遣送蒙古外，每一士兵殺二十四人。計士兵之數，多達五萬。故被殺之多，竟至一百萬二十萬人。（註卅六）及拖雷之屠馬魯，據全史謂：馬魯一帶被殺者七十萬人。世界侵略者傳則謂：據云，有德高望重之賽夷族人也速丁，曾攜數人，在十三日間，計算死者之數，逾一百三十萬。而屍骸隱伏，未被發現者，尚不知凡幾？（註卅七）

逮成吉思汗之南下伐金，破壞之烈，據姚燧謂：「我太祖加兵中原，圍燕不攻，而坑中山，蹂山東河北，諸名城皆碎。」（註卅八）元好問亦稱：「自北兵長驅而南，燕趙齊魏，蕩無完城。」（註卅九）以邢州而論，古之名郡巨鎮，舊有萬餘戶，然兵興以來，所餘不滿五七百。至殺戮之慘，雖身被十餘創，伏地將死，猶以刃自背至腹，刺之至地而去。（註四十）更燎煙於穴，雖竄匿岩洞間，亦必欲置之死地而後已。及憲宗入蜀，蜀人受禍慘甚。死傷幾已殆盡，千百不存一二。（註四十一）即降至世祖至元五至八年，王惲任監察御史時，猶謂：「河以南，千里蕭條，人煙斷絕。（註四十二）故多桑曾評之謂：「蒙古人之侵略，業已變更亞洲之面目，舊有之諸大國、諸王朝、因以滅亡，諸民族間有消滅者。蒙古人足跡之所經過，僅見尸骨遍地，城市為墟……，變繁華之地為荒原。」（註四十三）

即使是望風款降之城鎮，雖可免於毀滅。然必須自墮城垣，貢呈巨款，定期納稅，並簽徵丁壯，以隨軍效力。甚至會遭到盡驅城民於郊外，然後縱兵入城抄掠，如納兒之命運。（註四十四）倘地當衝要，人口衆多，財源充沛，城堡堅固，足以威脅其進退之安全，如巴里黑者。雖已款降，亦藉口檢閱戶口，驅民於野，盡加屠殺。復縱兵入城，大事抄掠。焚燒城市，摧毀堡壘。使此一城鎮，夷為平地，化為灰燼，難逃其毀滅之惡運。蓋蒙古軍為確保其略地之安全，不惜盡屠其居民，夷平其城堡，為成吉思汗戰略中，重要原則之一。（註四十五）

絕不放棄舊敵、嚴懲降而復叛

設佔領區之舊敵，死灰復燃，成吉思汗必立加消滅。倘有降而復叛者，亦必盡屠其民。在其早期統一蒙古之軍事行動中，此項原則，即已強烈之顯示。如用兵西遼，澈底消滅舊敵，乃鑾太陽汗之遺孽屈出律，即為此一原則貫澈執行之範例。故當花剌子模王朝業已覆亡，不僅算端摩訶末走死阿必思渾島。即全國之名城巨鎮，亦多入成吉思汗之手。然一聞花剌子模算端之嗣君札蘭丁，在哥疾寧，即遣將加以追擊。及聞巴魯安戰敗，更立即下令大軍疾進，在途兩日，行不及炊。迨札蘭丁隻身躍入印度河，亡命對岸，猶下令沿河搜尋。比大軍北還，以哥疾寧資敵，遂命窩闊台，盡屠其居民，摧毀其城市。於是此一兩百餘年之都市，遂成廢墟。（註四十六）又因也里降而復叛，下令宴只吉帶統大軍圍攻，歷時半載又十七日而拔之。殺掠七日，據傳被殺者，逾一百六十萬人。幸而藏匿嚴密，竄身岩穴，得以存活者，僅四十人。（註四十七）

兼以佔領區殘存之丁壯，又多被簽徵隨軍前進，用以從事危險之攻堅戰鬥，與艱辛之勞役工作。如花剌子模之撒馬耳干，戰後殘存之丁壯，約爲五萬人，然因屢經簽徵，亦消耗殆盡。（註四十八）再以拔都之西征爲例，史稱其有衆二十萬。然除不足五萬蒙古戰士外，餘者，皆爲簽軍與俘虜。即降至世祖至元十三年，衞輝以地當衝要，民之爲兵者，猶十居其九。餘皆貧病單弱，不堪任役。（註四十九）

〇結論

所以，蒙古軍佔領區之人民，既震於其慘酷之屠殺，澈底之破壞。亦無足夠之丁壯與物資，可供形成有效之反抗。是以，蒙古軍雖轉戰萬里，幾乎無所謂後防或佔領區之安全問題。此不僅是蒙古軍事上之一大特色，亦爲其所以能蓆捲歐亞因素之一。

復尤有進者，蒙古蒙之西征，因歐洲中亞之人民，飽受其摧殘，故其史家之記述，每多誇張其詞，未必盡屬可信。即果如其言，亦無可厚非。蓋古兵家格言有云：「凡有不忍人之心者，不可以爲大將。爲大將者，宜有目睹哀鴻遍野，伏屍千里，骨骸成山，血流成河之慘況，而能不動心。一意殺敵爲意，以勝利爲榮。」克勞塞維茲亦謂：「戰爭之基本性質，就是一種絕對的暴力行爲。在戰爭中，捨流血外，別無勝利之第二途徑。」（註五十）更何況時至二十世紀之今日，號稱「文明」之歐洲，如希特勒者流，其大規模科學之屠殺，有計畫夷滅一個民族之殘暴，早已超過十三世紀蒙古軍之記錄。故吾人對其慘酷之殺掠、毀滅性之破壞，以及簽徵殘存之丁壯，隨軍前進。俾謀先聲奪人，使敵人不敢抗拒。以安定後防，確保其略地之行爲，又安能獨予以苛責。

三、善用降人與俘虜—特色之三

簽徵臣服國家之人民，以擴大兵力

十三世紀成吉思汗之西征花剌子模，所統率之部隊，據喬治沃爾納德斯基謂：爲十五萬人。格魯賽謂：爲十五萬至二十萬人。屠寄則謂：六十萬人。而蒙古之戰士，據喬治沃爾納德斯基謂：僅十萬人。（註五十一）蓋斯時蒙古宗族之人口，不過百萬，軍隊亦僅十二萬九千人。加以控制之地區，淹有今日之內外蒙、遼東西、甘肅、新疆，而木華黎又受命經略華北。據聖武親征錄謂，其所指揮之蒙古軍，約二萬三千人。（註五十二）故成吉思汗所能統率出征之部隊，或尚不足十萬人。其餘之五萬或數十萬人，則爲徵自所臣服之游牧或半游牧部族之人民。及速不台圍攻汴京，史稱其統率之軍隊，爲步騎四萬。因蒙人悉爲騎士，故步騎四萬中，蒙古戰士，不過兩萬人，甚至不足兩萬人。由於汴京周圍一百二十里，以此箋箋之數，殊不足以圍攻。故又簽軍四萬，募兵兩萬，俾以圍攻。（註五十三）然十萬大軍中，屬於蒙古本部之軍隊者，僅一萬餘人，最多亦不過二萬人。其餘之七八萬人，悉簽自華北之漢人所組成。迨拔都西征歐洲，其所指揮之軍隊，據喬治沃爾納德斯基謂：爲十二萬人。格魯賽謂：爲十五萬人。姚從吾先生謂十五至廿萬人。然蒙古戰士之數，據喬治沃爾納德斯基謂：僅五萬而已。（註五十四）蓋拔都之西征，旨在擴大朮赤之封疆，而朮赤在成吉思汗卒時，僅繼承四千蒙古戰士。故太宗窩闊台下令，其他三系宗王之長子，統兵出征助戰。唯察合台汗國、窩闊台汗國，亦僅繼承四千蒙古戰士，故三大汗國所能派遣出征助戰之蒙古戰士，最多亦不過數千人。雖拖雷繼承十萬一千蒙古軍隊，窩闊台亦繼承成吉思汗，爲蒙古帝國之嗣君，可以多派部隊出征。唯斯時，不唯正經略襄樊淮南地區，且控制地區之遼闊，西自中亞，東至遼東，南至淮漢。皆需屯駐重兵，以資防守。故拔都能統率西征歐洲之蒙古軍隊，或尚不足五萬人。設果如多桑之言：「蒙古軍每十人調發一人西征」，則僅萬餘人而已。其餘十餘萬人，皆徵自各臣服國家或部族之人民。（註五十五）設將其每次用兵所掠之俘虜，加以計入，則其部隊人數之衆，尚不止此。所以，蒙古人既善於運用臣服國家部族之人民，以增強自己之兵力。且其征服之地區愈廣，則其兵力愈益強盛。不僅用以控制廣大之佔領區，復用以從事新地區之征服。然其以數萬之衆，竟敢運用數倍，甚而十倍於己之異族簽軍與俘虜，與之並肩作戰，而無慮其倒戈譁變，蓋由於其慘酷之殺戮，所產生之震攝，有以致之。

驅使簽軍俘虜，從事攻堅之戰鬥，與艱辛之勞役

蒙軍作戰，不僅欲攻名郡，先破小邑。（註五十六）用大包圍方式，先佔領其四周之城鎮，然後再加以圍攻。即對任何城鎮之攻擊，亦無不採用包圍方式。先掠其四境，並下令「每一騎兵，必欲掠十人。」（註五十七）以為攻城之用。以成吉思汗之大舉伐金而論，因蒙軍盡殲金軍精銳於野狐嶺至居庸關一帶。故當成吉思汗棄居庸而不攻，繞出紫荊關時，燕京以南之名郡巨鎮，不僅皆倉促無以為備，亦無可用之兵。雖急徵鄉兵，登城守備。然待蒙軍驅其所掠四鄉之俘虜，展開攻擊。則城上城下，守者攻者，父子兄弟，遙相指呼，致守者人人無固守之心。（註五十八）蒙軍亦因而迅速攻克華北名城巨郡九十餘座，形成蒙古軍，攻堅戰與心理戰，兼用並施之最佳範例。及拔都攻匈牙利之帛兒格，下令俄羅斯、匈牙利、庫蠻之俘虜，更番迭進，晝夜不息。匈牙利之俘虜盡死，繼之以俄羅斯人。待俄羅斯之俘虜死盡，又繼之以庫蠻之俘虜，如此猛攻七晝夜而拔之。（註五十九）所以，蒙古軍此種不惜數萬俘虜簽軍之傷亡，日夜急攻，不僅使守者傷亡殆盡，即其精神體力，亦為之瓦解。然後，養精蓄銳之蒙古軍，再乘疲實施最後之一擊。故甚少敵人，能予以抵抗，而擺脫其毀滅之命運。因此，蒙古軍雖轉戰萬里，經過無數激烈之戰鬥，血流成河之攻擊，而甚少傷亡者，蓋基於此。

復因所攻城堡，皆環以壕塹。遂下令俘虜於矢如雨下中，負木石填平之。如速不台之攻汴

京，「驅漢俘及婦女老幼，負薪草塡壕塹。城上箭簇四下，頃刻壕爲之平。」（註六十）朮赤之攻忽氈，因守將退守細渾河中之小島，矢石不及，乃下令「編民什百爲隊，以蒙古將校督之，運石三程外之山中，以石塡河。」（註六十一）復因城垣高峻堅固，不僅命令俘虜簽軍，負木挺衝城，如脫合察兒之攻柰撒。（註六十二）且列砲數十，甚至四五百枝，以爲攻城之具。以速不台之攻汴京爲例，「每一城角，置砲百餘枝，更遞上下，晝夜不息，不數日，石幾與裏城平。」所用「攢竹砲，有多至十三稍者，餘砲稱是。」因汴京附近無山石，乃「破大磑與碌碡爲二三，皆用之。」（註六十三）所謂三稍，言砲之大小。「稍」愈多，則砲愈大。稍者，拖砲移動之繩索也。大磑即石磨，汴京一帶，每數十家，始有一具。碌碡，即壓小麥高粱大豆，使之脫粒。豫東一帶，謂之「石滾」。每七八戶，方有一具。攻城時，所投石塊，既「幾與裏城平」，用石之多，可以概見。故須由俘虜簽軍，從數十里，甚至一兩百里外，盡加搜運，方可足用。若無法獲得岩石，則以木塊浸水，增其重量而用之。如朮赤之攻兀籠格赤，以「境內無石，不足供砲擊。」故下令「多伐桑木，以代砲石之用。於未投射先，漬水，增其重量。」（註六十四）復因石砲投射，僅數十碼，故須列砲城垣壕外附近之地。爲砲手之安全，以利發射。更命俘虜採木樹柵爲壁，以爲屏障。（註六十五）設敵人城堅勢盛，如金之汴京。乃五代周世宗，取虎牢之土所築。「堅密如鐵，受砲所擊，唯凹而已。」故速不台下令俘虜簽軍，於汴京「濠外築柵，圍百五十里。城有乳口樓櫓。濠深丈許，寬亦如之。約三四里置一舖，舖置百許人守之。」（註六十六）所以蒙古軍不僅役使俘虜簽軍，從事危險之攻堅戰鬥。且驅使擔任伐木採石，運送數十里，甚至一兩百里外之艱辛勞役。

㈥結論

古今中外，不乏善用異族降人俘虜，以完成作戰任務之成功史例。然若十三世紀之蒙古軍，敢於與數倍，甚至十餘倍之異族簽軍與俘虜，並肩作戰。且以慘酷之殺戮爲手段，役使彼等從事，極危險之攻堅戰鬥。伐木採石，最艱辛之勞役。不唯無慮其倒戈譁變，且發揮雷霆萬鈞之戰力，使任何敵人，均無法擺脫其毀滅之命運。所以，此不僅是蒙古軍事上之一大特色，亦其所以能戰無不勝，攻無不克，重要因素之一。

註釋

註一：多桑蒙古史一五六頁，新元史卷一〇一「兵志、軍糧」。

註二：元史卷九十八「兵志」。

註三：多桑蒙古史二十四、一五七頁，蒙韃事略箋證「軍政」，蒙古與俄羅斯九十二頁。

註四：蒙古與俄羅斯九十一、一〇二頁。

註五：元史卷九十八「兵志」，黑韃事略箋證十九頁。

註六：馬哥孛羅遊記一一二頁，黑韃事略箋證十八頁。

註　七：多桑蒙古史三十四頁，蒙古與俄羅斯九十二頁。

註　八：蒙古與俄羅斯九十四頁。

註　九：多桑蒙古史三十四、六十九、七十頁。

註　十：馬哥孛羅遊記一一一頁。

註十一：黑韃事略箋證二十二、五頁。

註十二：多桑蒙古史三十四頁。

註十三：黑韃事略箋證二十頁，蒙古與俄羅斯九十六頁。

註十四：黑韃事略箋證六頁，多桑蒙古史三十二頁，馬哥孛羅遊記一〇九頁。

註十五：黑韃事略箋證六頁，虜俗記「食用」。按：研究十三世紀之蒙古文化，本不應引用此著。然因民族習俗，變化既少且慢，故或差可借以參考。

註十六：黑韃事略箋證六頁，馬哥孛羅遊記一一一頁，蒙韃備錄箋證「糧食」。

註十七：馬哥孛羅遊記一一三頁。

註十八：馬哥孛羅遊記一一三頁。

註十九：多桑蒙古史三十二頁。

註二十：多桑蒙古史三十二頁，黑韃事略箋證七、十九、二十頁。

註廿一：蒙韃備錄箋證「軍裝器械」，黑韃事略箋證十八、十九、二十頁。

註廿二：蒙韃備錄箋證「軍裝器械」，黑韃事略箋證十九頁，馬哥孛羅遊記一一二、一一三頁。

註廿三：元史卷一二〇「札八兒火者」。

註廿四：元史卷一二三「布智兒」、卷一四九「郭寶玉」、卷一六九「謝仲溫」。

註廿五：蒙古與俄羅斯八十五頁，蒙韃備錄箋證「婦女」。

註廿六：新元史卷一〇四「后妃」，元史譯文證補「附太祖遺訓補輯」。

註廿七：元史卷九十八「兵志」，黑韃事略箋證二十六頁。

註廿八：元史卷一一九「脫脫」。

註廿九：蒙備錄箋證「婦女」，多桑蒙古史三十二頁。

註三十：世界名將治兵語錄「戰爭原理、戰爭與政治」。

註卅一：元朝名巨事略卷五「中書令耶文正王」。

註卅二：牧菴集卷四「序江漢先生事實」。

註卅三：世界名將治兵語錄三篇「用兵原理、一般原則」。

註卅四：多桑蒙古史一五五頁。

註卅五：多桑蒙古史一〇一、一〇二、一一三頁。

註卅六：多桑蒙古史一一七頁。

註卅七：多桑蒙古史一二二頁。

註卅八：牧菴集卷二十一「懷遠大將軍安撫使王公神道碑」。

註卅九：元遺山先生文集卷二十八「廣威將軍郭君墓表」。

註四十：元朝名臣事略卷七「太保劉文正公」，靜修先文集卷二十一「武遂楊翁遺事」。

註四十一：元朝名臣事略卷十五「國信使郝文忠公」，道園學古錄卷二十「史氏程夫人墓誌銘」。

註四十二：秋澗先生大全集卷五十八「大元故正議大夫宣撫使工部尚書孫公神道碑」、卷八十六「烏台筆補、乞權免大名等路今秋帶納中都遠倉腳錢事狀」。

註四十三：多桑蒙古史三頁。

註四十四：蒙古與俄羅斯三十頁，多桑蒙古史一〇四頁。

註四十五：多桑蒙古史一一七頁。

註四十六：多桑蒙古史一一六、一二六、一二七、一二八、一三〇頁。

註四十七：多桑蒙古史一三〇、一三一頁。

註四十八：多桑蒙古史一〇七頁。

註四十九：衆古史略二十一、元朝名臣事略卷十四「內翰董穆忠公」。

註五十：世界名將治兵語錄「戰爭哲學」、「戰爭性質」。

註五十一：蒙古與俄羅斯三十九頁，蒙古史略二十一頁，蒙兀兒史記卷三「成吉思汗」。

註五十二：蒙古與俄羅斯四頁，多桑蒙古史一九〇頁，聖武親征錄校註九十頁。

註五十三：新元史卷一一二「速不台」，金史卷一一三「合撒」。
註五十四：蒙古與俄羅斯三十六、三十七頁，元朝史一三九頁。
註五十五：蒙古與俄羅斯三十六頁，多桑蒙古史一九〇、二〇六頁。
註五十六：蒙韃備錄箋證「軍政」。
註五十七：蒙韃備錄箋證「軍政」。
註五十八：多桑蒙古史七十三、七十四頁。
註五十九：多桑蒙古史二三三頁。
註六十：金史卷一一三「赤盞合喜」。
註六十一：多桑蒙古史一〇三頁。
註六十二：多桑蒙古史一一八頁。
註六十三：金史卷一一三「赤盞合喜」。
註六十四：多桑蒙古史一一六頁。
註六十五：多桑蒙古史二三四頁。
註六十六：金史卷一一三「赤盞合喜」。

（原載民國七十四年十二月，中國邊政九十二期）

雜談元代蒙古文化及其有關問題

一、元代蒙人重奇數，尤尚九

重奇數

鐵木眞婚後，篾兒乞人之部長脫黑脫阿，爲報也速該奪其弟亦烈都妻子之舊恨，遂乘其孤弱，率三百騎襲之。鐵木眞聞警，遁入不而罕山。篾兒乞人三繞不而罕山，遍搜不獲而返。及大封功臣，擴充禁軍，詔令護衛散班，每三晝夜，更番輪值入衛。（註一）

帖卜騰格里，乃巫師，頗得蒙古諸部之尊敬。然放言無忌，行爲乖張，既毆辱皇弟合撒兒斡赤斤，復唱言合撒兒當代鐵木眞而興，故成吉思汗密令力士殺之，置其屍於帳中，封閉其天窗，掩壓其門簾，嚴令看守。三日後，亡其屍。成吉思汗曰：天懲奸人，雖死猶取其屍。（註二）

迨花剌子模邊將，屠其商隊，成吉思汗聞報，驚怒而泣，遂登山祈禱，絕食三日，以求天助。既克花剌子模舊都兀籠格赤，朮赤、察合台、窩闊台兄弟三人，因違反其故俗，盡分有所獲之戰利品。故成吉思汗大怒，嚴令三日不得入見。蓋蒙俗，凡破城守，有所得，則分數均之，自

上及下，雖多寡，每留一份，為成吉思汗獻，餘物敷俵有差。宰相等雖在朔漠，不臨戎者，亦有其數。（註三）

至其牌符，亦分金虎符、金符、銀符三等。而金虎符，則又有三珠、二珠、一珠三級之別。後之新君即位，如太宗、定宗、憲宗，均率群臣對日三拜，並大宴七日，以為慶賀。（註四）

數尚九

篋兒乞人之奇襲，鐵木眞賴不而罕山之蔽護，得以解危。故免冠解帶，椎胸對天九拜，灑馬奶以奠，且誓言：子子孫孫，永祭此山。及丙寅歲大會諸王將相，即位於斡難河之源。乃建九斿白旗，並大封功臣。嘗對失吉忽禿忽等累言：「九次犯罪休罰」。（註五）

逮攻西夏，大破其驍將阿沙敢不，西夏遂請降。所貢方物，悉遵其俗，以九九之數來獻，亦即九類各九件之貢品。至馬哥孛羅所稱：一物之獻，必為九數之九倍。如獻馬，須九匹馬之九倍，即八十一匹，此為最高之限。（註六）

新君即位，如太宗、定宗、憲宗，諸王將百官，亦皆對上九拜，以為慶賀。（註七）

所以，元代蒙人重奇數，尤尚九，對數目的喜愛，似與中原之習俗重偶數，以偶數為吉，大相異趣。

二、元代「貴赤放走」—古今最長距離之馬拉松大賽

元代貴赤放走，每年定期分於大都、灤京舉行「貴赤」，亦譯為桂齊、珪齊、貴由赤，乃健腳、善走、快行之意。「放走」，即今日之越野馬拉松賽跑，而非競走。輟耕錄卷一，山居新話卷二，南村輟耕錄第五頁，灤京雜詠第三十三首自註，均曾詳言其比賽之人員、方式、距離及獎賞。因自河西務至大都，自泥河兒至灤京，凡一百八十華里，或謂兩百里，約九十或一百公里。且「越三時」，即六小時，「直抵上前」。故元代之貴赤放走，實為自古至今，最長距離之馬拉松大賽。張昱、許有壬、揚允孚均有詩以顯之。（註八）

「放教貴赤一齊行，平地風生有翅身。未解刻期爭拜下，御前成箇賞金銀。」

「健步兒郎似箭雲，鈴衣紅帕照青春。一時腳力君休惜，先到金階定賜銀。」

「九奏鈞天樂漸收，五雲樓閣翠如流。宮中又放灤河走，相國家奴第一籌。」

至元二十四年，曾置貴赤衛親軍都指揮使司，與回回砲手軍匠上萬戶府，蒙古回回水軍萬戶府，同屬侍衛親軍之一，亦為特種兵團之一。由亦稱貴赤，當屬步兵中之快速部隊。

三、元代掖庭婦女之消遣

元代掖庭嬪妃宮女之節慶宴樂，東方雜誌復刊廿二卷五期，拙作「從元詩論元代蒙人節慶之漢化」，曾詳加論述。至其平日之消遣，則再據元詩，分陳如后：

一、賞花。張昱、朱櫄有詩以吟之。（註九）

「宮羅支請銀霜褐，徹夜宮中自剪裁。明日看花西內去，牡丹台下木瓜開。」

「春日融和上翠台，芳池九曲似流杯。合香殿外花如錦，不是看花不敢來。」

二、賞鳥。薩都剌、迺賢有詩以詠之。（註十）

「御溝漲暖綠潺潺，風細時聞響佩環。芳草宮門金鎖閉，柳花簾幙玉鈎閑。夢回繡枕聽黃鳥，困倚鵰欄看白鷴。落盡海棠天不管，修眉慚恨鎖春山。」

「花影頻移玉砌平，美人欹枕聽流鶯。一春多病慵梳洗，怕說鑾輿幸上京。」

三、奕棋。張昱有詩以記之。（註十一）

「殘卻花間一局棋，爲因宜喚賜春衣。近前火者攉何急，惟恐君王怪到遲。」

四、飲酒。周伯琦、張昱有詩以敘之。（註十二）

「畫閣香鎖暮雨晴，珠簾半捲遠山明。葡萄（按：酒）初醒羅衣薄，枕上琵弦撥不成。」

「飲到更深無厭時，並肩侍女與扶持。醉來不問腰肢小，照影燈前舞拓枝。」

五、女紅。張昱、朱櫄有詩以述之。（註十三）

「延華閣下日如年，除是當番到御前。尋出塗金香墜子，安排衣綫撚春綿。」

「大都三月柳初黃，內苑群花漸有香。小閣長日人倦繡，隔簾呼伴去尋芳。」

六、鬪草。楊允孚有詩以歌之。（註十四）

「澹墨輕黃淺畫眉，小絨絛子翠羅衣。君王又幸西宮去，齊向花陰鬪草歸。」

七、泛舟。朱權有詩以讚之。(註十五)

「合香殿倚翠峰頭，太液波澄暑兩收。兩岸垂楊千百尺，荷花深處戲龍舟。」

八、秋韆。張昱、朱權有詩以美之。(註十六)

「頻把香羅拭香腮，綠雲背綰未曾開。相扶相曳還宮去，笑說秋千架下來。」

「綵繩高掛綠楊煙，人在虛空半是僊。忽見駕來頻奉旨，含羞不肯上鞦韆。」

九、撒雪。張昱有詩以證之。(註十七)

「內人哄動各盈腮，談自西宮撒雪回。報與內司當有宴，羊車今晚早將來。」按：撒雪，不解其意，疑即今日之打雪仗？

十、博戲。王沂、張昱有詩以誌之。(註十八)

「龍綃衣薄怯新涼，銀葉煙消換日香。休晝修娥鬪雙陸，柳風吹淡漠宮黃。」

「塡金臂失戲分明，贏得珍珠三兩升。便去房中還賭賽，黃封銀榼酒如澠。」

十一、書畫。薩都剌有詩以誇之。(註十九)

「日長縫就縷金衣，高柳風輕拂翠眉。聞倚小樓題畫扇，但聞別院笑彈棋。主家恩愛有時盡，賤妾心情無限思。又向晚涼新浴罷，琵琶自撥斷腸詞。」

十二、騎馬。吳當有詩以稱之。(註二十)

「新賜金鞍選日騎，玉釵斜插兩鬢垂。長條拂著珍珠帽，只許東風細細吹。」

十三、誦經。朱權有詩以顯之。（註廿一）

「安息薰壇遣眾魔，聽傳秘密許宮娥，自從受得毘盧咒，日日持珠念那摩。」

十四、彈奏樂器。迺賢、朱權有詩以憐之。（註廿二）

「繡床倦倚怯深春，窗外飛花落錦茵。抱得琵琶階下立，試彈一曲鬪清新。」

「內中演樂教師教，凝碧池頭月色高。女伴不來情思懶，海棠花下坐吹簫。」

十五、插花養鳥。周伯琦、朱權有詩以言之。（註廿三）

「巫山隱約寶屏斜，朝著重棉畫著紗。徒倚牙床新睡足，一瓶芍藥當荷花。」

「九重天上日初和，翡翠簾垂午漏過。聞到南閩新入貢，雕籠進上白鸚哥。」

宮中雖錦衣玉食，亭苑如畫，然芳華虛度，寂寞難消。張昱、朱權等，均有詩以悲之。

「和好風光四月天，百花飛盡感流年。宮中無以消長日，自擘龍頭十二弦。」

「二十餘年備掖庭，紅顏消歇每傷情。三弦彈處分明語，不是歡聲是怨聲。」

而順帝時，程一寧未得幸時，嘗於春夜登翠鸞樓，倚欄弄笛，吹一詞云：「蘭徑香銷玉輦蹤，梨花不忍負春風。綠窗深銷無人見，自碾朱砂養守宮。」帝忽於月下聞之，問宮人曰：「此何人所吹？有知者對曰：程才人所吹，帝雖知之而未召幸。及後夜帝復遊此，又聞歌一詞曰：「牙床錦被繡芙蓉，金鴨香銷寶帳重。竹葉香車來別院，何人空聽景陽鐘。」又繼一詞曰：「淡月輕寒透碧紗，窗屏睡夢聽啼鴉。春風不管愁深淺，日日開門掃落花。」又吹惜春詞一曲曰：「春光欲去疾如梭，冷落長門苔蘚多。懶上粧台脂蓋蠹，承恩難比雪衣兒。」歌中音語咽塞，情極悲愴。帝因謂宮人曰：聞之使人能不悽愴！深宮中有人愁恨如此，誰得而知之？尤爲宮中婦女悲怨之寫照。（註廿四）

四、元代烈酒「阿剌吉」——補元代宮廷大宴考

元代宮廷用酒，種類繁多，拙作「從元詩論元代宮廷之飲食」，嘗言之。此外，尚有阿剌吉，亦名火酒、燒酒，創始於元代，宮廷大宴亦用之。其製造之法，忽思慧謂：「用好酒，蒸餾取露」而成。李時珍則謂：「用濃酒和糟入甑，蒸令氣上，用器承取滴露。」故清澈無色，味甘辣，極醇烈。三杯即醉，雖經宿猶未能全解。黃玠、朱櫄有詩以吟之。（註廿五）

「阿剌吉，酒之英，清如井泉花，白如寒露漿。一酌嚨胡（按：喉）生剌芒，再酌肝腎猶沃湯，三酌顛倒相扶將，身如瓠壺水中央，天地日月爲奔忙，經宿不解大蒼黃。阿剌吉，何可當。」

「獨木涼亭賜宴時，季季巡幸孟秋期。紅妝小伎頻催酌，醉倒胡兒阿剌雞。」

五、十三世紀蒙人之財產繼承制度及其探源

十三世紀蒙古之世官制度，封建制度，皆承襲於北疆草原部族之故俗。至其財產繼承制度，

據多桑謂：亦承襲於突厥韃靼之遺俗。（註廿六）然就文獻而論，在成吉思汗十七世祖，朶奔篾兒干時期，據元朝秘史謂：「朶奔篾兒干的哥哥都蛙鎖豁兒有四子，同住的中間，都蛙鎖豁兒死了。他的四個孩兒，將叔父朶奔篾兒干，不做叔父般看待，撇下了他，自分離去了。」並未分家產與其叔父朶奔篾兒干。及成吉思汗十世祖妣阿蘭豁阿既卒，據元朝秘史謂：「母親阿蘭豁阿歿了之後，兄弟五個的家私（按：家產），別勒古納台、不古納台、不忽台塔吉、不合禿勒只，四個分了。見孛端察兒愚弱，不將他兄弟相待，不曾分與。」因此，孛端察兒「止騎著個青白色、斷梁瘡、禿尾子的馬（按：即蒙古源流所謂之迎鞍短尾銙鬃鏽皮馬），順著（按：著）斡難河去，到巴勒諄阿剌名字的地面，結個草菴住了。」除馬一匹外，亦未分家產與其幼弟孛端察兒。所以，在十世紀初葉，蒙人尚無完整之財產繼承法。（註廿七）

大體而論，至十二世紀初葉，成吉思汗曾祖合不勒汗時代，始有之財產繼承法。蓋合不勒汗七子，幼子名脫朶延斡惕赤斤。按：斡惕赤斤，又簡稱斡赤斤或額眞，爲幼子之專稱。意爲「爐之主」、「家之主」，或「家督」、「主灶」、「爐與帳幕的主人」。由其繼承父卒時，其父一切之基本財產。在諸子中，爲最具特權之財產繼承人。蓋幼子「必須留在家庭與帳幕裏」，「處理財產家業和家計」並「守護爐火」也。（註廿八）復按：合不勒汗卒，由其同曾祖（按：海都）之兄弟俺巴孩汗繼立。俺巴孩汗既卒，由其遠房之侄，亦即合不勒汗之子，忽圖剌汗繼位。雖爲三汗，實爲兩代。初合不勒汗，曾殺金使。後俺巴孩汗，因其諸子，助母族與塔兒人作戰。故當俺巴孩汗，送女完婚時，遂爲搭搭兒所執，並獻之與金。金人方以殺使爲忿，乃以木驢處死之。及忽圖剌汗繼位，遂大舉伐金，以報斯仇。（註廿九）據洪鈞謂：事在金熙宗皇統七年，西元一一四七年。柯劭忞謂在三年，西元一一四三年。所以，合不勒汗時代，當在十二世紀初，蒙人始有完整之財產繼承制度。（註三十）

至於其財產繼承法，由成吉思汗卒時，將所遺之部隊，十二萬九千人，以十萬一千人，付幼子拖雷。其餘兩萬八千人，分給朮赤、察合台、窩闊台三子，各四千人。其庶子闊列堅，亦分得四千人。此外，幼弟斡赤斤五千人，弟合赤溫（按：哈準）三千人，弟拙赤合撒兒之子千人，母訶額侖太后三千人。可知不唯其子，諸弟，母氏，皆有財產之繼承權。且重其幼弟，尤厚於其幼子，然無嫡庶之分。故拖雷既承襲其絕大部份之軍隊，且繼承太祖卒時之一切基本財產。「如諸斡耳朶其最貴重之衣物，自乘馬匹。」，「所統治之諸部落」。因而，在太宗即位以前，拖雷亦爲蒙古帝國之「監國」。（註卅一）

復由成吉思汗分降民與宗親，計訶額侖太后與幼弟斡赤斤，共一萬戶。長子朮九千，次子察合台八千，三子窩闊台，幼子拖雷各五千，弟合撒兒四千，後因巫者闊闊出之預言，遂奪其衆，止餘一千四百。侄阿勒赤歹，按：弟哈準之子，史曰按只吉帶二千，弟別勒古台一千五，元史謂爲三千戶。按：秘史但言若干，元史新元史均謂之爲戶，故從史傳（註卅二）。由此可知，父生前分配家產，長子爲重。蓋長子成年結婚後，必須分居。且長子，傳統上執行祭祀之職。故爲使其足以自給，特多給家產。此種重視長子之情形，早在合不勒汗時代，即已如此。如合不勒汗曾「於百姓內，揀選有膽量、有氣力、剛勇能射弓的人，隨從他。」之長子斡勒巴剌合。使其「但有去處攻破，無人能敵。」以及成吉思汗征西域，臨行，「也遂夫人說：皇帝歷涉山川，遠去征戰，若一日倘不諱，四子內，誰爲主，可令衆人先知。」於是，成吉思汗首問其長子朮赤：「我子內，你是最長的，說甚麼？」（按：即對此事有何意見。）均可概見長子深受重視之情形。即降至明代，蒙人分家，猶有此俗。亦即厚於長子與幼子也。（註卅三）

設父卒時，幼子尚未成年結婚。則其父之財產—帳幕，屯營及遊牧之「愛里」，悉由其幼子與寡母繼承。直至其幼子，成年結婚爲止。其間，一切財產之管理權，均由其母主之。且有絕對之權力，亦若乃父然。如早期之阿蘭豁阿、那莫命、訶額命，均享有此種權力與地位。成吉思汗開國後，蒙人之遺孀，不僅可獲得領地，如太宗以眞定奉太后孛兒帖湯沐。且可管理其子年長後，所統帥之部隊。如拖雷既卒，憲宗世祖皆幼，所部十萬一千人，事皆決於其母唆魯忽帖塔尼。且極能馭衆，深得軍民之心。（註卅四）

此外，諸王所承襲之部隊，雖大汗或皇帝，亦無權再行處分。蓋君位有人時，諸王之部隊，固歸皇帝。然缺位時，則仍奉其原屬之王爲主。太宗窩闊台，曾奪拖雷所部，雪你惕部衆千人，速勒都思部衆二千人，以付其子闊端。兩部即訴之拖雷之遺孀及其諸子，表示深爲不滿之意。並因其違制，擬面訴太宗，堅決反對。幸賴唆魯忽帖塔尼之勸阻乃止，由是太宗甚德之，即其史

例。準此，可知任何人析產後，所擁有之一切財產，絕非他人所能再行處分。（註卅五）

總之，十三世紀蒙人之財產繼承制度，凡子長，即分家產之一部，使其離家分居而自立。幼子，無論其是否成年，均隨父而居。故父卒，幼子即承其父，所有之財產。設其年幼，則由其寡母，代主一切，直至其成立爲止。同時，就財產之分配而論，既豐於長子，尤厚於幼子。至於未婚之女，是否可以繼承財產，因史料無徵，不得而知。唯明代蒙人分家，未婚已聘之女，則有財產之繼承權。（註卅六）

六、略論三類著作中有關成吉思汗先世世系之記載

有關成吉思汗先世世系之記載，有三類：一爲元朝秘史，成於元太宗十二年，西元一二四〇年，爲中國記述其先世世系，最早之著作。後日之元史、新元史、蒙古黃金史等，有關其先世世系之記載，即本於此。（註卅七）二爲史集，洪鈞名之謂蒙古全史，著者剌失德，於西元一三〇三年，完成此書之第一册。內分兩篇，第一篇：臚列成吉思汗時代，韃靼地域，諸遊牧民族之名稱。舉其部落，言其起源，誌其所居之地。第二篇：首述關於蒙古人之發源，與成吉思汗祖先之傳說。繼述成吉思汗誕生以來，及其後裔之歷史。爲西域人，詳述成吉思汗先世世系，最早之史學家。多桑蒙古史，元史譯文證補等，有關其先世世系之記載，即本於此。（註卅八）三爲蒙古源流，著者小薩囊徹辰，生於明萬曆三十二年，西元一六〇四年，卒年不詳。此書約成於明清之

際，十七世紀中葉。係根據「紅册黃册七種史料而成。以喇嘛佛教爲綱，以各汗傳統之世系爲緯，而上及蒙古種族發源。」爲蒙人信奉喇嘛教後，公諸於世，而又成書時期，約略可考，記述其先世世系，最早之著作。「似乎是某一本黃金史的節譯」之蒙古世系譜等，或即本於此。蓋張爾田曾謂：「取以與蒙古源流相較，無大出入也。」然仍有若干處，不盡相同。未若前二者之完全一致。僅譯音稍有差異耳。（註卅九）

爲便於比對元朝秘史、蒙古源流、蒙古全史，以及蒙古世系譜四者，有關成吉思汗先世世系之異同，謹表列於後。箭號，代表父子相傳關係。號碼，則代表其世代之數目。

蒙古源流　1.布爾特齊諾；2.必塔察干；3.特墨徹克；4.和哩察爾墨爾根；5.阿固濟木博囉勒；6.薩里噶勒齊固；7.尼克尼敦；8.薩穆蘇齊；9.哈里哈爾楚；10.博爾濟台吉墨爾根；11.蒙郭勒津郭斡哈屯；12.都喇勒津巴延；13.博羅克沁郭斡哈屯；14.多博墨爾根；15.勃端察爾；16.哈必齊巴圖爾；17.伯塔爾巴圖爾；18.馬哈圖丹；19.哈齊庫魯克；20.拜星和爾多克新；21.托木把該徹辰；22.哈布勒汗；23.巴爾達木巴圖爾；24.伊蘇凱巴圖魯；25.特穆津。（二十五世）

元朝秘史　1.孛兒帖赤那；2.巴塔赤干；3.塔馬察；4.豁里察篾兒干；5.阿兀站孛羅溫；6.撒里合察兀；7.也客你敦；8.撏鎖赤；9.哈出兒；10.孛兒只吉歹篾兒干；11.脫羅豁勒真；12.朶奔篾兒干；13.孛端察兒；14.把林失亦剌合必赤；15.篾年土敦；16.合赤曲魯克；17.海都；18.伯升豁兒多黑申；19.屯必乃薛禪；20.合不勒合罕；21.把兒壇把阿禿兒；22.也速該把阿禿兒；23.帖木眞（二

十三世）。

蒙古世系譜　1.傳爾忒漆諾；2.巴泰察漢；3.特墨拉克；4.呼里察墨爾根；5.烏哈察穆布古魯爾；6.薩里噶爾昭；7.衣克尼；8.薩穆楚漆；9.哈拉楚克；10.博爾濟代墨爾根；11.都拉噶爾津巴延；12.多波墨爾根；13.博丹察爾；14.哈必漆巴圖魯；15.奇爾巴圖魯；16.嘛哈圖丹；17.哈齊庫魯克；18.海都；19.拜雙合兒多克深；20.敦巴海塞臣；21.哈卜爾汗；22.呼蘭巴圖魯；23.伊克察拉伊蘇巴圖魯；24.忒木津（二十四世）

蒙古全史　1.孛兒帖赤那；2.巴塔赤干；3.塔馬察；4.哈卜出篾兒；5.烏占不古魯勒；6.尼格尼敦；7.三鎖赤；8.哈里哈木朮；9.朶奔伯顏；10.孛端察兒；11.不花；12.土敦篾年；13.海都；14.伯升豁兒；15.禿篾乃罕；16.哈不勒罕；17.把兒壇把禿兒；18.也速該把阿禿兒；19.鐵木眞（十九世）。

七、耶律楚材父子和林之府邸幽雅宏偉——補元代和林之風貌

太宗七年，城和林，建萬安宮。諸王親貴，多建府邸，環佈於宮牆之外，耶律楚材亦建府邸於此。落成之日，湛然居士集卷十四，嘗有詩，以誌其欣喜之情。

「喜和林新居落成：登車憑軾我怡顏，飽看和林一帶山。新構幽齋堪偃息，不閒閒處得閒閒。」

至其建築，範圍頗大。佔地廣約五畝，凡三百平方丈。制同燕京西山之舊邸，故其規模，頗爲宏偉典雅。湛然居士集卷十四，亦有詩以言之：

「題新居壁：舊隱西山五畝宮，和林新院典型同。此齋喚醒當年夢，白晝誰知是夢中。」（按：燕京之西山）

按其燕京之舊邸，乃楚材之父所建。而其父履，事金世宗，特爲親信，曾官至二品尚書省右丞，爲宰相副貳。既貴盛若斯，故其府邸之規劃，自必宏偉典雅。兼以楚材時任中書令，元太宗至爲依重，曾詔令事無巨細，皆先白之。所以，其和林府邸之宏偉典雅，益令人所信。（註四十）其子鑄，復營西園，建月台、仙居亭，隻溪醉隱集卷三、卷五，均有詩以記之：

「重和惜春詩韻，余時經始西園：惜春情味舊情緣，依舊中情似去年。怪得玉音殊鄭重，想將花事易唐捐。白蓮已結爲詩社，翠水唯浮載酒船。誰謂惜花人老大，買花輸盡買山錢。」

「和林西園月臺懷呂龍山：日薰花氣暖徘徊，花影橫斜入酒杯。不見海棠春睡足，可憐江燕晚歸來。煙迷野色自芳草，水落石根空翠苔。誰勸流鶯聲且住，有人凝絕在高臺。」

「西園仙居亭，對雪命酒，作白雪嗺五首：玉花團結就冰桃，玉蘂凝香凍醪。時自唱歌嗺痛飲，踏歌白雪代離騷。」是日，園丁獻凍桃，凍桃猶梟桃也。

故亭園之美，誠四季如畫。雙溪醉隱居卷三、卷五，亦有詩以吟之：

「西園春興，因贈雪庭上人，兼簡張公講師：萬丈虹霓絡紫煙，笙歌清沸兩餘天。滿庭芳草翠如積，一洞碧桃明欲然。流水引來梅塢底，春風吹到酒壚邊。散花喚起毗耶夢，從此無心號謫僊。」

「春日西園招雪庭：暇日浮雲漾綠波，晝閒風靜好經過。護花飛蝶來逞舞，戀柳啼鶯自獻歌。妨物性疎輕物議，惜春情重柰春何！流年不爲朱顏息，莫（一作誰）厭罇前語笑多。」

「月臺雪：水精簾下玉塵埃，旋逐風姨去又來。應審素娥殊有待，已懸飛鏡上瑤臺。」

「西園梅花：婆律膏融滴蠟開，幾多香陣過樓臺。封姨更是相料理，吹到南華枕上來。」

所以，楚材父子，兩世經營之和林邸園林，當亦屬斯時和林之一景。

八、遊憩勝地上都開平之西山——補元代歲幸上都紀要

上都西山，臨湖泊，傳有巨龍。故用佛者言，樹鐵幡竿，高數十丈以鎮之。此地，入春以後，芳草如茵，野花盛開。峰巒疊翠，碧波蕩漾，湖光山色，掩映如畫。兼以，可覽鐵幡竿，高數十丈之奇。故爲郡中士女踏青，扈從北來文翰，遊憩覽勝之地。楊允孚、周伯琦、胡助均有詩以詠之。（註四十一）

「鐵幡竿下草如茵，澹澹東風六月春。高柳豈堪供過客，好花留待踏青人。」註：「即鄂

爾多，踏青人，指宮人也。」

「鐵刹標山影，金鋪耀日華。龍迴秋歇雨，燕落晝翻沙。苑御調驍騎，宮官葺𨏥車。長揚誰共賦，滿耳沸寒笳。」

「小西門外草漫漫，白露珠垂午未乾。沙漠崢嶸車馬道，半空秋影鐵幡竿。」

迨七月十五中元節，佛家盂蘭盆會，散燈湖中，燭光萬點，順鐵幡竿渠而下，頓化火龍，尤爲仕女臨覽之盛事。王沂有詩以誌之。（註四十二）

「鐵幡竿下散燈回，莔褐高僧夜咒雷。明日皇家賜餔宴，秋雲漠漠曉光開。」

九、口北三廳志之藝文志——對所錄元代之著作多所删改

口北三廳志爲研究今察哈爾地區，重要文獻之一。而其藝文志，因廣泛集錄有關此一地區之文獻，尤足珍視。然由於作者之删改原著，遂使其參考之價値，大爲遜色。

㈠改其篇目者　近光集卷一「詐馬行有序」、「立秋日書事五首」，口北三廳志（下簡稱志），卷十四改爲「詐馬行幷序」、「立秋日書事三首」。近光集卷一「是年五月扈從上京宮學紀事絕句廿首」、志卷十五改爲「扈從上京宮學紀事」。

清容居士集卷十二「伯庸開平書事次韻七首」，志卷十五改爲「伯庸開平書事次韻五首」。

清容居士集卷十五「上京雜詠十五首」、「客舍書事八首」，志卷十四改爲「上京雜詠十二

首」、「客舍書事五首」。

玩齋集卷四「上都咱瑪大燕」、志卷十五改爲「上都詐馬大宴」。可閑老人集卷二「塞上謠」，志卷十四改爲「塞上謠八首」。金台集卷二「錫喇鄂爾多觀詐馬宴奉次貢泰甫授經先生韻」，志卷十五改爲「失剌斡耳朶觀詐馬宴奉次貢泰甫授經先生韻」。石田集卷五「次韻端午行」，志卷十四改爲「上京端午行」。雁門集卷三「上京即事」，志卷十五改爲「上京雜詠」。扈從集「前序」、「後序」，志卷十三改爲「扈從北行前記」、「扈從北行後記」。

(二)改其內容者　石田集卷五「車簇簇行」之「李陵台西車簇簇」，志卷十四改寫「李陵台南車簇簇」。雁門集卷三「上京即事」之「一派簫韶起半空」、「上苑棕毛百尺樓」、「行殿參差翡翠光」，志卷十五改爲「白晝簫韶起半空」、「沙苑棕毛百尺樓」、「涼殿參差翡翠光」。柳待制集卷五「觀錫喇鄂爾多御宴回」之「毳幕承空掛繡楣」，志卷十五改爲「毳幕承空柱繡楣」。

扈從集「前序」之「明日至雞房」、「過色珍嶺」、「又過穆爾嶺」、「歷拜達勒」、「林木茂鬱，多巨材」、「遂歷哈札爾」、「至什巴爾圖、」「中路二」，志卷十三「扈從北行前記」改爲「明日至車房」、「過色澤嶺」、「又過磨兒嶺」、「歷白塔兒」、「林木茂鬱，多巨石」、「遂歷黑嘴兒」、「至失八兒禿」、「東路二」。

扈從集「後序」之「南至宣平十四里」、「南過鄂勒嶺」、「東南數百里」、「嶺路參亘」，志卷十三「扈從北行後記」改爲「南至宣平十五里」、「南過坳兒嶺」、「東西數百里」、「嶺頭參亘」。

㈢刪其內容者　僅以扈從集「前序」、「後序」而論，「前序」共八百三十七字、後序「共一千二百十字」。志卷十三「扈從北行前記」爲五百六十二字，刪原著二百七十五字。「扈從北行後記」爲七百零三字，刪原著五百七十七字。所刪者，多爲與來往兩京間，行程無關之文句。

㈣刪改因素之分析　口北三廳志之作者，所以刪改所集錄之原著者，可概分爲五類：一、原著詩之首數較多，僅錄其部份者。如近光集卷二「立秋日書事五首」，因僅錄其三首，故改爲「立秋日書事三首」等。二、將原著譯音之名詞，改爲習見之譯音者。如玩齋集卷四「上都咱瑪大燕」，改爲「上都詐馬大宴」等。三、將原著譯音之地名，改爲清代通用之地名者。如扈從集「前序」之「拜達勒」，改爲「白塔兒」。「後序」之「鄂勒嶺」，改爲「坳兒嶺」等。四、據清代之實際情形，而加以刪改者。如石田集卷五「車簇簇行」之「李陵台西車簇簇」，改爲「李陵台南車簇簇」等。五、因對元代缺乏瞭解，而予以刪改者。如雁門集卷三「上京即事」之「上苑棕毛百尺樓」，改爲「沙苑棕毛百尺樓」等。

㈤結論　總之，口北三廳士之作者，刪改原著，無論其理由何在，均極爲不當。蓋既不忠於原著，更足以導致引用者，產生不良，甚至錯誤之結果。如研究元代兩京間之驛道，經李陵台之南，則大爲謬誤。因此爲清代驛道之情形，而元代驛道，則經李陵台之西也。

十、元朝文類所錄文獻，蘇氏曾加刪削

蘇天爵之元朝文類，曾錄存元代最具文學與史學價值之名山之作，詩文、記序、制贊、神道碑、墓誌銘等，凡八百餘篇，都一百五十七家之言。其中尤以保存若干無文集存世之重要文獻，最爲珍貴。故元朝文類，向爲治元史之學者視爲最重要參考圖書之一。然蘇氏對所錄存之部份著作，曾加刪削，則大出意外。

謹將道園學古錄卷二十三「曹南王世勳碑」，卷二十四「句容郡王世績碑」，與元朝文類卷二十五「曹南王世績碑」，卷二十六「句容郡王世績碑」，仔細比對如後。凡「」號內者，爲二者相同之文句。凡（）號內者，則爲蘇氏刪削原著之處。

(甲)「曹南王世勳碑」部份：

一、「中統建元之歲，賞功賜黃金五十兩。（旦耳答衣九襲。旦耳答者，西域織文之最貴者也。）二年，濟南帥李璮以山東反。」

二、「賜黃金虎符一，銀印一，（弓一，矢百。弓矢之服，黃金飾其具。馬鞍轡一，黃金塗銀飾其具。）以舊官將其軍。」

三、「力戰數有功，（賞賜白金五十兩，金織文衣九襲。）十一年，取宋。」

四、「明年二月，以舊官復拜山東河北蒙古軍，都萬府都萬戶。（三月，賜以只孫服。只孫

者，貴臣見饗於天子則服之。今之所賜，絳衣也。貫大珠以飾其肩膺間，首服亦如之。副以納赤思衣等七襲。納赤思，縷皮傅金爲織文者也。海東青鶻二。五月，）上之上都。」

(乙)句容郡王世績碑」部份

一、「冬入朝，召王埸前，親慰勞之。賜以白金百兩，（金壺盤盂各一，白金甕一，椀十，金織衣段九。）海青白鶻一。國家侍內宴者，每宴必各有其衣冠，其制如一，謂之只孫，悉以賜之。」

二、「賜金虎符，以河南等路蒙古蒙子弟四千六百而隸之。（又賜尙方金貂裘帽，玉帶，青鶻，近郊田二千畝，石磑一百）。二十三年，拜鎭國上將軍。」

三、「玉帶，金帶，名鶻，（細毳）縑素萬匹。」

四、「遂賜御衣一，帽一，（玉頂笠一，盤珠金衣一，履雙，珠三囊。）黃金百兩。」

五、「二年入朝，封句容郡王，賜金印，（玉手印一，七寶笠一，珠帽一，七寶帶一，玉帶一，七寶束帶一），黃金二百五十兩。」

從以上所陳，不僅將足以顯示元代工藝之精，服飾之美者，如金壺盤盂、飾金銀鞍轡、金貂裘帽、七寶笠、七寶帶、七寶束帶，以及珠帽、白金甕等，盡行删去。即代表其織錦藝術之旦耳答衣，納赤思衣，只孫衣，亦予删除。故從事元代工藝，服飾，織錦之硏究，若僅參考元朝文類，而未閱虞集之原著，則必蒙受不利之影響，當可概見。所以，閱讀元朝文類，應讀其無文集存世之部份。如有文集存世者，則仍以讀其原著爲宜。

十一、釋清代若干著作中有關蒙古地理「中國式」經度之記載

清初之皇輿全覽，已有經緯度之繪製。而中國疆域所在之經度，約在東經七十度，至東經一百四十六度之間，是盡人皆知之事。然清代若干涉及經度之著作，輒以京師，即今日之北平市爲基準，以東謂東若干度，或東經若干度。以西謂西若干度，或西經若干度。

如咸豐年間，張穆所著之蒙古游牧記曾謂：「鄂爾坤河來會，在西十三度，北極出地四十六度。」（一四九頁）「額爾德尼招，廟在西十三度，北極出地四十六度。」（一四五頁）以及光緒中葉，姚明煇所輯之蒙古志嘗謂：「沙漠長，自東經四度，至西經三十度。」（一〇四頁）「蒙古……西盡西經三十度二十九分……東盡東經十度三十一分。」（一頁）

故上引之「東經四度」，即今北平市所在之經度——東經一一六度二十九分，加四度，爲今圖東經之一二〇度二十九分。「東經十度三十一分」，即一一六度二十九分，加十度三十一分，爲今圖東經之一二七度。「西十三度」，即一一六度二十九分，減十三度，爲今圖東經之九十三度二十九分。「西經三十度二十九」，即一一六度二十九分，減三十度二十九分，爲今圖東經之八十六度。

其所以如此記載經度者，或因著作不解經度之計算方法。或雖知之——以英國倫敦格林威治

天文台爲基準，爲零度。以東爲東經若干度，以西爲西經若干度。然以爲堂堂天朝，豈可用夷人首都，作經度之基準？應以天朝京師爲準，有以致之。

試閱地圖，或從常識判斷，外蒙東部之所及，安有在東經十度三十分之理？西部所及，又豈能在西經三十度二十九分？而額爾德尼招，爲元代漠北四朝京師之和林故址，何至有在西經十三度之可能？

所，此種經度之記載方法，不僅使後之讀者，大爲困擾，因中國疆域之中，何來西經若干度？又何至有東經四度，十三度之可能？而且若有人據以引證，雖與原著無誤，然亦使讀者，認爲大誤特謬，引以爲笑談。故此種「中國式」經度之記載方法，誠害人不淺！非深思熟慮，仔細比對地圖，殊難解決，看懂此種極爲錯誤，而又可謂並無錯誤之經度記載方法。

十二、多桑蒙古史引證宋君榮有關元太祖葬地之經度錯誤

多桑蒙古史一卷九章「其歸葬蒙古」，「宋君榮書（五四頁）謂：當時成吉思汗族之蒙古貴人云，成吉思汗所葬之山，曰汗山，處北京子午線西，北緯四十六度五十四分，東經九度三分之間。」（一五三頁）如排印無誤，則此一說法，即可能爲前陳中國式經度記載之方法所形成之結果。因今圖之「東經九度三分」，約在東德之境，成吉思汗斷無葬于東德之可能。若「東經九度三分」，爲中國式經度之記載方法，則以今北京市所在之經度爲準，即東經一一六度二十九分，

加九度三分，爲今圖東經一二五度三十一分，地當東北黑龍江省之南部，亦絕無可能。蓋成吉思汗一生，從未涉足此一地區。所以，「東經九度三分」，疑爲中國式經度記載方法——西九度三分之誤。亦即以北京市所在之東經一一六度二十九分，減九度三分，而爲今圖之東經一〇五度二十六分，確可近似成吉思汗之葬地——汗山一帶。

若宋氏自北京，西數九度三分，即謂之九度三分，既不按前述中國式之經度計算方式，稱之爲西或西經九度三分。又因中國之經度，均爲東經若干度，復以西方經度之計算方式，稱之爲東經九度三分。則此種半中式、半西式之經度計算方式，則尤令人難以理解。

註釋

註一：元朝秘史第十八、十九、四十一、一四二、一四三頁。

註二：元朝秘史第一五五、一五六、一五七頁，蒙古秘史新譯並註釋第三六八、三六九頁。

註三：多桑蒙古史第九十六頁，元朝秘史第一六九頁，蒙韃備錄箋證「軍政」。

註四：元史卷九十六「兵志一」，多桑蒙古史第一九二、二四八、二六四頁。

註五：元朝秘史第四十二頁，元史卷一「太祖」，元朝秘史第一二九、一三四、一三九頁。

註六：元朝秘史第一七四頁，蒙古秘史新譯並註釋第四一九、四二〇頁，馬哥孛羅記第一七四頁。

註七：多桑蒙古史第一九三、二四八、二六四頁。

註　八：可閑老人集卷二「輦下曲」第五十一首，至正集卷廿七「竹枝十首和繼學韻」，灤京雜詠第卌三首，元史卷八十之「樞密院，貴赤衛親軍都指揮使司」。
註　九：可閑老人集卷二「宮中詞」第十一首，歷代宮詞卷二「明周王一百首」第二看。按「明周王一百首」、明詩綜、明詩詞事等，均題爲「元宮詞百首」。
註　十：雁門集卷二「四時宮詞」，金台集卷一「宮詞八首次偰公遠正字韻」。
註十一：可閑老人集卷二「宮中詞」第十八首。
註十二：近光集卷一「宮詞」，可閑老人集卷二「宮中詞」第十六首。
註十三：可閑老人集卷二「宮中詞」第十三首，歷代宮詞卷二「明周王一百首」第六十二首。
註十四：灤京雜詠第五十三首。
註十五：歷代宮詞卷二「明周王一百首」第七首。
註十六：可閑老人集卷二「宮中詞」第十三首，歷代宮詞卷二「明周王一百首」第六十首。
註十七：可閑老人集卷二「宮中詞」第四首。
註十八：伊賓集卷十二「上京」第五首，可閑老人集卷二「宮中詞」第十七首。
註十九：雁門集卷二「四時宮詞」。
註二十：學言稿卷六「王繼學賦柳枝詞十首、書于省壁。至正十有三年，扈蹕灤陽，左司諸公，同追次其韻」。
註廿一：歷代宮詞卷二「明周王一百首」第六十四首。

註廿二：金台集卷一「宮詞八首次偰公遠正字韻」，歷代宮詞卷二「明周王一百首」第九十二首。

註廿三：近光集卷一「宮詞」，歷代宮詞卷三「元、聶鏞」。

註廿四：可閑老人集卷二「宮中詞」第九首，歷代宮詞卷二「明周王一百首」第三十首，元代掖艇侈政王第十一、十二頁。

註廿五：飲膳正要卷三「米穀品、酒」，本草綱目卷二十五「酒・燒酒」，弁山小隱吟錄卷二「阿剌吉」，歷代宮詞卷二「明周王一百首」第七十頁。

註廿六：多桑蒙古史一八九頁。

註廿七：元朝秘史五頁、八頁、九頁，元史卷一「太祖」，蒙古源流箋證卷三，多桑蒙古史三十六頁。

註廿八：元朝秘史十五頁、十六頁，蒙古社會制度史二十頁、二十五頁、二十六頁，新元史卷一〇五「帖木哥斡赤斤」，蒙古與俄羅斯十一頁。

註廿九：元朝秘史十四頁，新元史卷一「太祖」。

註三十：元史譯文證補卷一上「太祖本紀」，元朝史二十八頁，新元史卷一「太祖」。

註卅一：多桑蒙古史一九〇頁，蒙古與俄羅斯十一頁，元史卷一「太祖」，新元史卷一一〇「闊烈堅」。

註卅二：元朝秘史一五〇頁、一五四頁、一五五頁，新元史卷一〇五「哈準」、「哈撒」，元史卷一一七「別勒古台」。

註卅三：蒙古與俄羅斯十一頁，元朝秘史六十八頁、一六四頁、一六五頁，蒙古社會制度史二十二頁，夷俗記

「分家」。

註卅四：蒙古社會制度史五頁、二十六頁、二十七頁，新元史卷七十七「食貨、賜賚」。

註卅五：多桑蒙古史二六二頁。

註卅六：多桑蒙古史一八九頁、一九〇頁，蒙古社會制度史二十六頁，夷俗記「分家」。

註卅七：蒙古黃金史譯註九頁。

註卅八：多桑蒙古史十二頁、十三頁。

註卅九：蒙古源流箋證卷首「提要」、「張爾田序」、「李毓澍序」，蒙古世系譜，五卷，據博西齋舊抄本，民國二十八年排印本，線裝，無作者與印刷者，後有張爾田跋，蒙古黃金史譯註一四二頁。

註四十：金史卷五十五「百官、尚書省」，元史卷一四六「列傳、耶律楚材」。

註四十一：灤京雜詠第二十七首，近光集卷二「立秋日書事五首」，純白齋類稿卷十四「灤陽雜詠十首」第四首。

註四十二：伊濱集卷十二「上京」第七首，口北三廳志卷二「山川、鐵幡竿渠」。

本文係由四篇短文選錄而成。原載民國七十三年七月東方雜誌十八卷一期，民國七十四年九月東方雜誌十九卷三期，民十四年中國邊政九十四期，民國七十九年五月東方雜誌二十三卷十一期。

十三世紀西方文物東傳蒙古初考

元代「幅員之廣，極天地覆燾。自唐虞三代，聲教威力所不能被者，莫不執玉貢琛，以修臣職。」故為「通邊情，佈宣號令」，太宗乃下令察合台、拔都，凡在屬國，皆設站赤。站赤，漢言傳驛之謂，以期朝會夕至，聲聞必達。（註一）於是，自和林，經敦煌、哈密、別失八里、阿力痲里、玉龍傑赤，以達歐俄南部之薩萊，而通於北歐諸國。復自和林，經敦煌、羅布泊、天山南路、巴達哈傷、呼兒珊，而抵小亞細亞之報達，及於地中海與北菲各國。兼以大汗不唯嚴令各地，務必維護商旅之安全，確保道路之暢通。且各宗教一律平等，人民宗教信仰，絕對自由。所以，商旅、教士、述職入貢之臣、東西持節之使，接踵摩肩，不絕於途。於焉歐亞東西之交通，誠盛況空前，為前世所未有。影響所及，據霍渥爾斯謂：「我認為繪畫的藝術、指南針、火藥，以及社會生活中的許多必需品，皆非歐洲人所發明，乃由蒙古人自東方所輸入者，屬毫無疑問。」不徒東方之文物，傳入歐洲，引發「震旦之誘惑」，終而導至好望角、新大陸之發現。且西方之文物，亦由而輸入蒙古與東方。唯本文旨在討論十三世紀之蒙古文化，故西方文物之東傳，亦僅以輸入蒙古者為限。至於此一時期，傳入中國之其他西方文物，如棉花等，則不加論述。（註二）

一、金織——納石失

納石失亦譯爲納失失、納失思、納赤思，爲元代金碧輝煌，富麗奪目，最貴重織物之一。（註三）其爲用甚廣，不僅宮車宴駕，以之覆棺，發引時，亦用之爲簾。且爲製作帝履，以及質孫衣，亦譯作只孫衣、直孫衣，最重要之織物。（註四）復按納石失之類別，計有納石失怯綿里（按：剪邊使之起毛之納石失）、答納都納石失（按：綴大珠之納石失）、速不都納石失（按：綴小珠之納石失）、素納石失（按：白色之納石失，蓋蒙古人以白爲吉）、大紅納石失（按：紅色之納石失）、聚線寶里納石失（按：寶里，服之有襴者）六種。世祖之世，曾於別失八里、弘州、蕁麻林，設局織造，並教習工匠以製之。日後或因織造頗多，故原屬皇家專用之物，據裴哥羅梯於一二四〇年所撰之通商指南謂：「在契丹國，一索摩之銀，可購……納石梯三匹半至五匹。」張星烺註謂：「納石梯即納石失之複數」。所以，逮元代晚年，納石失亦可對外商出售，而成爲國際貿易中之珍品。（註五）

按別失八里，固皆回回織工。即弘州、蕁麻林，當太宗之世，亦駐有衆多之回回工匠。如鎮海曾有「西域金織綺文」工匠三百餘戶，分隸弘州。哈散納亦嘗率回回人匠三千戶，駐於蕁麻林。而拉施特之全史亦謂：「涿州城附近，有賽馬利城，城中居民，泰半爲薩馬爾罕人，植有薩馬爾罕式之果園多處。」馬哥孛羅亦稱：宣德一帶之城市集鎭中，有許多回教徒聚居。彼等皆以經商及織造「納石失」與「納克」兩種金布爲生。蓋成吉思汗克薩馬爾罕，曾取工匠三萬人，分賞其家屬及諸將。所以，伯希和認爲納石失乃從薩馬爾罕徙於弘州，蕁麻林之回回織工，所織成之「金絲織物」。復由元史累稱納石失爲納石失緞，納石失毛緞，以及徐霆所謂：「其服左衽而方領，舊以氈、毳、革。新（按、近也）以紵、絲、金線」。故納石失，爲用金線與彩色之絲線或毛線，所織成之織成之織物。因此，元史亦輒以「金織」、「金錦」稱之。（註六）

所謂金線，爲黃金製成之線。蓋將作院，不僅設有「金絲子局」，以掌管黃金製絲之工作，且元代亦有用黃金製絲，而織成之純金織物。如世祖之太子妃，因太子眞金臥病，嘗設「織金臥褥」，以隔濕氣。世祖見之，以爲太奢，大爲不悅，且慍語太子妃曰：向以汝賢，何乃若此耶！兼之元典章，亦有「多人穿的緞疋綾錦上交織金，紵絲上休交織金者」之詔令。馬哥孛羅亦言：大都織製許多「金和絲織的布」。又稱木骨都束，有「各種金製絲，織的布匹。」按木骨都束皆信仰回教，爲中亞之國，而「納石失」又爲中亞東傳之織物。所以，益證織造納石失之「金絲」，爲黃金製成之線或絲。至於道園學古錄所謂：「納赤思者，縷皮傅金爲織文者也。」頗令人置疑。蓋虞集雖爲元代名臣，且爲文學重鎭，必見及納石失，其說當爲可信。然縷皮，即割皮成條。傅金，即以金粉附之，不使之脫落。如此織物，固不能稱之爲納石失緞，納石失毛緞。且穿著既不舒適，亦難稱貴重之物。所以，其說頗難令人採信。此外尚有且耳荅，乃「西域織文之最貴重者」。速失，爲「回回毛布之精者」。以及西馬西錦，皆十三世紀，西方文物，東傳於蒙

古者。（註七）

二、建築

太宗七年，建和林，營萬安宮。據魯不魯乞之記載，和林域中，有兩大街，一爲回回街，市集所在。一爲漢人街，工匠所居。並有回教禮拜寺二，基督教堂一。宮中，則有雕刻壁畫，以爲裝飾，乃中國工匠所建造。九年，復築掃鄰城，建迦堅茶寒殿。據多桑謂，由波斯工匠所營建。其莊嚴富麗，可與建萬安宮之中國工匠比美。所以，西方之建築，以及其雕刻繪畫，於焉亦東傳於蒙古。蓋波斯工匠所建之迦堅茶寒殿，必屬波斯式之建築。而回教之禮拜寺，基督教之教堂，則必爲阿拉伯式，羅馬式之建築。至於十二世紀，居於蒙古人北方貝加爾湖東岸之篾兒乞人。南方肯特山以南，以至長城以北之克烈人。西方斡兒寒河上流以西，金山以東之乃蠻人。雖已部分信奉景教、摩尼教，然尙無建有教堂之記載，可資證明，西方之建築，業於十二世紀東傳於蒙古。（註八）

三、石砲

蒙古軍初無攻堅之武器，及成吉思汗南下攻金，據元史唵木海傳謂：帝嘗問以攻城略地，兵杖以何爲先？對曰：以砲石爲先，蓋其力重，而能及遠故也。及九年木華黎受命專征河北，帝諭之曰：唵木海言，攻城用砲，甚善。汝能任之，何城不克？所以，成吉思汗自南下攻金後，始知石砲，於農業地區，作戰之重要。並下令徵集熟知造砲用砲之人，組成砲手軍。分由賈塔剌渾，佩金符，任四路砲手總押。薛塔剌海，佩金符，任砲水手元帥。唵木海，佩金符，任隨路砲手達魯花赤以統之。逮十四年攻西域，中國式之石砲，遂成攻堅最重要之部隊。如拖雷攻你沙不兒，曾列石砲三百，砲石二千五百擔。所以，史傳評之謂：諸人「皆以砲立功」，「後定諸國，多賴其力。」（註九）

然此後蒙古大軍，所用之石砲，據喬治沃爾納德斯基謂，則採近東式之石砲。由至元八年世祖嘗下令徵砲匠於宗王阿不哥（按：阿八哈），王以阿剌瓦丁與亦思馬因應召，十一年又置回回砲手軍匠上萬戶府。可知，其言甚是。至於所以如此者，蓋以回回之「工藝極精，攻城之具尤精。」且「西域砲，摺疊弩，皆前世所未聞。」其砲威力頗大，可將三百磅之石塊，投射四百碼之遠。無堅不摧，入地七尺。太宗四年，蒙軍攻汴時，每一城角，置砲百餘具。因附近乏石，乃破大磑、碌碡爲二三用之。更番上下，晝夜不息。不數日，所發射之石塊，幾與裏城平。及世祖十年，攻襄陽，一砲中其城樓，聲震天地，城中洶洶，諸將多縋城降。所以，西方之石砲，亦於十三世紀輸入於蒙古。（註十）

按蒙古軍攻襄樊，所用之砲，馬哥孛羅、喬治沃爾納德斯基、剌失德，皆云石砲。元史、多桑但言用砲，僅 Visdeou 謂乃火砲，且柳貽徵言：西人之知有火器，始于元順帝至正十四年，西元一三五四年，故採石砲之說。復按元軍始用火砲，事在至元十一年十月二十三日，攻沙陽城時，「砲手張元帥等，順風掣金升夷砲入城，燒屋舍，煙燄燎天，城遂破。」至太宗之世，元軍攻汴，雖曾有震天雷，「鐵罐盛藥，以火點之，砲起火發，其聲如雷，聞百里外。所爇圍半畝以上，火點著鐵甲皆透。」金軍亦有飛火槍，「槍制，以敕黃紙十六重爲筒，長二尺餘。實以柳灰、鐵滓、磁末、硫黃、砒霜之屬，以繩繫槍端。軍士各懸小鐵罐，藏火，臨陣燒之。燄出槍前丈餘，藥盡而筒不損。」然一類今日之手榴彈，一類昔日裝火藥鐵砂之鳥槍，均非能發射砲彈之砲，故不能稱之爲砲。而紹興三十一年，虞允文采石磯之捷，雖曾用霹靂砲。趙翼亦謂：乃「近代用火具之始」。然「以紙爲之，而實以硫黃、石灰，砲自空而下，硫黃得水，而火自跳出，其聲如雷。」僅「紙裂而石灰散爲煙霧，眯其人馬之目」而已。故其殺傷與破壞力，尚不若石砲然。（註十一）

四、樂器

元史禮樂志，曾詳載其登樂樂器，與宴樂之器。其中雖諸多樂器，均來自西域。且置常和署，以管回回樂人。然確爲十三世紀，始傳入蒙古之樂器，則唯有隆興笙與七十二弦琵琶二者而已。按隆興笙，世祖之世，由西域所貢。樂官鄭秀損益而成。「凡宴會之日，此笙一鳴，衆樂皆作。笙止，衆樂亦止。」爲元代宮庭宴樂樂器之尤要者。至於七十二弦琵琶，乃郭侃隨宗王旭烈兀征報達所得。聲極悅耳，其王頭痛，群醫束手，及聽之，立解。唯此一樂器，後日既未爲宮廷所採用，而民間，亦未流傳。蓋元代之弦樂器，計有二、三、四、五、七、九、十一、十三、十四、二十四、二十五弦者，尚未云有七十二弦者。所以如此者，究因郭侃密藏，未曾上之於朝。抑或雖上之，而未受重視。史傳不載，待考。唯清人之「西域舊聞」嘗言：今之新疆，有「洋琴五十餘弦」，從其弦數之衆多而論，二者似乎頗爲近似。然七十五弦琵琶，當爲直立而奏之樂器，而洋琴應橫陳而奏之樂器。故二者是否相類，或由其演變而來，亦待考。（註十二）

五、用印

蒙人初無印信，平日傳達命令，或言以爲約，或刻木爲信。木只三四寸，刻其四角。如差十馬，則刻十劃。如遇調發兵馬，則結草以爲約，使人送達，急如星火。或破木爲契，上刻數劃，各執其半，必木契合同方可。其法雖簡，然因其俗淳厚，而說謊者，又一律處死。故奉使者，莫敢詐僞，雖一字亦不敢易。（註十三）

及成吉思汗滅乃蠻，太陽汗之傅，兼典藏與掌印之塔塔統阿亡去。俄就擒，帝詰之謂：乃蠻疆土人民，悉爲朕有，汝負印何之？對曰：將以死守，求故主以授之，安敢有他！由是，帝大爲激賞，以爲忠孝人也。問印何用？答以出納錢穀，委任官吏，一切事皆用之，以爲信驗。帝善之，命居左右。是後，凡有制旨，始用印章，仍命掌之，至太宗之世，印方徑三寸餘，上鐫畏吾

兒字，由鎮海掌之。用時，以紅色鈐於白紙之上。故用印，亦十三世紀由西方傳於蒙古者。（註十四）

六、文字

蒙古初無文字，及塔塔統阿，既歸太祖，帝嘗問之：汝深知本國文字乎？塔塔統阿悉以所蘊爲對。帝大悅，遂命教太子諸王，以畏吾兒字，書國言。忽都虎以太后養子，爲上諸弟之一，故亦得預其列。及開國建號，大封功臣，詔以忽都虎爲斷事官，並諭之曰：「但凡你的言語，任誰不許違了。如有盜賊作僞的事，可殺的殺，可罰的罰。百姓分財的事，你科斷者。凡斷了的事，寫在青册上，以後不許諸人更改。」故日後忽都虎所記之判例，必爲以畏吾兒文，而書蒙古語而成之記錄。因字用黑色，故謂之青册。至於一二二六年，所訂頒之大雅薩法典，亦係用畏吾兒字，書蒙古語而成之成文法典。所以，最初之蒙古文字，是由塔塔統阿所教導，以畏吾兒字母，爲蒙古之字母。用拼音法，而寫蒙古語之方式，所形成之文字。（註十五）

逮太宗之世，凡中書省文書，行於西域諸國者，用畏吾兒文，鎮海主之。凡行之於中國、契丹、女眞者，耶律楚材主之。然必須鎮海於年月之前，書畏吾兒字，曰付某人，以副署之，用相參驗，始能生效。所以，格魯賽曾謂：畏吾兒人，不唯「使之容納喝昆河，同吐番之舊突厥文化」。且「使之納敍利亞，同摩尼教、景教、佛教、流傳下之遺業」。「我們可以說，這兩種人

（按：畏吾兒與契丹），是他們的文化導師。」確爲一語破底之論。（註十六）

七、天文曆法

蒙人初無曆法，但見草青，即爲一年。新月初升，即爲一月。設問其壽若干，唯倒指而數幾草青爲答而已。日後始知紀年之法，初用十二支象，如子曰鼠兒年，後又用甲子，皆非其舊曆，悉由契丹女眞教之使然。逮成吉思汗征西域，回鶻星者，嘗奏五月十五日夜，月當蝕，耶律楚材則謂不蝕。及期，果不蝕。明年，楚材奏十月十五日夜，月蝕。回鶻星者，言不蝕。至期，月果蝕八分。由是可知，不僅成吉思汗已日漸重視天文曆法，且回回星象家，亦日漸登用。迨太宗之世，律楚材以金之大明曆寖差，乃制庚午元曆，上之于朝，然不果行。僅自印若干，以爲流傳。（註十七）

洎乎世祖之在潛邸，嘗徵回回之星者札馬剌丁，入侍王府。及踐位，即因金之舊制，立司天監，以掌天文曆法之有關事宜。至元四年，復用札馬魯丁以回回法，所修定之萬年曆，稍行頒用於天下。並詔令製造回回測天之有關儀象，計成明秃哈剌吉，漢言混天儀。咱秃朔八台，漢言測驗周天星曜之器。魯哈麻亦渺凹只，漢言春秋分晷影堂。魯哈麻亦木思塔餘，漢言冬夏至晷影堂。苦來亦撒麻，漢言渾天圖。苦來亦阿兒子，漢言地理志。兀剌都兒剌不定，漢言晝夜時刻之器，凡七種。至元八年，更置回回司天監，以札馬剌丁，新元史謂札馬丁爲提點。所以自太宗以降，回回之星象家，即向受重視。及至世祖，則爲尤甚。昔耶律楚才之庚午元曆，雖上之於朝，而未被採用者，當受回回星象家之影響，或不無可能。而國家司天之官，中西兼用，由是益見回回星象家，深受朝廷重視之情形。所以，回回之天文曆法，亦於十三世紀，東輸於蒙古與中國。（註十八）

八、諸國語言

元代之色目人，向受朝廷所重視。故其任官者，爲數甚衆。由是，西方諸國之語言，遂流傳於蒙古與中原。所以斯時蒙人與漢人，通諸國語言者，頗不乏人。如蒙古之孛禿，漢人之楊惟中、石天麟、何實、張弘、契丹人之耶筆阿海等，均通諸國之語言。兼以，衆多之色目官員，常需傳譯，徐霆嘗言：「燕市學，多教回回字與韃人譯語。」其後，至元二十六年，詔置回回國子學，命公卿大夫與富家之子，皆依漢人入學之制就學，以習亦思替非文字。蓋元代詔令，行之於蔥嶺以西諸國者，皆以亦思替非文字副之。按亦思替非，據方豪先生謂：乃粟特之異譯。又言亦思替非，爲波斯古都之名。故回回國子學，可能教授波斯文。逮延祐元年，又置回回國子監，「以亦思替非，官屬歸之。」用以訓練外國語文人才。故元代通諸國語文之傳譯人員，雖不可稽考，然爲數當衆，實無可置疑。或謂：早在唐代，中亞細亞突厥回訖所建之諸國，以及大食、波斯、大秦，即已通於中國，且有仕於唐者。然其人數之多寡，既不足以望元代入仕者之項背。當然其語言之流傳，亦不若元代之廣。所以，諸國語言，對蒙古語言之廣泛影響，實不難概見。即以波斯語而論，蒙古語中，即有二十三個辭彙，含有彼等語言之成份。至於斡羅斯（按：俄羅斯），直至元代，始列入版圖，方通於中國。故而，斡羅斯語言之東傳蒙古與中原，尤屬空前，爲往世所未有。蓋元代不僅置有「宣忠斡羅斯扈衛親軍都指揮使司」，以統帥由斡羅斯人所組成之禁衛軍。且諸王章吉，曾獻斡羅斯人一百七十人，燕帖木兒亦獻斡羅斯人二千五百人。所以，在蒙古與中原之斡羅斯人，爲數當衆，確爲不爭之事實。雖元史無斡羅斯人通顯者之傳記，然由其人數之衆，故其語言之東傳，以及通斡羅斯語言之蒙古人與漢人，或不乏其人。而其對蒙古語言之影響，亦當在所難免。關于此點，尚須由深通古代蒙古語與俄語之專家，始克予以證實焉。（註十九）

註釋

註一：元文類卷四十一「經世大典序錄、禮典總序、朝貢」，元史卷一〇七「朮赤」、卷一〇一「站赤」，元朝秘史一八二頁。

註二：蒙古史略八十四、八十五頁，蒙古與俄羅斯三頁，海思、穆恩世界通史四五四頁。

註三：元史卷七十八「輿服志、冕服、天子質孫冬之服」、卷一二二「塔不已兒」、卷一三二「拔都兒」，道園學古錄卷二十四「曹南王世勳碑」。

註　四：元史卷七十七「祭祀志、國俗舊禮」、卷七十八「輿服志、冕服、天子冕服」、「輿服志、冕服、質孫」、卷一二二「塔海」、「昔里鈐部」、卷一四九「劉黑馬」。

註　五：元史卷七十八「輿服志、冕服、質孫」、卷二「太宗」、卷七十八「輿服志、冕服、天子質孫冬之服、夏之服」、「百官質孫冬之服、夏之服」，元文類五十七「中書令耶律公神道碑」，元史卷八十五「百官志、工部」、卷八十九「百官志、昭功萬戶都總使司」，中西交通史料彙編第二册三一八、三三一頁。

註　六：元史卷一二〇「鎭海」、卷一二二「哈散納」，中西交通史料彙編第四册二四九頁，多桑蒙古史一〇七頁，馬哥孛羅遊記一二三頁，西域南海史地考證譯叢丙集七十七、六十八頁，元史卷一三二「拔都兒」，卷八十五「百官志、工部、弘州人匠提舉司」，黑韃事略箋證八頁，元史卷一六九「劉哈剌八都魯」，元文類卷二十六「太師太平王定策元勳之碑」，元史卷七十八「輿服志、冕服、玉環綬制」。

註　七：元史卷八十八「百官志、將作院、金絲子局」、卷一一六「后妃」，大元聖政國朝典章卷五十八「工部、緞疋、織造金緞疋例」，馬哥孛羅遊記一九〇、四四〇頁，道園學古錄卷二十四「曹南王世勳碑」，元史卷七十八「輿服志、冕服、天子質孫冬之服」、卷一二二「昔里鈐部」。

註　八：元史卷二「太宗」，多桑蒙古史二七九、二一二頁，蒙古史略卷一「十二世紀時之突厥蒙古部落」，西域南海史地考證譯叢甲集「唐元時代中亞及東西之基督教」。

註　九：蒙古與俄羅斯九十二頁，元史卷一二二「唵木海」、卷一五一「賈塔剌渾」、卷一五一「薛塔剌海」，蒙古與俄羅斯二十九頁，多桑蒙古史一二三頁，新元史卷三「太祖」。

註　十：蒙古與俄羅斯九十二頁，元史卷二〇三「阿老瓦丁」、「亦思馬因」、卷八十六「百官志、樞密院」，黑韃事略箋證二十頁，元文類卷四十一「經世大典序錄、政典總序、軍器」，馬哥孛羅遊記二九一頁，元史卷二〇三「亦思馬因」，金史卷一一三「赤盞合喜」，續資治通鑑「咸淳九年」。

註十一：多桑蒙古史三一七、三一八頁，元文類卷四十一「政典總序、征伐、平宋」，元朝史一三〇頁，中國文化史三一八頁。

註十二：元史卷七十一「禮樂志、宴樂之器」，新元史卷九十四「樂志、宴樂之器」，元史卷八十五「百官志、禮部、常和署」、卷一四九「郭侃」，劉郁西使記，蒙韃備錄「燕聚舞樂」，玉笥集卷三「白翎雀」，元史卷六十八「禮樂志、登樂樂器」，舟車所至二六二頁。

註十三：黑韃事略箋證十頁，蒙韃備錄箋證「國號年號」。

註十四：元史卷一二四「塔塔統阿」，黑韃事箋證十頁，西域南海史地考證譯叢丙集三十二、三十三頁。

註十五：元史卷一二四「塔塔統阿」，新元史卷一二六「忽都虎」，元朝秘史一二八頁，西域南海史地考證譯叢丙集三十一、三十四、三十五，蒙古與俄羅斯八十八頁，多桑蒙古史一六三頁，蒙古史略二十九頁。

註十六：新元史一三三「鎮海」，蒙古史略二十九、三十六頁「註七」，蒙韃備錄「國號年號」。

註十七：黑韃事略箋證九、十頁，元文類卷五十七「中書令耶律公神道碑」，元史卷五十二「曆志」。

註十八：元史卷七「世祖・至元七年」、卷九十「百官志，回回司天監」、卷九十「百官志、司天監」，新元史卷三十四「曆志、治曆本末」、卷三十五「曆志、西域儀象」、卷六十一「百官志、回回司天監」，元文類卷四十一「經世大典序錄、禮典總序、曆」。

註十九：蒙韃備錄箋證「諸將功臣」，元史卷八十七「翰林國史院、回回國監學」、「蒙古翰林院」、卷一四六「楊惟中」、卷一五三「石天麟，新元史卷一四七「何實」，卷一四〇「張榮、邦杰、弘」、卷一三五「耶律阿海」，黑韃事略箋證十頁，中西交通史三册一四七、一四八頁，中國與伊朗四七四頁，中國邊政八十九期「十三世紀蒙人之驅口——奴婢與俘虜」。

（原載民國七十六年十二月，東方雜誌復刊二十一卷六期）

元代和林之風貌

一、營建之始末

和林，原屬乃蠻故地，太祖滅乃蠻，建四大斡耳朶於此。亦名哈剌和林，哈剌火林，以臨哈剌和林河得名。多桑謂以山得名，誤。又名哈剌八剌合孫，意爲黑城。王國維氏曾謂：「元史世祖紀，丙辰冬，駐哈剌八剌合孫之地。哈剌言黑，八剌合孫言城，又謂之黑城。元史昔都兒傳，至元十四年，從諸王伯木兒，追擊折兒凹合岳木思兒等，於黑城哈剌火林之地，擒之。哈剌火林即和林，即黑城，即哈剌八剌合孫明矣。」皇慶元年，更名嶺北行省，和寧路。（註一）按哈剌和林河，又簡稱和林河。據姚從吾氏總合諸家之研究，認爲即今之阿魯渾河，亦即鄂爾渾河、鄂爾坤河、斡耳寒河。黃楙裁亦謂：「和林爲有元一代故都，築城鑿池，建立殿廷，非同他處……。而近世諸家紛紛辯論，終不能確指其地。雖博雅如魏默深、徐星伯、張石洲諸先生，熟悉口外地形，而於和林遺蹟亦多悠移之詞。蓋緣今時所行之圖本，誤將杭海山移於鄂爾坤河之東，遂致燕郢易位，地望無準矣。」「至於元人所稱和林川，即今鄂爾坤河。」（註二）

太宗七年，營和林，建萬安宮，劉敏受命總其役。奏設宮闈司局，以主其事。立傳驛，以便貢輸。八年正月，諸王勳貴，東西使臣，各治具大會，以慶落成。由太宗親爲執觴，以賜耶律楚材，且大加讚揚，誇示中外謂：「非卿中原無今日，朕所以得以安枕者，卿之力也！」又指楚材謂東西使臣曰：「汝國有此人乎？」皆謝曰無。帝曰：「汝等此言不妄，朕亦度無此人。」故城和林，建萬安宮，當出諸楚材之獻策。然據元遺山之「大丞相劉氏先塋神道碑」：「是後，立行宮，改新帳殿，城和林，起萬安之閣，宮闈司局，皆公發之。」又似劉敏所倡議。（註三）逮憲宗元年，嘗發役修繕之。元史謂爲千五百人，新元史謂爲五千人，惜已堙。今之額爾德尼招，即其遺址。地當西十三度，北極出地四十六度。亦即東經一〇三度，北緯四十六度。在西爾哈阿濟爾罕山之西麓，鄂爾坤河之河畔。按額爾德尼招，蒙語。額爾德尼，寶也。招爲招提之省文，寺也，意爲寶寺，蓋以盛產金銀故名。（註四）

元史地理志謂：「太祖十五年，定河北諸郡，建都和林。」誤。蓋十五年，太祖猶在西域。二十年，始東返行宮。又安能建都和林？張石洲引沈君垚之說，論之甚詳。元史地理志又謂：「五朝都焉。」亦誤。蓋太祖之世，既未建都和林。而世祖踐祚之始，即遷都燕京，置和林宣慰司都元帥府，未嘗一日都此。故都和林者，僅太宗、定宗、憲宗三朝而已。（註五）

二、建築之情形

和林城垣土築，多桑謂：周約五華里，馬哥孛羅謂爲三公里。四方各闢一門，諸門各設專業之市場一，不得混雜。計東門售粟，及其他本地少產之穀物。西門售羊，北門售馬，南門售牛及車輛。（註六）城內，據多桑參考教士魯不魯乞，於憲宗四年，抵達和林之紀行謂：有二大街，一爲回回街，皆色目人所居，乃中外珍貴貨物交易之集散地。一爲漢人街，所居皆漢人，女眞、契丹之商賈工匠及仕宦。或謂兩街，皆回回、漢人之工匠。此外，尚建有官署數處，基督教之教堂一所，回教之禮拜寺兩所，佛道之宮觀寺院十二所。且自和林至中原，置驛三十七站，車五百輛，以貢輸宮廷之所需。迨憲宗六年，嘗「大作浮屠，覆以傑閣。」閣五級，高三百尺。其下四面，爲屋四間，環列諸神，具如經旨。初閣無名，時人但以大閣寺稱之。世祖元年，復於城門之東街，營三靈侯廟，八年竣工。十六年樹碑，以述其始末。及武宗之世，行省丞相哈剌哈孫，又肇建孔廟，以爲傳道修文之所，未竟而卒。行省郎中蘇志道，繼其成志，而全其功。又有三皇廟，始建於省治之南，爲屋四楹。泰定末，行省參知政事左恭，欲以官帑，易而新之，惜屢請而未果。文宗天曆間，兵馬司劉天錫，以「社稷壇壝□（按：疑爲未之同義字）建，□（按：疑爲因之同義字）闕而新之。而廊廡未備，公□（按：疑爲營之同義字）而完之。」至順元年，因前建之三皇廟已圮，遂命路吏李仲宗督工，因其故基，廣而大之。是年春經始，二年夏落成。大新規製，「視昔日，迥然不同矣！」逮順帝至正二年，更詔令宣政院使伊噜特穆爾，專督重修大閣寺。髹以黃金，瑰麗奪目。二重其門，周繞以垣。歷四年而成，賜名興元閣。許有壬曾評其富麗雄偉，以爲「信天下之閣，無此爲比。」（註七）

萬安宮，又稱蓮宮，由中國建築師所營建，南北座向，宮墻磚築。闢有四門，分供皇上專用，以及皇后妃主，諸王將相，商賈平民，出入之用。中有大殿，以爲朝會之所。殿之前庭，以巨柱兩行承之。寬廣雄偉，兼而有之。復飾以雕刻繪畫，故益增其富麗堂皇。殿之四周，繞以園林台榭，萬安閣，即其中建築之一。耶律楚材曾言：「創築和林建宮室」，務期「棟宇施功遵壯大」、「柱石相資成大廈」。故「靈沼靈壺未爲比」、「明堂壯麗鎮龍沙」。所以，和林宮闕之宏偉莊嚴，富麗典雅，於此不難概見。至於諸王勳貴之府邸，如中書令耶律楚材等，則環佈於宮墻之外。（註八）

馬哥孛羅謂：宮在城內。多桑但言宮傍城壁。度其文意，亦謂宮在城內。蒙兀兒史記、元朝史均稱：旁城壁，建大離宮。宮墻磚築，內有大殿，爲朝會之所。又建長方型之倉庫數座，以爲儲蓄食物財貨之所。度其文意，此大離宮，當即萬安宮。然既爲萬安宮，何以又稱之爲離宮？蓋離宮者，行宮也，故其又非萬安宮明矣！大離宮既非萬安宮，然又何需在萬安宮，近僅咫尺之地，復建此大離宮？實令人費解。復據新元史謂：傍城外，有大離宮。然屠姚二氏，但言傍城壁，建大離宮，均未云城內城外。故其究經建於城內，抑或城外，以及其是否即萬安宮，均待

考。（註九）

三、附近之名勝

和林一帶，名勝頗多。太宗九年四月，嘗建掃鄰城，於和林以北，七十餘里之揭揭察哈澤之濱。並營離宮迦堅茶寒殿於此。迦堅茶寒，據王國維氏謂：「即揭揭察哈，譯音有輕重耳。」故殿以澤爲名。按揭揭察哈澤，張石洲、屠敬山皆謂：即今賽音諾顏部，右翼中右旗，鄂爾坤河上游支流，濟爾瑪台河所瀦之察罕泊。周廣六七十里，水極清澈。太宗春季居此兩月，爲春水飛放之地。（註十）十年，又營圖蘇胡城，作迎駕殿，去和林三十餘里。柯劭忞氏謂在和林之北，王國維氏則以爲在和林之南。亦即耶律楚材之孫，希亮降生之涼樓。蓋涼樓，又名禿忽思，即禿思忽之倒誤。又有西宮，耶律鑄曾言之，惜地址不詳。（註十一）

此外又有寬甸，在和林北河外，三十餘里。平疇遼闊，數十百里，向爲遼代春夏遊幸之。西百餘里，有金蓮花甸。松石疊翠，峭壁千仞。金蓮遍野，艷麗絢目。下有龍渦（按：湖泊），水色其碧如玉，清澈狀若明鏡，尤爲游息之佳境。耶律鑄極喜此地，不時往來，且有詩以詠記之：「金蓮花甸湧金波，流繞金沙漾錦波。何意盛時遊宴地，抗戈來俯視龍渦。」王國維氏疑今之察罕泊，即鑄所謂之龍渦。然據前述，張屠二氏均稱察罕泊，即和林以北七十餘里之揭揭哈澤。故元代之兩泊，即和林西百餘里之龍渦，和林北七十餘里之揭揭察哈澤，皆以今之察罕泊釋之。顯

有錯誤，當非誣妄。唯二者中，孰對孰非，尙無定論。（註十二）

至於太宗避暑駐夏之斡兒篾克禿，秋季駐蹕之闊舍，闊闊腦兒，及避冬大獵之汪吉，亦皆斯時名勝之地。蓋大駕駐此數月，諸王勳貴，東西使臣，商賈百工，皆匯於此。觀光上國者，又安能不咸集畢至！按斡兒篾克禿，即今庫倫以北之烏兒木克禿。闊舍，又稱軍腦兒，軍納浯兒，意爲深水泊。即今庫倫東南，土拉河曲以南，數十里之衮泊。闊闊腦兒，又稱闊闊納浯兒，意爲青水泊。在和林以北，納剌赤剌溫山附近。憲宗之世均嘗累駐於上述二地。汪吉，即汪吉河，今翁金河上流河谷之地。（註十三）

四、附近之古蹟

關於古蹟，則和林東北錫蘭河畔，有唐代之富貴城。吾悞揭腦兒，即揭揭察哈澤正西，和林北七十餘里，有契丹故城。亦即張耀卿、長春眞人紀行中，所謂東西有故城之西城，今名哈剌巴爾噶遜城，乃遼斡兒朶城，亦即唐代突厥、回鶻之故都，有苾伽可汗故宮之遺址在焉。且有苾伽可汗碑，「大唐開元二十年歲次壬申十月辛丑朔七日丁未建。」之故闕特勤碑，及九姓回鶻可汗碑。不僅闕特勤，新舊唐書均作「勒」，且苾伽可汗卒於開元二十二年，立碑於二十三年，以及其祖曰骨格祿頡斤，曾祖曰伊地米施□（按：缺一字），均爲史傳所無，可供唐史突厥傳之考證。同時由「詔金吾將軍張立逸，都官郎呂向，齎璽書入番，爲立碑，上自爲文」，勑賜「故闕特勤碑」之碑文：「且特勤可汗之弟也。可汗猶朕之子，是父子之義既在。」殊可概見大唐天可汗國威之隆。自此東行四驛，約在和林東北百餘里，亦有契丹故城，亦即張耀卿，長春眞人紀行中，東西有故城之東城。背山面水，周約三里。遺址若新，街衢可辨。制類中原，蓋遼鎮州之遺址。（註十四）

此外，中統元年，阿里不哥叛於和林，世祖親將兵擊之。至元十四年，諸王昔里古，據和林稱兵，詔伯顏討之。故和林附，頗多戰場，可資憑弔。如北有達蘭河，去和林百餘里。西有白霞，西南有㟂峹、伯哩山、遜多山。南有處月，斜車山，闊里嶺、黃蘆淀。由「大漠又去斜車西南數百里」，故上陳諸地，皆在和林四周，數十百里之範圍。雙溪醉隱耶律鑄，曾有「達蘭河」、「白霞」、「㟂峹山」、「伯哩行」、「處月」「後凱歌詞九首」等詩，以吟述之。（註十五）

五、四季之景色

據雙溪醉隱集卷三「三月和林道中未見草萌」：「不覺清明夢裏驚，問人人道過清明。須知上苑花飛樹，誰信和林草未萌。」卷三「送人還鎮陽」：「雲黯慘，風浩蕩，故里風光空想像。寒餘三月索貂裘，凍崖冰雪三千丈。」可知和林之清明，草木未萌，積雪未消，天氣之寒冷，猶非裘不足以禦寒。復據張耀卿紀行：「時孟秋下旬，麋麥皆槁，問之田者，云已三霜矣！」以及雙溪醉隱集卷二「送明壽卿南歸」：「龍庭八月初，西風吹寒雪。」卷三「謹用尊大人領省龍庭風雪詩韻」：「冬居冰谷賴醑酒，夜宿沙堤借草氈。」所以，和林七月降霜，八月飛雪。自茲以降，即已雪俺山林，冰封河谷矣！

然三四月之交，春季來臨，據鑄集卷五「和林春書事」：「晴窗一曲春風訊，開徹滿山桃杏花。」卷二「大道曲」：「春風吹繡陌，花滿帝鄉樹。」同卷「送玄之」：「東風三月吹和林，綠楊庭院空深沈。整襟危仕罷舜琴，時聽百鳥自在吟。冷冷流水嗽寒玉，半天蕭颯松風音。」亦芳草如茵，桃李爭妍。花香滿幽徑，翠柳碧如煙。枝頭百鳥爭鳴，碧波輕拍沙岸。漠北之春色，或無讓中原。

夏則芍藥盛開，金蓮遍野。風姿瑰麗，嬌艷殊絕。耶律鑄曾有詩以詠之云：「標舉孤芳蘊異香，定知經歷幾炎涼。自來不愛春約束，顯是司花少主張。」註謂：「和林芍藥夏至前後始盛開。」又云：「顧影驕嘶囁紫煙，綠雲隨步步金蓮。天然紅玉飛香輦，宜載花間醉玉仙。」註謂：「余避暑所，川野無非金蓮，金蓮川由此得名。」加以河水碧綠似錦，遠山蒼翠如畫，菜圃稼禾，雜佈四野，亦殊堪賞心悅目，令人心曠神怡。秋可賞菊（註十六），冬則踏雪詠梅，或圍爐品酒，賞此粉粧玉鑿之琉璃世界。於蕭瑟酷寒中，亦饒有情趣。鑄集卷六，嘗有「詠梅」詩：「長笑庭花各樣粧，競呈春色占時芳。孤標風雪年年伴，只作人間獨自香。」卷三復有詩「詠雪」云：「樓曉倚欄干，天低欲壓欄。前冰山岳色，飛席下雲端。風陣連朝凍，星鋩搖夜寒。嶺梅應見怨，何憚一來看。」雖為文人吟詩，蓋亦紀實。足證冬季之和林，殊另有其一番風情。

至若欣逢大獵，得睹萬騎奔騰，鐵臂合圍，群獸驚嘶悲鳴，武士鼓嘈歡呼。以及嚐漠北之八珍—醍醐、麆沆、駝蹄羹、駝鹿唇、駝乳糜、天鵝炙、紫玉漿、元玉漿，極人間之佳餚，則又為和林之一番景象。耶律鐵嘗有「小獵」及「行帳八珍詩」以記之云：「翠華東出萬安宮，獵獵旌旗蔽碧空。鸊鵜杯停縱金勒，鸕鷀表裏控雕弓。塞鴻驚帶鵝毛雪，野馬鹿飛羊角風。萬騎耳邊驚霹靂，一聲鳴笛暮山紅。」「玉汁溫醇體自然，宛然靈液漱玉泉。要知天乳流膏露，天也分甘與酒仙。」而遙望群山翠谷間，萬千畜群，星羅棋佈。碧野無垠中，黑車蟻聚，白帳萬點，尤蔚為奇觀，殊非中原所能見。劉秉忠「和林道中」曾謂：「扶桑日曉雨初收，襟袖涼生六月秋。兩壁雲山夾行客，一川煙草看飛騮。玄車軋軋長轟耳，白帳連連不斷頭。宮闕上橫龍虎氣，和林遙見帝王州。」（註十七）所以觀光上國，詔赴龍庭者。雖於風沙萬里，漫天冰雪中，艱辛倍嚐。甚至「破帽麻鞋布腿綳，強扶衰病且徒行。區區不道圖他甚，一夜山妻罵到明。」或差可引以為慰！（註十八）

註　釋

註　一：新元史卷四十六「地理志、和寧路」，元史卷五十八「地理志、和寧路」，多桑蒙古史二〇七頁，長春西遊記注卷上二十五頁。

註二：姚從吾先生全集（七）三二五頁，和林考，蒙古游牧記一九四頁。
註三：元史卷二「太宗」、卷一四六「耶律楚材」，遺山先生文集卷二十八「大丞相劉氏先塋神道碑」。
註四：元史卷三「憲宗」，新元史卷六「憲宗」，聖武親征錄校注一〇五頁，蒙古游牧記一四五、一四六頁，東方雜誌復刊八十一期拙作「雜談有關元史五事」。
註五：蒙古游牧記一三六頁，元史卷四「世祖」、卷五十八「地理志、和寧路」，新元史卷四十六「地理志、和寧路」。
註六：馬哥孛羅遊記九十九頁，多桑蒙古史二〇七頁、二七九頁。
註七：多桑蒙古史二〇七、二七九頁，姚從吾先生全集（四）一一五頁、至正集卷四十五「勑賜興元閣碑」，元文類卷五十四「嶺北行省郎中蘇公墓誌銘」，元朝名臣事略卷四「丞相順德忠獻王」，和林金石錄「三靈侯廟碑」、「和林兵馬劉公去思碑」、「三皇廟殘碑（一）」、「三皇廟殘碑（二）」。
註八：雙溪醉隱集卷四「侍宴萬安宮」，多桑蒙古史二〇七、二七九頁，東方雜誌復刊八十一期拙作「雜談有關元史五事」，湛然居士集卷十三「和林建行宮上梁文」。
註九：張譯馬哥孛羅遊記九十九頁，多桑蒙古史二七九頁，蒙兀兒史記卷四「斡哥歹可汗本紀」，姚從吾先生全集（四）一一五頁，新元史卷四十六「地理志、和寧路」。
註十：元史卷二「太宗」、卷五十八「志理志、和寧路」，多桑蒙古史二一二頁，蒙古游牧記一九五頁，新元史卷四「太宗」，蒙兀兒史記卷四「斡哥歹可汗本紀」，姚從吾先生全集（七）二九二頁。

註十一：元史卷五十八「地理志、和寧路」，新元史卷四十六「地理志、和寧路」，聖武親征錄校注一〇七頁，新元史卷一二九「耶律布亮」，雙溪醉隱集卷三「鄂諾道中」。

註十二：雙溪醉隱集卷四「寬甸有感」、卷五「金蓮花甸」，畿輔通志卷七十三「物產、花屬、金蓮花」，長春眞人西遊記注卷上二十七、二十八頁。

註十三：多桑蒙古史二一二頁，蒙兀兒史記卷六「蒙格可汗本紀」，蒙古志卷一「湖泊、袞泊」，新元史卷四「太宗」，東方雜誌復刊八十一期拙作「雜談有關元史五事」。

註十四：雙溪醉隱集卷三「戊申己酉北中大風」，姚從吾先生全集（七）二九一、二九二頁，長春眞人西遊記注卷上二十五、二十三頁，蒙古游牧記一四八頁，和林金石錄「芯伽可汗碑」、「故闕特勤之碑」、「九迴鶻可汗碑」，新唐書卷二一五「突厥」，舊唐書卷一九四「突厥」。

註十五：元史卷四「世祖」、卷九「世祖」，雙溪醉隱集卷二「白霞」、卷二「嵲嵞」、「後凱歌詞九首」、「處月」、卷三「伯哩行」、卷五「達蘭河」，蒙古志卷一「沙漠」。

註十六：雙溪醉隱集卷五「長春芍藥同座客賦」、卷五「紅叱撥」，湛然居士集卷十四「景賢作詩、頗有思歸意，因和原韻以勉之」，張德輝嶺北紀行足本校註。

註十七：雙溪醉隱集卷四「小臘」、卷五「秋山二首」、卷六「行帳八珍詩」，口北三廳志卷十五「藝文、白珽續演雅十詩」，劉太傅藏春集卷二「和林道中」。

註十八：劉太傅藏春集卷二「大磧」，雙溪醉隱集卷二「送楊子雲南」，元詩紀事卷三「抵和林」。

（原載民國七十八年三月，中國邊政第一〇五期）

附錄：

元代西方文化東傳中原初考

元代幅員遼闊，爲「佈宣號令，通達邊情」。太宗之世，即詔令「凡在屬國，皆置傳驛」。於是，歐亞大陸之交通，爲之洞開。東西文化之交流，亦蔚爲壯觀。西方之文物，若納石失、樂器、石砲、用印、文字、天文曆法、諸國語言、建築雕繪，以及棉花、胡蘿蔔、朱柰稱蘋果、阿只兒等藥材三種、胡豆、火失剌拔都、金織、製糖技術，均傳之東方。然爲使行文不至太長，故前八項，列入「十三世紀西方文物東傳蒙古初考」。後八項，則納入本文，加以探討。

一、棉花

棉花有木草二類，木本者，高達數丈，粗可盈抱。秋開紅花，花片極厚。實大如拳，所生棉花，可以織布，名曰吉貝，又稱白緤，古代嶺南與南海諸國多產。草本者，高三四尺，枝蔓繁茂，織若手指。秋開黃花，實三稜青皮尖頂，西域諸國多產之。馬哥孛羅曾云：可失哈爾國「棉花苧麻很多」，鴉兒看省「棉花尤多」、忽炭省「產棉極多」。（註一）

李志常曾記其西域見聞云：「至阿里馬城……，其地出帛，目曰秃鹿麻，蓋俗所謂種羊毛織成者。時得七束，爲禦寒衣。其毛類中國柳花，鮮潔細軟，爲繩，爲帛，爲綿。」烏古孫仲端亦言：「其衣衾茵幙，悉羊毳也。其毳植於地。」二人皆因不知棉花爲何物，方有種羊毛於地，而生羊毛之說。可知，棉花本不產於中原，至太祖十七年，邱處機奉詔論道雪山，烏古孫仲端奉使赴西域乞和時，尚未傳入中原。逮至元十九年，詔徵江南糧，准以棉絲雜物折輸。至元二十四年，改綾綿織染局爲提舉司。馬哥孛羅至福建，亦見「他們又用撚起來的綫，作很多的棉布，可供給全蠻子（按：江南）地方的人用。」所以，棉花已於十三世紀中葉，自西域傳至中原。故元代司農司所撰之農桑輯要嘗謂：「木棉亦西域所產」，初「試種於陝右，滋茂繁盛，與本土無異。」人民「深荷其利」，於是遂加推廣，「令所在種之」。乾隆御製「木棉賦并序」亦稱：「稽之載籍，島夷卉服，註以爲吉貝，即其種也。然止以充遠方之貢，而未嘗遍植于中土。故周禮婦工，惟作蠶枲。唐徵庸調，但及絲麻。至木棉之種，後世由外蕃，始入關陝閩粵。今則遠邇貴賤，咸貨其利。而昔人篇什，罕有及之者。」尤合前引，「試種於陝右」，後遂「所在種之」之說。然關於棉花之東傳中土，亦有異說。元王禎曾言：「木棉產自海南，諸種藝制作之法，駸駸北來。」以爲棉花之傳入，乃自南而北，非自西而東。梧樳雜佩亦據史炤之釋文，謂梁武帝時，中國已有棉花。棉花之傳至中土，非始自于元。（註二）

至於劉郁所謂：「壟種羊，出西海，以羊臍種土中，溉以水，聞雷而生。臍系（按：繫）地中，及長，驚以木，臍斷，便行齧草。至秋可食，臍內復有種。」姚壽桐亦言：「大漠以西，俗能種羊。凡屠羊，用其皮肉，惟留骨。以初冬末日，埋著地中。至春陽季月上未日，爲吹笳咒語，有子羊，從土中出。凡埋骨一具，可得子羊數隻，此蓋四胎生外也。」沈德符復稱：「西域人種羊……，其俗……，將羊剝皮取肉，獨不碎其骨，與五臟埋之土中。次年春雨後，種處生泡壘壘，乃延僧吹螺伐鼓，地中聞聲，即跳出小羊無算。」吳萊亦有詩，以誌此項種羊生羊之傳聞：「波斯谷中神夜語，波斯牧羊供別部。當道剸刃羊可食，土城留種羊脛骨。四圍築垣聞杵聲，羊子還從脛骨生。青草叢抽臍來斷，馬蹄踣鐵繞垣行。羊子跳踉卻在草，鼠王如拳不同老。飫肉筵開塞饌肥，裁皮褥作書林寶。南州俠客遇西人，昔得手褥今無倫。君不見，冰蠶之錦欲盈尺，康治年來貧不貧。」凡此，皆因中原人士，初不知棉花爲何物。又有種羊毛於地，而生羊毛之誤記。終致以訛傳訛，如有種羊於地，而生小羊之說。所以，種羊毛而生羊毛，種羊而生小羊，亦棉花東傳之奇聞趣談。然亦殊堪證明，設果如「梧檮雜佩」所論，棉花早傳入中國，則絕不至猶有前陳之言。至於昔日之木棉樹，則已止充裀褥，甚至無人採摘，任其隨風飃墜而已。其爲用，已悉爲草本之棉花所取代，非復古代嶺表海南之情形！（註三）

二、胡蘿蔔

胡蘿蔔，有赤黃兩種。不分心皮，表裏一色。唯色黃者，略有蒿氣。長五六寸，大可盈握。

生熱皆可啖，可果可蔬。性甘辛，性微溫。下氣補中，利胸膈，安五臟。食之，有益無損。今新疆，猶多產之。李時珍、和坤、紀昀，李鴻章等人，均認爲於元代，自西域傳入中原。因氣味微似蘿蔔，故名。美學者勞佛 BeRthold Lauer 亦謂：乃自波斯於元代傳入中國。（註四）

三、朱柰稱蘋果

蘋果，亦即蘋婆。木本，高丈餘，葉長圓，鋸齒甚細，春開淡紅花，實圓略扁，徑約兩寸許。生則青，熟則半紅半白，或全紅。光潔可愛，香聞數步。味甘鬆，宜沙土。李時珍嘗言：柰即蘋婆，本梵語。且引西京雜記云：上林苑紫柰大如升。可知，蘋婆早在漢代，即已傳入中國。然據周伯琦稱：「宣平縣境也，地宜林木，園林連屬，宛然燕南。有御花園，雜植諸果，中置行宮。果名平坡者（按：蘋婆），似來禽而大，紅如朱砂，味甘酸。又有呼刺巴者，比平坡又大，味甘鬆。相傳種自西域來，故名之回回果，皆殊品也。」故周氏之言，當爲中國有蘋婆一詞之最早記錄。亦即中國將朱柰或紫柰，稱之爲蘋果，實始自於元代。蓋元代以前之著作，如後魏賈思勰之齊民要術，詳言各種穀物蔬果林木之栽培方法，兼及其來源。雖曾述及柰林檎，然未言蘋果。南宋吳自枚之夢粱錄，仿東京夢華錄之體例，詳記南宋臨安之舊典雜事。其「夜市」、「分茶酒店」、「物產、果之品」，雖有花紅，然無蘋果。至晉張華之博物志、魏吳普之神農本草經，宋唐愼微之證類本草，亦均無蘋果之名。（註五）

且花紅，沙果，亦即古之林檎。徑才寸許，半紅半白，似檳子而略小，質味亦近。柰有數種，葉大而厚，花色微紅。果之形色，各以種分。小而色赤，果形長圓者，曰柰子。果大而赤，似蘋果略小者，曰檳子。賈思勰云：柰有白青赤三種，張掖有柰，酒泉有赤柰，西方例多柰。唐愼微稱：柰味苦寒，多食令人臚脹，病人尤甚。賈銘亦言：柰子，味甘酸澀，性寒微毒。而蘋果，則性平味甘，比柰圓大，味更風美。可知，柰子、檳子、花紅，雖屬同科，然均非蘋果。即降至明初，蘋果一辭，尙不普及。蓋隨鄭和通使三十餘國，見多識廣之馬歡，猶言忽魯模斯之「花紅，如拳大，甚香美。」設其已知蘋果之名，又何至以「花紅如拳大」而形容之。故清李漁「蘋婆賦幷序」，嘗慨乎其謂：「是物皆有典故可考，蘋婆獨無，至美難言。」所以，蘋婆，亦即蘋果之稱，爲十四世紀初葉，自西域傳至中國。（註六）

突厥人稱蘋果爲阿里馬，或阿力馬。長春眞人西遊記，耶律楚村西遊錄，均言西域有阿里馬城，因附廓皆林檎園，故以果名城。意即林檎城，蘋果城也。然蒙人稱梨爲阿里瑪，二物一名，殊不可解。（註七）

四、阿只兒、阿息兒、奴哥撒兒

劉郁曾謂：西域撒馬爾罕，產藥十餘種，皆中國所無，療疾甚效。一曰阿只兒，狀若苦參。治馬鼠瘡，婦人損胎及打撲內傷。用豆許，嚥之，即消。一曰阿息兒，狀若地骨皮。治婦人產後衣胞不下，及金瘡濃不出。嚼碎塗之，衣自下，濃亦即出。一曰奴哥撒兒，狀若桔梗。治金瘡及腸與筋斷者。嚼碎縛上，即自續。馬氏日抄，本草綱目，廣群芳譜，亦有類似之記載，然皆本諸劉氏之言。唯前二者，皆稱「阿只兒」，後二者，則皆謂「阿兒只」。一物二名，僅字倒置。差異之生，當因傳抄之誤。且廣群芳譜嘗謂：此三者，皆出自西域。故以乾隆敕撰之廣群芳譜，動員學者之衆，搜羅之廣，考證之詳，猶稱其非中國所產。故其並未於元代傳之中土，而加種植，似無庸置疑。然有關其藥名與藥性，則已傳之於中原。所以，此種醫藥知識，亦元代西方文物東傳之一。（註八）

五、蠶豆

蠶豆，又名胡豆。本草綱目云：豆莢狀如老蠶，故名。王禎農書則謂：蠶時始熟，故名。雖與豌豆同稱胡豆，其形性迥異。今之蜀人，猶稱蠶豆爲胡豆，而豌豆，則不復以胡豆爲名矣。據勞佛謂：「論其東傳東土的情形，沒有那部歷史典籍，曾記載過。唐宋文學，亦未道及。似乎其傳入，不會早於元朝。」且認爲太平御覽所言：「張騫使外國，得胡豆歸。」爲無稽。（註九）

六、火失剌拔都

火失剌拔都，勞佛認爲，最早見諸陶宗儀之輟耕錄：「可治一百二十症，每症有湯引。」即